Reichsgerichts-Entscheidungen

in kurzen Auszügen

Strafsachen Band 68

1 9 3 6

München, Berlin und Leipzig

J. Schweitzer Verlag (Arthur Sellier)

Printed in Germany.

Druck von Dr. F. P. Datterer & Cie., Freising-München.

Von dieser Sammlung erschienen folgende Bändchen:

I. Zivilsachen:	Bd. 76—100	. . .	je RM.	0.80
	„ 101—140	. . .	je RM.	1.—
	„ 141—146	. . .	je RM.	2.—
Serien:	„ 76—146	mit 3 Reg.	zus. RM.	73.—
	„ 81—146	83—119 / 120—130	zus. RM.	69.—
	„ 91—146	131—140	zus. RM.	62.—
	„ 101—146		zus. RM.	55.—
	„ 111—146		zus. RM.	46.—
Gesamtregister zu	Bd. 83—119	. . . .	RM.	6.—
Gesamtregister zu	Bd. 120—130	. . . .	RM.	1.80
Gesamtregister zu	Bd. 131—140	. . . .	RM.	1.50

II. Strafsachen:	Bd. 45—55	. . .	je RM.	0.80
	„ 56—64	. . .	je RM.	1.—
	„ 65—68	. . .	je RM.	2.—

Serie: Bd. 45—67 mit Ges.-Reg. zu Bd. 45—60 zus. RM. 26.—

Gesamtregister zu Band 45—60 . . . . RM. 3.70

Jedes Bändchen entspricht einem Bande der amtlichen Sammlung.

1. **Zollhinterziehung. Beihilfe. Werterfatz. Ersatzfreiheitsstrafe.** (RAbgO. §§ 398, 401.) Wegen eigennütziger Beihilfe zur Zollhinterziehung wurde eine Freiheitsstrafe, eine Geldstrafe und eine Wertersatzstrafe ausgesprochen: die Geldstrafe und die Wertersatzstrafe wurden für den Fall der Uneinbringlichkeit in Gefängnisstrafen umgewandelt. Alle Strafen wurden durch die Untersuchungshaft für verbüßt erklärt. Der Angeklagte legte Revision ein mit der Begründung, daß er nur gesamtschuldnerisch mit dem Haupttäter zu dem Wertersatz hätte verurteilt werden dürfen. Die Revision wurde verworfen, jedoch wurde die Umwandlung der Geldstrafe und der Wertersatzstrafe in Freiheitsstrafen gestrichen. Den eigennützigen Gehilfen trifft die gleiche Strafe wie den Täter; falls dieser zu Wertersatz verurteilt wird, ist die gleiche Strafe gegen den Gehilfen unter gesamtschuldnerischer Haftung mit dem Täter und anderen Gehilfen auszusprechen. Dadurch, daß es unterlassen war, die Haftung des Angeklagten als gesamtschuldnerisch zu bezeichnen, war dieser aber nicht beschwert, weil die Wertersatzstrafe durch die Untersuchungshaft, die er erlitten hatte, für verbüßt erklärt worden war; damit entfiel für ihn jede Zahlungspflicht. Da eine Umwandlung der Geldstrafe und der Wertersatzstrafe in Freiheitsstrafen hiernach nicht in Betracht kam, hätten Ersatzfreiheitstrafen nicht festgesetzt werden sollen. (III, 18. Dezember 1933.)

Amtl. Sammlg. S. 1—2.

Vgl. Bd. 63 S. 333; Bd. 65 S. 283.

2. **Deckname. Urkundenfälschung. Rechtswidrige Absicht.** (StGB. §§ 267, 268, 270.) R. ließ in einer Zeitschrift, an der er ständig mitarbeitete, einen Aufsatz erscheinen. Als dieser angegriffen wurde, sandte er an die Schriftleitung eine Erwiderung, die er mit dem Namen „Dr. G." unterzeichnete; zugleich legte er ein mit dem Namen G. unterzeichnetes Schreiben bei, worin um Überweisung des Honorars an eine bestimmte Bank ersucht war. Der Schriftleiter glaubte, daß der Aufsatz wirklich von G. herrühre; er nahm ihn zum Abdruck an und überwies das Honorar an die ihm angegebene Bank. Es wurde Anklage wegen Urkundenfälschung erhoben; das Landgericht sprach aber frei und das Reichsgericht verwarf die Revision des Staatsanwalts. Der Angeklagte hatte

bestritten, den falschen Namen deshalb gebraucht zu haben, um die Aufnahme des Aufsatzes sicherer zu erreichen und ein höheres Honorar zu erzielen; der Schriftleiter der Zeitschrift hatte bestätigt, daß er den Aufsatz in der gleichen Weise angenommen und vergütet hätte, wenn ihn der Angeklagte unter seinem Namen eingesandt hätte. Immerhin blieb die Tatsache bestehen, daß der Angeklagte den Anschein erwecken wollte und erweckte, daß der Einsender ein Mann namens G., der Inhaber eines bestimmten Bankkontos, sei und daß die Schriftleitung auch wirklich der Meinung war, die Gegenäußerung sei von einem Manne namens G. eingesandt. Es war auch an der Beweiserheblichkeit dieser Urkunden nicht zu zweifeln und ebensowenig daran, daß von den Urkunden im Rechtsleben Gebrauch gemacht worden war. Die Entscheidung hing davon ab, ob der Angeklagte in rechtswidriger Absicht gehandelt hatte. Die Absicht, eine falsche Urkunde als Beweismittel für ein Rechtsgeschäft zu gebrauchen, ist nicht ohne weiteres und unter allen Umständen rechtswidrig; vielmehr ist zu prüfen, ob mit Hilfe der falschen Urkunde jemand zu einem rechtlich erheblichen Verhalten bestimmt werden soll. Dabei kann es nun so sein, daß zwar der, dem gegenüber die Urkunde gebraucht wird, in dem irrigen Glauben handelt, die Urkunde sei echt, daß aber doch für sein Verhalten nicht die in der falschen Urkunde liegende Täuschung bestimmend ist, daß er vielmehr ebenso mit denselben Wirkungen gehandelt haben würde, wenn ihm eine echte Urkunde vorgelegt worden wäre; dementsprechend kann auch der Täter eine falsche Urkunde in der Vorstellung einer solchen Sachlage gebrauchen. Damit ist dann allerdings nicht schlechthin das Vorliegen einer rechtswidrigen Absicht ausgeschlossen; ein Handeln in solcher Absicht kann gleichwohl gegeben sein, wenn zwar nicht die Fälschung der Urkunde für das Verhalten des Empfängers maßgebend sein sollte, das durch die Vorlegung der Urkunde hervorgerufene Verhalten aber sonst irgendwelche rechtserhebliche Wirkungen zur Folge hat oder haben kann. Zusammenfassend ist das für die Annahme einer rechtswidrigen Absicht entscheidende Merkmal dahin zu kennzeichnen, daß der Gebrauch eines falschen Namens und der mit ihm unterzeichneten Urkunde darauf gerichtet ist, gerade durch die damit hervorgerufene Täuschung über die Person des Urhebers im Rechtsleben einen Erfolg zu erzielen. Den Gegensatz dazu bilden Fälle, in denen der Benutzer eines fremden Namens mit dem Bewußtsein handelt, daß er denselben Erfolg im Rechtsleben mit dem Gebrauch des eigenen Namens erreichen kann und daß deshalb durch die Täuschung keinerlei anderer Erfolg im Rechtsleben herbeigeführt wird. Die Einsendung eines Beitrags an die Zeitschrift unter einem angenommenen Namen kann ganz ohne Arg geschehen in der Vorstellung und Überzeugung, daß der Beitrag, unabhängig von dem gebrauchten Namen, rein nach seinem sachlichen Inhalt und Wert werde geprüft werden, und mit der Vorstellung, daß der Abdruck des Aufsatzes unter dem fremden Namen in keiner Beziehung auf irgendwelche rechtliche Verhältnisse anders einwirken werde, als es derselbe Beitrag unter Nennung des richtigen Namens täte. In solchen Fällen wird in der Regel, wenn nicht die Besonderheit der Sachlage eine andere Beurteilung erfordert, kein Handeln in rechtswidriger Absicht gegeben sein. So lag die Sache nach den Feststellungen des Landgerichts im gegebenen Falle. Eine rechtswidrige Absicht hätte noch angenommen werden können, wenn die Zeitschrift grundsätzlich nur Aufsätze unter wahrer Angabe des Verfassers aufgenommen und der Angeklagte das gewußt hätte. Dafür lag kein Anhalt vor. (I, 9. Januar 1934.) Amtl. Sammlg. S. 2—8. Vgl. Bd. 17 S. 201; Bd. 47 S. 199; Bd. 57 S. 238; JW. 1924 S. 1166.

3. **Branntweinmonopol. Branntweinaufschlag. Beihilfe. Vorentscheidung.** (StGB. §§ 44 49; RAbgO. §§ 1, 360, 397, 468; BranntwMonG. §§ 79, 119, 127, 148.) In einer Brennerei wurden 7 hl Branntwein heimlich hergestellt. Der Inhaber der Brennerei wurde zu einer Geldstrafe von 15418.20 *RM* verurteilt, jeder seiner drei Gehilfen zu einer Geldstrafe von 3854.55 *RM*. Die Revision der Gehilfen hatte keinen Erfolg. Der Branntweinaufschlag ist im Falle der Hinterziehung für 1 hl Weingeist gleich dem Betrag anzusetzen, um den der regelmäßige Verkaufspreis den Branntweingrundpreis übersteigt. Zu der Zeit der Tat betrug der regelmäßige Verkaufspreis für 1 hl 600 *RM*. Der Grundpreis war für die ersten 65% des Jahresbrennrechts auf 56 *RM*, für

die weiteren 35% auf 37 *RM* festgesetzt; das ergab einen Durchschnittspreis von 49.35 *RM* für 1 hl. Der Branntweinaufschlag berechnete sich also auf 550.65 *RM* für 1 hl und für 7 hl auf 3854.55 *RM*. Die Strafe des Haupttäters betrug das Vierfache hiervon, also 15 418.20 *RM*. Die eigennützige Beihilfe wird in gleicher Weise bestraft wie die Haupttat; die uneigennützige Beihilfe, die hier in Frage stand, ist nach den Vorschriften des Strafgesetzbuchs milder als die Haupttat zu bestrafen. Das Landgericht hatte für jeden Gehilfen auf ein Viertel des Betrags der für die vollendete Tat angedrohten Strafe erkannt; das entsprach dem Gesetz. Als Gehilfen hatten die 3 Angeklagten die Strafschärfung des § 127 Branntw.-MonG. schon dadurch verwirkt, daß sie bei ihrer Gehilfentätigkeit um die Hinterziehungsabsicht des Haupttäters wußten, ohne daß es darauf ankam, ob sie selbst mit dieser Absicht gehandelt hatten. — Eine Vorentscheidung des Reichsfinanzhofs über die Höhe der hinterzogenen Abgabe war nicht erforderlich gewesen, weil über die Festsetzung des Branntweinaufschlags kein bis zum Reichsfinanzhof reichender Rechtsweg eröffnet ist. Das Landgericht hatte den rechtskräftigen Beschluß des Hauptzollamts als bindend betrachtet. Das war rechtsirrig; durch den Irrtum war aber die Entscheidung nicht zuungunsten der Angeklagten beeinflußt. (III, 15. Januar 1934.)

Amtl. Sammlg. S. 8—11.

Vgl. Bd. 55 S. 156; Bd. 56 S. 277; Bd. 57 S. 4, 7, 364; Bd. 60 S. 244, 389; Bd. 62 S. 247; Bd. 65 S. 283; RFH. Bd. 6 S. 316; Bd. 8 S. 94; Bd. 15 S. 269; JW. 1925 S. 1057.

4. **Zollhinterziehung. Einziehung. Beförderungsmittel. Beihilfe.** (RAbgO. §§ 398, 401.) Wegen Beihilfe zur Zollhinterziehung wurde auf die gleiche Strafe erkannt, die gegen den Haupttäter ausgesprochen worden war. Auf die Revision des Angeklagten wurde das Urteil aufgehoben. Dadurch, daß im § 401 RAbgO. hinter dem Worte „Steuerhinterziehung" in Klammern auf den § 396 RAbgO. verwiesen ist, wird der Begriff der Steuerhinterziehung im Sinne dieser Vorschrift nicht auf die vollendete Handlung des Täters beschränkt, sondern nur auf die Gesetzstelle verwiesen, die den Begriff „Steuerhinterziehung" bestimmt. Infolgedessen wird im Sinne des

§ 401 wegen Steuerhinterziehung auch der verurteilt, für den nach § 398 wegen einer seines Vorteils wegen begangenen Beihilfe die für die Tat selbst angedrohte Strafe gilt. Aber auch gegen den Gehilfen, der nicht seines Vorteils wegen gehandelt hat und gegen den nach § 49 StGB. die Strafe nach dem für den Haupttäter geltenden Gesetz festzusetzen, jedoch nach den über die Bestrafung des Versuchs aufgestellten Grundsätzen zu ermäßigen ist, muß auf Einziehung und Werterſatz erkannt werden; beide sind Nebenstrafen, also Strafen, und beide treffen deshalb auch den Gehilfen, ohne jedoch ihrer Natur nach eine Ermäßigung zu gestatten. Das Hauptzollamt hatte Revision eingelegt, weil nicht auf Einziehung der Beförderungsmittel erkannt worden war, die bei der Tat Verwendung gefunden hatten. Auch sie hatte Erfolg. Wie die Einziehung der geschmuggelten Sachen und der Wertersatz auch den Gehilfen trifft, der nicht seines Vorteils wegen gehandelt hat, so muß auch die Einziehung der zur Begehung der Tat benutzten Beförderungsmittel gegen den Gehilfen ohne Rücksicht darauf ausgesprochen werden, ob er die Beihilfe seines Vorteils wegen geleistet hat. Eine Ermäßigung der Strafe ist auch hier mit Rücksicht auf die Art dieser Nebenstrafe ausgeschlossen. (VI, 16. Januar 1934.) Amtl. Sammlg. S. 11—13.

Vgl. Bd. 65 S. 283; Bd. 66 S. 431.

5. **Abtreibung. Verschaffen von Abtreibungsmitteln. Gewerbsmäßigkeit. Fortsetzungszusammenhang. Versuch. Sammelstraftat.** (StGB. §§ 43, 73, 218.) Eine Frau nahm im Sommer 1932 an einer anderen Frau eine Abtreibung vor. Im Laufe des gegen sie eingeleiteten Verfahrens wurde festgestellt, daß sie im Oktober 1929 und im Februar 1932 zwei verschiedenen Frauen Tee zu Abtreibungszwecken verkauft hatte; ob die Frauen schwanger waren oder nur von der Angeklagten dafür gehalten wurden, ließ sich nicht mehr feststellen. Das Schwurgericht verurteilte wegen gewerbsmäßiger Abtreibung und gewerbsmäßiger Verschaffung von Abtreibungsmitteln. Das Reichsgericht hob das Urteil auf. Die Verurteilung wegen gewerbsmäßiger Abtreibung war an sich einwandfrei begründet; dadurch, daß ohne weiteres angenommen wurde, dieses Verbrechen stelle gegenüber den anderen Straftaten eine neue selbständige Handlung dar, war aber

das rechtliche Verhältnis der sämtlichen Handlungen zueinander verkehrt. Durch die Verurteilung wegen vollendeter gewerbsmäßiger Abtreibung wurden alle Einzelhandlungen umfaßt, die auf derselben Absicht der Gewerbsmäßigkeit beruhten und auf Abtreibung oder Erleichterung der Abtreibung gerichtet waren, also auch jene, die darin bestanden, daß Schwangeren Abtreibungsmittel verschafft wurden. Wenn die Angeklagte die sämtlichen ihr zur Last gelegten Handlungen in derselben Absicht begangen hatte, sich durch wiederholte Begehung der Abtreibung oder der Erleichterung der Abtreibung eine fortlaufende Einnahmequelle zu verschaffen, konnte sie nur wegen eines Verbrechens nach § 218 Abs. 2, 4 StGB. verurteilt werden, in dem die an sich den Tatbestand des vollendeten oder versuchten Verbrechens erfüllende Handlungen aufgingen. Die Annahme zweier selbständiger gewerbsmäßiger Handlungen wäre nur dann gerechtfertigt gewesen, wenn bei der Angeklagten bis zum Februar 1932 lediglich die Absicht bestanden hätte, sich durch die Verschaffung von Abtreibungsmitteln eine dauernde Einnahmequelle zu verschaffen, und wenn sie nach Aufgabe dieser Absicht die spätere Abtreibung in Betätigung der neuen Absicht vorgenommen hätte, aus dem Betrieb von Abtreibungen ein Gewerbe zu machen. Rechtsirrig war auch, daß das Schwurgericht es dahingestellt gelassen hatte, ob die beiden Frauen, denen die Angeklagte Abtreibungsmittel verschafft hatte, schwanger gewesen waren. Zu § 218 Abs. 4 gehört zwar nicht, daß das Mittel zur Abtreibung verwandt wird, wohl aber, daß die Frau, der es verschafft wird, wirklich schwanger ist und daß das Mittel zur Abtreibung wirklich geeignet ist. Andernfalls kommt nur ein allerdings auch strafbarer Versuch am untauglichen Objekt und mit untauglichen Mitteln in Frage. (VI, 19. Januar 1934.)

Amtl. Sammlg. S. 13—15.
Vgl. Bd. 59 S. 98.

6. **Politische Partei. Organisatorischer Zusammenhalt.** (RG. vom 14. Januar 1933 § 2; StPO. § 357.) S. erhielt von seiner Hauswirtin ein Flugblatt, das als Flugblatt der KPD. bezeichnet war und die Aufschrift trug: „Wahrheit über den Reichstagsbrand. Lesen und Weitergeben!" Der Schluß der Ausführungen lautete:

„Heraus zu Massendemonstrationen und Proteststreiks gegen die faschistische Galgenherrschaft! Vorwärts zum siegreichen Kampf für die Diktatur des Proletariats!" Er gab das Blatt an Z. mit dem Bemerken, er solle es lesen und dann vernichten. Z. las das Blatt und gab es an D. weiter. S., Z. und D. wurden wegen Vergehens gegen das Gesetz vom 14. Juli 1933 verurteilt. Auf die Revision von Z. und D. wurde das Urteil gegen alle drei Angeklagte aufgehoben. Die Angeklagten waren nicht Mitglieder der KPD. gewesen; sie hatten ausdrücklich bestritten, daß sie durch die Weitergabe des Flugblattes der KPD. nützen wollten. Das Reichsgericht fand, daß das Gegenteil im angefochtenen Urteil nicht hinlänglich begründet war; es hätte einer näheren Erörterung bedurft, warum nicht andere Möglichkeiten für gegeben erachtet wurden. Auch war das Urteil von dem Rechtsirrtum beeinflußt, daß jede Unterstützung einer der früheren politischen Parteien strafbar sei. Das angewandte Gesetz stellt aber nur die Aufrechterhaltung des organisatorischen Zusammenhalts einer anderen Partei als der Nationalsozialistischen Deutschen Arbeiterpartei unter Strafe. Unter organisatorischem Zusammenhalt einer Partei ist die Verbindung zu verstehen, die unter den Anhängern der Partei durch die bewußte Unterordnung unter den Gesamtwillen der Partei und durch das gemeinschaftliche Fördern der Parteiziele entsteht und äußerlich dadurch zum Ausdruck kommt, daß die von ihr umfaßten Personen ein Glied der Parteiorganisation bilden. Der Aufrechterhaltung eines derartigen organisatorischen Zusammenhalts kann sich daher nur schuldig machen, wer entweder schon vor Auflösung der Partei an ihm beteiligt war oder wer sich ihm nachher durch Unterordnung unter den Gesamtwillen der Partei und Eingliederung in deren noch fortbestehende Organisation anschließt und irgendwie zur Fortsetzung des Zusammenhalts der Parteiorganisation tätig wird. Andere Personen können nicht als Täter, sondern nur als Gehilfen in Frage kommen, und auch das nur dann, wenn sie in dem Bewußtsein handeln, durch ihre Tätigkeit gerade die Aufrechterhaltung der Parteiorganisation zu fördern. Die Verbreitung von Flugblättern kann ein Weg zur Aufrechterhaltung eines solchen organisatorischen Zusammenhalts sein. Das ist insbesondere dann der Fall, wenn der Inhalt der Flugblätter dazu bestimmt ist, den Willen der Parteianhänger zum weiteren organisatorischen Zusammenhalt zu stärken, sie mit Nachrichten über das Weiterbestehen der Partei und ihre weitere Betätigung zu versehen oder neue Anhänger zum Anschluß an die Organisation zu werben. Auch kann die Tatsache, daß ein Flugblatt nur an die Parteianhänger verteilt wird oder werden soll, den Schluß nahelegen, daß es der Aufrechterhaltung des organisatorischen Zusammenhalts der Parteianhänger dienen soll. Im angefochtenen Urteil waren aber keine Feststellungen getroffen, denen das entnommen werden konnte. Dagegen war zu prüfen, ob sich die Angeklagten nicht eines Verstoßes gegen § 6 VO. gegen Verrat am deutschen Volk vom 28. Februar 1933 und gegen § 3 VO. zur Abwehr heimtückischer Angriffe gegen die Regierung der nationalen Erhebung schuldig gemacht hatten. Die Aufhebung des Urteils gegen den Mitangeklagten S. ergab sich aus § 357 StPO. (VI, 23. Januar 1934.)

Amtl. Sammlg. S. 15—18.

7. **Aufhebung eines Urteils gegen Mitangeklagte. Verfahrensvoraussetzungen. Rechtskraft. Ne bis in idem. Verbrauch der Strafklage.** (StPO. § 357.) Von zwei Angeklagten legte der eine Revision ein mit der Begründung, daß er wegen der gleichen Tat schon früher abgeurteilt worden sei. Der Einwand erwies sich als richtig. Es fragte sich, ob das Urteil auch in der Richtung gegen den anderen Angeklagten aufgehoben werden müsse. Nach dem Wortlaut des Gesetzes wäre das nur dann der Fall, wenn die verletzte Vorschrift nicht nur dem Verfahrensrecht, sondern auch dem materiellen Strafrecht angehörte. Diese Auffassung war in früheren Entscheidungen des Reichsgerichts vertreten, sie ist aber durch die neuere Rechtsprechung überholt. In einer Reihe von Entscheidungen aus der letzten Zeit hat das Reichsgericht ausgesprochen, daß das Vorhandensein der Verfahrenvoraussetzungen und das Fehlen von Verfahrenshindernissen auch in der Revisionsinstanz von Amts wegen zu prüfen ist, ohne daß es einer Rüge bedarf. Der Grund hierfür ist, daß es sich insoweit um die Zulässigkeit des Verfahrens des Revisionsgerichts selbst handelt. Der Verbrauch der Strafklage ist ein von Amts wegen zu beachtendes

Verfahrenhindernis. Die Vorschrift des § 357 StPO. will der wirklichen Gerechtigkeit gegenüber den formellen Grundsätzen des Verfahrenrechts zum Siege verhelfen. Wenn sie ausspricht, daß die Aufhebung des Urteils wegen Verletzung von Vorschriften des Strafgesetzes auch den Mitangeklagten zugute kommen soll, die keine Revision eingelegt haben, so will sie damit sagen, daß die nur auf besondere Rüge zu beachtende Verletzung von Rechtsnormen über das Verfahren von ihrem Geltungsbereich ausgeschlossen sein sollen. Bloße Verfahrensverstöße geltend zu machen, soll jedem Angeklagten selbst überlassen bleiben. Hat ein Mitangeklagter sie nicht als so schwerwiegend empfunden, um ihretwegen Revision einzulegen, so erfordert es die wirkliche Gerechtigkeit auch nicht, die auf die Revision eines anderen Angeklagten wegen eines Verfahrensverstoßes ausgesprochene Aufhebung des Urteils auf ihn auszudehnen. Anders verhält es sich, wenn das Urteil auf einer unrichtigen Anwendung des sachlichen Rechtes beruht. Hier hat das Revisionsgericht auf die bloße Behauptung hin, daß das sachliche Recht verletzt sei, die gesamte Rechtsanwendung von Amts wegen zu prüfen. Führt diese Prüfung zu der Feststellung einer Gesetzesverletzung bei Anwendung des sachlichen Rechts, so soll die Aufhebung des Urteils auch anderen Mitangeklagten zustatten kommen, die keine Revision eingelegt haben. Diese Folge muß aber erst recht eintreten, wenn die — selbst ohne Rüge — von Amts wegen vorzunehmende Prüfung der Verfahrensvoraussetzungen ergibt, daß das Verfahren sowohl gegenüber dem Beschwerdeführer als auch gegenüber einem anderen Mitangeklagten, der keine Revision eingelegt hat, unzulässig war. Das erfordert der Gedanke der wirklichen Gerechtigkeit, der der Vorschrift zugrunde liegt. Ihr Wortlaut steht aus den angegebenen Gründen einer solchen Auslegung nicht entgegen. (I, 9. Januar 1934.) Amtl. Sammlg. S. 18—20.
Vgl. Bd. 16 S. 419; Bd. 48 S. 339; Bd. 62 S. 14, 154; Bd. 64 S. 21, 152; Bd. 65 S. 252; Bd. 66 S. 123, 419, Bd. 67 S. 55.

8. **Erzieher. Bannführer. Hitlerjugend. Unzüchtige Handlung. Beleidigung. Gesetzeseinheit.** (StGB § 174). Ein Bannführer der Hitlerjugend nahm mit minderjährigen Knaben unzüchtige Handlungen vor. Hiewegen ver-

urteilt, rügte er in seiner Revision, daß er zu unrecht als Erzieher angesehen worden sei. Das Rechtsmittel hatte keinen Erfolg. Bis zur Übernahme der Staatsführung durch Adolf Hitler wurden die Jugendlichen im allgemeinen in der Familie erzogen und in der Schule in den Wissensfächern belehrt. Der Staat griff damals in die Erziehung der Jugend nur in beschränktem Maße ein; er überließ sie in weitem Umfang dem Elternhaus, den Pflegeeltern und Vormündern, der Kirche, den Lehrherren und anderen Einzelpersonen. Diesen tatsächlichen Verhältnissen paßte sich der Gesetzgeber an, als er die Strafbarkeit der Unzucht zwischen Jugendlichen und solchen Personen festsetzte, die den Jugendlichen gegenüber besonderes Ansehen genießen und gewisse Machtbefugnisse besitzen. Im Gegensatz zu dem früheren Zustand erfaßt der nationalsozialistische Staat entsprechend dem Ganzheitgrundsatz der nationalsozialistischen Weltanschauung die Erziehung der Jugend von einem gewissen Alter ab in vollem Umfang. Nach dem Willen des Staates tritt die Hitlerjugend als zumindest gleichwertige Erziehungseinrichtung neben die Eltern, die Lehrer und die sonstigen Erzieher. Durch die Führer der Hitlerjugend soll die gesamte Lebensführung der deutschen Jugendlichen im Sinne der nationalsozialistischen Weltanschauung beeinflußt und die Jugend im Geiste des neuen Staates erzogen werden. Zugleich haben die Führer der Hitlerjugend eine Lehrtätigkeit auszuüben, die sich neben Körperkultur, Staatsbürgerkunde und anderen Gebieten vor allem darauf erstreckt, das gesamte der Jugend durch die Schule vermittelte Wissen mit dem Gedanken des neuen Staates in Einklang zu bringen. Mit ihrer Tätigkeit als Erzieher und Lehrer erfüllen die Führer der Hitlerjugend daher sittliche Aufgaben, die sie aus der Staatsgewalt herleiten und die der Verwirklichung staatlicher Zwecke dienen. Sie sind somit nach ihrem Aufgabenkreis und nach ihrer Betätigung als Erzieher, Lehrer und zugleich als Beamte im strafrechtlichen Sinne anzusehen. Wer von den einzelnen Führern als Erzieher, Lehrer oder Beamter in Betracht kommt, ist eine Frage der tatsächlichen Verhältnisse des einzelnen Falles, die sich wesentlich darnach entscheidet, wie sich der jeweilige Führer mit den Jugendlichen dienstlich zu befassen hat. Nach den Feststellungen des Landgerichts war unbedenklich anzunehmen, daß der Angeklagte jedenfalls Erzieher der Knaben gewesen war, mit denen er sich vergangen hatte. Seine Aufgabe war es, die Erziehungsaufgaben der nationalsozialistischen Bewegung in die Tat umzusetzen und zu verwirklichen; er stand auch mit den Knaben in unmittelbarer Beziehung, da er in ihrem Heim wohnte und schlief und die Aufsicht über die von der Hitlerjugend gestellte Wache hatte. Das Reichsgericht stellte aus diesem Anlaß die Grundsätze neu zusammen, die es über den Begriff des Erziehers im Laufe der Zeit herausgebildet hat. Erzieher ist, wer berufsmäßig gegenüber einer minderjährigen Person eine Stellung ähnlich der eines Vaters oder Vormunds einnimmt und auf Grund des ihm zustehenden Ansehens die Lebensführung des Kindes, namentlich in sittlicher Beziehung, zu überwachen und zu lenken hat. Dabei ist unter Beruf jede selbstgewählte Lebenstätigkeit zu verstehen, die die Verpflichtung begründet, sich ihren Aufgaben mit besonderer Sorgfalt und unter besonderer Verantwortung zu widmen; sie muß auf längere Dauer berechnet sein. Die Stellung des Erziehers ist aber der eines Vaters oder Vormunds nur ähnlich; der Erzieher braucht nicht alle Rechte und Pflichten eines Vaters oder Vormunds zu haben; nicht erforderlich ist insbesondere, daß der Jugendliche der väterlichen Zucht des Erziehers unterworfen ist. Auch braucht dem Erzieher nicht die ausschließliche Leitung des Kindes zuzustehen; ein Kind kann sehr wohl mehrere Erzieher haben, sei es, daß diese einander gleichgestellt sind oder daß der eine dem anderen nachgeordnet ist. Demnach kann dieselbe Person demselben Jugendlichen gegenüber Lehrer und Erzieher sein. Wesentlich ist für den Begriff, daß dem Erzieher das Recht zusteht und die Pflicht obliegt, die gesamte Lebensführung des Jugendlichen zu leiten und zu überwachen. So hat auch das frühere Reichsmilitärgericht entschieden, daß ein Stubenältester, der als solcher das Recht und die Pflicht hatte, die Lebensführung des Schiffsjungen während ihres Aufenthalts im Block und in seinem Zug in sittlicher Beziehung zu überwachen, als Erzieher im Sinne des § 174 StGB. anzusehen sei. Den in dieser Vorschrift zusammengefaßten Strafdrohungen liegt der gemeinsame Gedanke zugrunde, daß Personen, die in dem Verhältnis einer

gewissen Unterordnung oder Abhängigkeit zu anderen stehen, dagegen geschützt werden sollen, daß diese durch ein solches Verhältnis gegebene Machtbefugnis und Gelegenheit zu Unzüchtigkeiten mißbrauchen. Gerade auf einen Führer der Hitlerjugend muß dieser Gesichtspunkt Anwendung finden, da ihm erhebliche Befehlsbefugnisse über die Angehörigen der Hitlerjugend eingeräumt sind und da es zu seiner besonderen Aufgabe gehört, die ihm unterstellten Jugendlichen in sittlicher Hinsicht zu erziehen und vor Gefahren zu schützen. In zwei Fällen war neben dem Tatbestand des § 174 StGB. (Verbrechen wider die Sittlichkeit) auch jener des § 185 (Beleidigung) als erfüllt angesehen worden. Das erklärte das Reichsgericht für rechtsirrtümlich. Zwar enthält eine jede mit Gewalt vorgenommene unzüchtige Handlung eine gegen den Verletzten gerichtete Ehrenkränkung; der Tatbestand des § 174 ist indessen im Verhältnis zu dem der tätlichen Beleidigung des § 185 enger, so daß für den weiteren des § 185 daneben kein Raum ist. Da der Rechtsfehler auf den Strafausspruch sichtlich ohne Einfluß geblieben war, wurde er einfach berichtigt. (III, 18. Januar 1934.) Amtl. Sammlg. S. 20—26.
Vgl. Bd. 6 S. 233; Bd. 10 S. 345; Bd. 27 S. 129; Bd. 29 S. 49; Bd. 31 S. 203; Bd. 33 S. 423; Bd. 34 S. 311; Bd. 35 S. 10; Bd. 45 S. 344; Bd. 46 S. 301, 344, Bd. 56 S. 366; Bd. 60 S. 139; Bd. 62 S. 33, 377; Bd. 65 S. 337; RMG. Bd. 6 S. 81.

9. **Weinfälschung. Bezeichnung.** (WeinG. § 7.) D., H. und G. besaßen Weinberge in den einander benachbarten Gemarkungen Zell, Niefernheim und Einselthum, H. auch solche in der Weinberglage (Gewanne) „Am schwarzen Herrgott" in Zell. Die Trauben aus allen Weinbergen wurden in eine gemeinsame Kelterei gebracht und dort gekeltert. Auch die in der Lage „Am schwarzen Herrgott" gewonnenen Trauben wurden so behandelt und nach der Kelterung mit den anderen Gewächsen vermischt. Die so verschnittenen Weine waren gleichwertig. D. verkaufte solche Verschnittweine unter der Bezeichnung „Zeller schwarzer Herrgott". Der Verschnitt enthielt höchstens zu einem Zehntel Wein, der in der Gewanne „Am schwarzen Herrgott" gewachsen war; der übrige Wein stammte aus anderen Teilen der Gemarkung Zell und aus

den Gemarkungen Niefernheim und Einselthum. Das Landgericht sprach von der Anklage eines Vergehens gegen das Weingesetz frei; das Reichsgericht hob das Urteil auf. Nach § 7 Abs. 1 WeinG. darf ein Verschnitt aus Erzeugnissen verschiedener Herkunft nur dann nach einem der Anteile benannt werden, wenn dieser mindestens zwei Drittel der gesamten Menge beträgt und die Art bestimmt; gestattet bleibt jedoch, die Namen einzelner Gemarkungen oder Weinberglagen, die mehr als einer Gemarkung angehören, zu benutzen, um gleichartige und gleichwertige Erzeugnisse benachbarter oder nahegelegener Gemarkungen oder Lagen zu bezeichnen. Die Beschränkungen der Bezeichnung treffen nach § 7 Abs. 3 nicht den Verschnitt durch Vermischung von Trauben oder Traubenmost mit Trauben oder Traubenmost gleichen Wertes derselben oder einer benachbarten Gemarkung und den Ersatz der Abgänge, die sich aus der Pflege des im Fasse lagernden Weines ergeben. Herkunft ist der Ort der Traubengewinnung, nicht etwa der Ort der Kelterung oder der kellermäßigen Behandlung. Die Bezeichnung muß wahr sein. Bei Verschnittwein ist die Bezeichnung wahr, wenn sie alle für den Verschnitt in Betracht kommenden Herkunftsorte deckt; doch ist unter den angegebenen Voraussetzungen gestattet, Verschnittweine nach einem Anteil allein zu benennen. In dieser Regelung ist keine Beschränkung der Bezeichnung zu erblicken, so daß die Bestimmung über das Nichtzutreffen der Beschränkungen hierauf keine Anwendung finden kann. Sowohl nach dem alten wie nach dem neuen Weingesetz ist unter den Voraussetzungen für den Wegfall der Beschränkungen der Bezeichnung die Rede von Trauben, Traubenmost, Wein gleichen Wertes, während für die Benennung von Verschnittwein nach einem Anteil vorausgesetzt ist, daß der namengebende Anteil die Art bestimmt. Gleichheit des Wertes und Gleichheit der Art bedeutet aber Verschiedenes. Gleichwertigkeit bedeutet Gleichheit des Kaufwertes, der Preislage; Art dagegen ist die der fraglichen Gegend oder Weinberglage eigene Besonderheit des Erzeugnisses nach Geschmack, Geruch und Farbe. Ein größerer Zusatz eines wenn auch gleichwertigen oder vielleicht sogar höherwertigen Weines würde, wenn er von anderer Art wäre, bewirken können, daß der Verschnitt nicht mehr zu der Art gehörte, die in der Benennung nach dem anderen Anteil ausgedrückt wäre. Wenn § 7 Abs. 1 Satz 1 auf diese Erhaltung der Übereinstimmung Gewicht legt und wenn es darnach zwar zulässig ist, daß infolge der Verschneidung die Art weniger bestimmt hervortritt als bei einem Wein von einheitlicher Herkunft, so wäre es doch unverständlich, wenn durch Abs. 3 jene Fürsorge für die Wahrheit der Bezeichnung so gut wie vollständig aufgehoben worden wäre. Es wäre dann zulässig, daß die gesamten in den drei Gemeinden erzeugten Weine als Verschnitte die Bezeichnung „Schwarzer Herrgott" führen dürften, auch wenn sie nur zu einem Zehntel oder Hundertstel Wein von dieser Lage enthielten. Für diese Auslegung der Vorschrift spricht auch ihre Entstehungsgeschichte; diese ist im Urteil eingehend dargelegt. Der Angeklagte durfte also den von ihm verkauften Weinverschnitt nicht als „Zeller schwarzer Herrgott" bezeichnen. (1, 26. Januar 1934.) Amtl. Sammlg. S. 26—32.

10. **Heimtückischer Angriff. Vorsatz.** (RegSchutzVO. vom 21. März 1933 § 3.) Der Angeklagte äußerte im Juni 1933 gegenüber einem Bekannten: „In München haben die Nazi einen Geistlichen totgeschlagen." Er erklärte, einige Tage vorher von einer ihm bekannten Person gehört zu haben, auf dem Gesellentage in München sei ein Geistlicher so geschlagen worden, daß er an den Folgen gestorben sei. Die behauptete Tatsache war unwahr. Das Landgericht stellte fest, der Angeklagte habe mit dem Bewußtsein gehandelt, daß er eine Behauptung aufstelle oder verbreitet, die geeignet sei, das Ansehen der NSDAP. zu schädigen; daß er auch die Unwahrheit dieser Behauptung gekannt habe, wurde für nicht erforderlich erklärt. Das Reichsgericht verwies die Sache zurück. Nach dem Wortlaut der Verordnung ist strafbar, wer vorsätzlich eine unwahre oder gröblich entstellte Behauptung tatsächlicher Art aufstellt oder verbreitet. So drückt man sich nach allgemeinem Sprachgebrauch nur aus, wenn man die Unwahrheit oder gröbliche Entstellung unter den Vorsatz stellen will. Die Vergleichung mit § 168 StGB. und § 14 UnlWG. zeigt, daß sich auch das Gesetz anders ausdrückt, wenn es die Wahrheit einer Behauptung als bloßen Strafaufschiebungsgrund behandelt wissen will. Ist dem aber so, dann muß sich der Vorsatz ebenfalls auf

diesen Tatumstand beziehen. Den Tatbestand des § 3 Abs. 1 der Verordnung erfüllt also nur, wem bekannt gewesen ist, daß die behaupteten Tatsachen unwahr oder gröblich entstellt waren (unbedingter Vorsatz) oder wer wenigstens damit gerechnet hat, daß sie unwahr oder gröblich entstellt seien, die Behauptungen aber trotzdem aufgestellt hat, also mit Willen auf die Gefahr hin gehandelt hat, daß sie unwahr oder gröblich entstellt seien (bedingter Vorsatz). (III, 22. Januar 1934.)

Amtl. Sammlg. S. 33—35.

11. **Bestellter Verteidiger. Zurechnungsfähigkeit. Freies Ermessen.** (StPO. §§ 140, 141.) Ein schwachsinniger Mensch wurde wegen Unzucht mit Kindern verurteilt. Er begründete seine Revision damit, daß ihm wegen seines Schwachsinns ein Verteidiger hätte bestellt werden sollen. Einen Antrag hierauf hatte er nicht gestellt. Das Reichsgericht verwies die Sache zurück. Ein Fall der notwendigen Bestellung eines Verteidigers lag mangels eines hierauf gerichteten Antrags nicht vor. Die Bestellung eines Verteidigers stand also im freien Ermessen des Gerichts. Das freie Ermessen ist aber nicht willkürlich; das Gericht darf die Bestellung eines Verteidiger nicht aus rein äußerlichen, persönlichen oder sonst unsachlichen Gründen ablehnen, sondern nur, wenn es nach sorgfältiger Prüfung des Sachverhalts die Bestellung nicht für erforderlich hält. Im gegebenen Falle war dem Gericht der Schwachsinn des Angeklagten bekannt gewesen; aus den Akten und Urteilsgründen ergab sich aber nicht, daß das Gericht die Bestellung eines Verteidigers in Erwägung gezogen hatte, obwohl doch ein dringender Anlaß hierfür vorlag. Danach mußte angenommen werden, daß sich das Gericht überhaupt keine Gedanken darüber gemacht hatte, ob ein Verteidiger zu bestellen sei. Das verstieß gegen Sinn und Zweck des § 141 StPO. Dem Angeklagten hätte ein Verteidiger bestellt werden müssen, wenn er es beantragt hätte; der Gedanke lag nahe, daß er einen solchen Antrag seines Schwachsinns wegen unterließ. Da hiernach mit der Möglichkeit zu rechnen war, daß im Falle der Bestellung eines Verteidigers das Urteil anders ausgefallen wäre, mußte es aufgehoben werden. Das Landgericht hatte auf Grund des Gutachtens eines Sachverständigen festgestellt, der An-

geklagte stehe etwa auf der Stufe eines Kindes von 6 bis 7 Jahren, hatte ihm aber anderseits das Maß von Einsicht für das Gesetzwidrige seines Tuns und die Fähigkeit zuerkannt, seinen Willen dieser Einsicht gemäß zu bestimmen. Da Kinder bis zum vollendeten 14. Lebensjahre vollkommen strafunmündig sind, konnte der Vergleich zu Mißverständnissen Anlaß geben. Aus dem schriftlichen Gutachten des Sachverständigen war zu entnehmen, daß durch den Vergleich nur das Wissensgut umschrieben werden sollte, das der Angeklagte besaß. Das hätte im Urteil näher dargelegt werden sollen. (I, 23. Januar 1934.)
Amtl. Sammlg. S. 35—37.
Vgl. JW. 1928 S. 417.

12. **Zollhinterziehung. Werterlaß. Gesamthaftung. Untersuchungshaft.** (StGB. §§ 29, 60.) Mehrere Personen waren an einer Zollhinterziehung beteiligt. Sie wurden zu Freiheitstrafen und zum Wertersatz verurteilt; bei zweien von ihnen wurde der Wertersatz durch die von ihnen erlittene Untersuchungshaft für verbüßt erklärt, gegen die übrigen wurden für den Fall, daß der Wertersatz von ihnen nicht beizutreiben sei, Ersatzfreiheitstrafen vorgesehen. Eine von ihnen legte Revision ein mit der Begründung, daß für den Wertersatz die Teilnehmer der Tat als Gesamtschuldner haften und daß somit die Frage des Wertersatzes erledigt sei. Das Rechtsmittel hatte keinen Erfolg. Der Grundsatz, daß für den Wertersatz die Teilnehmer als Gesamtschuldner haften, gilt nur für die Bezahlung des Wertes. Diese macht, wenn sie von einem Verurteilten geleistet wird, auch die übrigen frei; verbüßt aber einer der Verurteilten die Ersatzfreiheitstrafe, so kommt das den anderen nicht zugute. Das gleiche muß gelten, wenn die Untersuchungshaft auf die Strafe des Wertersatzes angerechnet wird. Von den Angellagten war einer der fortgesetzten Zollhinterziehung schuldig gesprochen worden; von den anderen hatte jeder nur an einzelnen Handlungen teilgenommen. Es wäre rechtsirrig gewesen, wenn sie nicht nur im Umfang ihrer Tätigkeit als Gesamtschuldner mit dem Haupttäter, sondern auch als Gesamtschuldner untereinander für haftbar erklärt worden wären. Die Urteilsform wurde in diesem Sinne klargestellt. (III) 29. Januar 1934.) Amtl. Sammlg. S. 37—39.
Vgl. Bd. 54 S. 24; Bd. 62 S. 246.

13. Waffe. Vorsatz. Irrtum. (WaffMißbrG. § 1; NotVO. vom 8. Dezember 1931, Teil VIII Kap. I § 4.) Siegelringe, in deren unterhöhlter Platte zwei messerartige Schneiden von 6—7 mm Länge und etwa 1 mm Stärke verborgen waren, wurden gewerbsmäßig verkauft; der Verkäufer hatte keine Genehmigung zum Feilhalten von Waffen. Seine Verurteilung wurde bestätigt. Waffen sind Gegenstände, die ihrer Natur nach dazu bestimmt und geeignet sind, Verletzungen beizubringen. Der Angeklagte hatte sich darauf berufen, daß die Ringe vor allem dazu dienen sollten, angreifende Gegner zum Zwecke der Erleichterung der späteren Ermittlung zu kennzeichnen. Das Landgericht hatte angenommen, daß auch diese Bestimmung ausreiche, um die Ringe als Waffen zu betrachten. Dem trat das Reichsgericht nicht bei. Ein Gegenstand, der nur dazu bestimmt ist, ein Überführungs- oder Beweismittel zu schaffen, wird noch nicht dadurch zu einer Waffe, daß er bei bestimmungsgemäßer Verwendung durch Hieb, Stich oder Stoß Verletzungen verursacht; zu dem Begriff der Waffe gehört, daß der Gegenstand zum Angriff oder zur Verteidigung dienen soll. Dies Merkmal war aber im vorliegenden Falle gegeben; mit dem Ringe konnten, wenn die Klingen festgestellt waren, ganz erhebliche Verletzungen, besonders im Gesicht des Gegners, zugefügt werden. Die Eigenschaft des Ringes als Schmuckstück oder als Siegelring trat hinter jener als Waffe völlig zurück; das Feilhalten von Waffen ist aber nicht schon dann erlaubt, wenn die Waffe daneben noch eine andere Bestimmung hat. Daß der Ring erst dann als Waffe verwandt werden konnte, wenn durch Ziehen an dem Hebelauslöser die messerartigen Schneiden ausgehoben und festgestellt waren, machte nichts aus; er war mit einer Waffe zu vergleichen, die in einem Stock oder einer Röhre verborgen ist, nicht aber mit einem Gegenstand, der zu anderen Zwecken bestimmt und geeignet ist, im Einzelfalle auch als Waffe benutzt werden kann. Daß dem Angeklagten die tatsächlichen Umstände, aus denen sich die Eigenschaft des Ringes als Waffe ergab, bekannt waren, genügte für die Feststellung des inneren Tatbestands. Dem Umstand, daß der Angeklagte trotzdem glaubte, der Ring stelle keine Waffe im Sinne der gesetzlichen Vorschrift dar, kam für die Schuldfrage keine ausschlaggebende Bedeutung bei, weil es sich insoweit nur um einen unbeachtlichen Strafrechtsirrtum handelte, der den Vorsatz nicht ausschloß. (II, 1. Februar 1934.) Amtl. Sammlg. S. 39—42.

Vgl. Bd. 1 S. 443; Bd. 66 S. 191.

14. **Zollhinterziehung. Einziehung von Beförderungsmitteln. Kosten.** (RAbgO. §§ 401, 414.) Zwei Personen, die sich vorgenommen hatten, Tabak aus der Tschecho-Slowakei ins Inland zu schmuggeln, fuhren auf einem Kraftrad, das keinem von ihnen gehörte, bis in die Nähe der Grenze. Dort stellten sie das Rad ein, begaben sich zu Fuß über die Grenze, erwarben dort größere Mengen Tabak und versteckten ihn im Walde. Einer von ihnen fuhr dann auf dem Kraftrad wieder zurück, um einen Wagen zur Abholung des Tabaks zu besorgen. Es wurde auf Einziehung des Kraftrads erkannt. Die Revision der Eigentümerin hatte Erfolg. Ohne Rücksicht auf die Eigentumsverhältnisse hätte auf Einziehung erkannt werden müssen, wenn das Kraftrad als Beförderungsmittel zur Begehung der Tat benutzt worden wäre. Das traf aber nicht zu. Solange das Kraftrad benutzt wurde, befand sich die Schmuggelware noch im Ausland; erst später wurde sie ins Inland gebracht, ohne daß dabei das Kraftrad irgendwelche Verwendung fand. Die Einziehung ist unzulässig, wenn der Täter das Beförderungsmittel nur bei Vorbereitungshandlungen für die Straftat benutzt hat, mit deren Ausführung noch nicht begonnen worden war, als die Benutzung des Beförderungsmittels aufhörte. In einem solchen Falle ist das Beförderungsmittel nicht zur Begehung der Tat benutzt. Die Kosten des Rechtsmittels, das vollen Erfolg gehabt hatte, trafen die Landeskasse. (VI, 6. Februar 1934.)

Amtl. Sammlg. S. 42—44.

Vgl. Bd. 49 S. 208; Bd. 59 S. 250; Bd. 63 S. 311.

15. **Zollhinterziehung. Beförderungsmittel. Rucksäcke. Einziehung.** (StGB. § 40; RAbgO. § 401.) Schmuggelware wurde in Rucksäcken über die Grenze gebracht. Das Hauptzollamt beantragte neben der Bestrafung der Täter auch die Einziehung der Rucksäcke. Das Landgericht lehnte sie ab; das Reichsgericht verwarf die Revision des Hauptzollamts. Rucksäcke fallen nicht unter den Begriff der Beförderungsmittel, deren Einziehung in § 401 RAbgO. vorgeschrieben ist. Der allge-

meine Sprachgebrauch versteht unter Beförderungsmitteln nur solche Gegenstände (Tiere oder Fahrzeuge aller Art), durch die die Beförderung, die Fortbewegung von Personen oder Sachen von einem Ort zum andern bewirkt wird, nicht aber Umhüllungen wie Rucksäcke, Koffer, Handtaschen, die selbst mitbefördert werden und Beförderungsgegenstände im Gegensatz zu den Beförderungsmitteln sind. Nach § 40 RStGB. hätten die Rucksäcke allerdings eingezogen werden können, wenn sie den Angeklagten gehörten; diese Anordnung stand aber im freien Ermessen des Gerichts. (VI, 6. Februar 1934.)

Amtl. Sammlg. S. 44—45.

Vgl. Bd. 16 S. 66; Bd. 43 S. 317.

16. Steuerhinterziehung. Steuergefährdung. Versuch. Vorentscheidung. Ordnungswidrigkeit. Verjährung. (R.-AbgO. §§ 217, 402, 413, 468 [a. F. §§ 210, 367, 377, 433]; StPO. §§ 155, 264.) Ein Arzt gab in den Jahren 1926, 1927 und 1929 sein Einkommen mit 7150, 9000 und 18 000 *RM* an. Das Finanzamt hielt diese Beträge für zu niedrig und setzte dafür in den Steuerbescheiden 12 000, 18 000 und 24 000 *RM* ein. Diese Steuerbescheide wurden rechtskräftig. Im Jahre 1930 leitete das Finanzamt gegen den Arzt eine Untersuchung wegen versuchter Einkommensteuer- und Umsatzsteuerhinterziehung ein und erließ einen Strafbescheid, durch den gegen den Angeklagten eine Geldstrafe von 3000 *RM* wegen fortgesetzten Versuchs der Einkommensteuerhinterziehung festgesetzt wurde. Im gerichtlichen Verfahren wurde in allen Rechtszügen auf Freisprechung erkannt. Die Revision war vor allem darauf gestützt, daß keine Vorentscheidung des Reichsfinanzhofs nach § 468 (§ 433 a. F.) RAbgO. eingeholt worden war. Nach dieser Vorschrift ist der Strafrichter, der ein Urteil darüber zu fällen hat, ob sich ein Angeklagter einer Steuerhinterziehung oder Steuergefährdung schuldig gemacht hat und wie er gegebenenfalls zu bestrafen ist, bei der Rechtsfindung in gewissem Umfang beschränkt. Die Beschränkung tritt nach dem Wortlaut des Gesetzes ein, wenn eine Verurteilung wegen Steuerhinterziehung oder Steuergefährdung davon abhängt, ob ein Steueranspruch besteht oder ob und in welcher Höhe ein Steueranspruch verkürzt oder ein Steuervorurteil zu unrecht gewährt worden ist. Der Strafrichter ist in solchen

Fällen teils unbedingt, teils bedingt an das Ergebnis (nicht auch an die Begründung) von Entscheidungen der Finanzbehörden (einschließlich der Finanzgerichte) gebunden, sofern diese im Besteuerungsverfahren (nicht etwa im Verwaltungsstrafverfahren) mit Wirkung gegen den Angeklagten (nicht nur gegen einen Dritten) über jene Fragen rechtskräftig entschieden haben oder noch zu entscheiden haben. Die Bindung ist unbedingt gegenüber Entscheidungen des Reichsfinanzhofs, bedingt (namentlich unter Vorbehalt der Einholung einer Entscheidung des Reichsfinanzhofs) gegenüber Entscheidungen der übrigen Finanzbehörden; soweit Entscheidungen der Finanzbehörden hierüber noch nicht vorliegen, aber zu erwarten sind, ist Aussetzung des Verfahrens geboten. Die ungenaue Fassung der Vorschriften hat zu verschiedenen Zweifeln Anlaß gegeben. Einigkeit herrscht darüber, daß die Vorschriften nicht nur gelten, wenn der Strafrichter verurteilen, sondern auch wenn er freisprechen will, weiter darüber, daß unter den Begriff der Steuerhinterziehung auch der Versuch der Steuerhinterziehung fällt. Die Entscheidung des Strafrichters hängt von diesen Vorfragen ab, wenn er das Ergebnis der Prüfung der Vorfragen als Entscheidungsgrund für die von ihm zu fällende Hauptentscheidung verwenden will. Dagegen fällt die Beschränkung der Entscheidungsfreiheit des Strafrichters weg, wenn der Angeklagte unabhängig von der Beantwortung jener Vorfragen aus sonstigen Gründen freizusprechen oder zu verurteilen ist. Eine solche Notwendigkeit kann sich schon bei der Beurteilung des äußeren Tatbestandes ergeben, sie ist aber namentlich bei der Beurteilung des inneren Tatbestandes vorhanden, über den die Finanzbehörden im Besteuerungsverfahren regelmäßig nicht zu entscheiden haben. Dieser Umstand erlangt besondere Bedeutung, wenn der Strafrichter (wie im gegebenen Falle) über eine Anklage wegen versuchter Steuerhinterziehung zu entscheiden hat und zwischen ihm und den Steuerbehörden Übereinstimmung darüber besteht, daß eine Steuerverkürzung nicht eingetreten ist. Nach der Rechtsprechung des Reichsgerichts hängt die Verurteilung wegen Versuchs einer Straftat davon ab, ob der Angeklagte den Entschluß, ein Verbrechen oder ein Vergehen zu begehen, durch Handlungen betätigt hat, die nach seiner

Vorstellung den gewollten Erfolg widerrechtlich herbeizuführen geeignet sind; es kommt darauf an, ob äußere Handlungen zur Betätigung eines verbrecherischen Vorsatzes vorgenommen worden sind, die der Täter für geeignet gehalten hat, den vorgestellten Erfolg rechtswidrig herbeizuführen, nicht aber darauf, ob diese Handlungen schon eine teilweise Verwirklichung des Erfolges enthielten, und ebensowenig darauf, ob dieser Erfolg überhaupt eintreten konnte. Die Anwendung dieser subjektiven Versuchslehre bietet dem Strafrichter in weitem Umfang die Möglichkeit, seine Entscheidung unabhängig von den erwähnten Vorfragen zu begründen. Wenn darüber Einigkeit besteht, daß eine Steuerverkürzung nicht eingetreten ist, kann sich im Falle der versuchten Steuerhinterziehung die Bindung des Strafrichters außer auf die Frage, ob ein Steueranspruch besteht, nur noch auf die Frage erstrecken, ob und in welcher Höhe er bei Vollendung der Tat verkürzt worden wäre. Der Strafrichter wird aber in Versuchsfällen in der Regel zu einer Entscheidung gelangen können, ohne auf irgendeine jener Vorfragen einzugehen. Er kann den Angeklagten auch bei Unterstellung des Nichtbestehens eines Steueranspruchs verurteilen, wenn die Verhandlung ergibt, daß der Angeklagte das Bestehen des Anspruchs angenommen und durch sein Verhalten den nach seiner Vorstellung bestehenden Anspruch zu verkürzen versucht hat. Das gilt auch, wenn der Angeklagte das Bestehen des Steueranspruchs infolge eines Irrtums über die Tragweite steuerrechtlicher (nicht dem Steuerstrafrecht angehöriger) Vorschriften angenommen hat. Der Strafrichter kann anderseits auch bei Unterstellung des Bestehens eines Steueranspruchs in der von der Steuerbehörde behaupteten Höhe sowie bei Annahme eines zur Verkürzung dieses Anspruchs geeigneten Verhaltens den Angeklagten freisprechen, wenn die Verhandlung ergibt, daß der Angeklagte keine Steuerverkürzung gewollt hat, sei es, daß er den Steueranspruch überhaupt nicht gekannt hat oder daß er sein Verhalten nicht für geeignet gehalten hat, den ihm bekannten Anspruch zu verkürzen. Auch im vorliegenden Falle wäre die Einholung einer Vorentscheidung unnötig gewesen, wenn das Landgericht ohne Bemängelung des Schätzungsergebnisses, zu dem das Finanzamt gelangt war, festgestellt hätte, es könne dem Angeklagten, der keine genauen Aufzeichnungen seiner Einnahmen gemacht hatte und darum auf Schätzungen angewiesen war, nicht nachgewiesen werden, daß er das Finanzamt vorsätzlich oder auch nur mit bedingtem Vorsatz über die Höhe seiner Einnahmen hätte täuschen wollen. Das Landgericht hatte aber angenommen, daß die Schätzungen des Finanzamts keinen Anspruch auf Richtigkeit erheben könnten und daß darum dem Angeklagten seine Behauptung, er habe seine Schätzungen nach bestem Wissen vorgenommen, nicht widerlegt werden könne. Die Entscheidung war hiernach zwar unmittelbar auf das Fehlen des inneren Tatbestandes, mittelbar aber auf die von den rechtskräftigen Entscheidungen des Finanzamts abweichende Annahme gestützt, daß die Grundlagen, auf denen der von der Steuerbehörde geltend gemachte Anspruch beruhte, möglicherweise unrichtig seien. Es ergab sich also die Frage, ob der Strafrichter befugt ist, bei den Feststellungen, die den inneren Tatbestand einer vollendeten oder versuchten Steuerhinterziehung betreffen, von einem anderen äußeren Sachverhalt auszugehen als demjenigen, der sich aus der rechtskräftigen Steuerfestsetzung ergibt. Das Reichsgericht bejahte diese Frage mindestens für die Fälle, in denen die rechtskräftige Steuerfestsetzung auf einer Schätzung beruht. Eine Verurteilung wegen vollendeter oder versuchter Steuerverkürzung kann nur auf Tatsachen gestützt werden, für deren Vorhandensein Gewißheit oder eine an Gewißheit grenzende Wahrscheinlichkeit besteht; bei Zweifeln ist zugunsten des Angeklagten zu entscheiden. Der Strafrichter darf zwar die Freisprechung eines Angeklagten nicht ohne Anrufung des Reichsfinanzhofs damit begründen, daß der vom Finanzamt auf Grund von Schätzungen rechtskräftig festgestellte Steueranspruch nicht bestehe; er kann aber genötigt sein, zu erklären, daß die durch Schätzung gewonnenen Ergebnisse nicht zuverlässig genug seien, um hieraus auf eine strafrechtliche Schuld des Angeklagten zu schließen. Eine Steuergefährdung konnte trotz der dem Angeklagten zur Last fallenden Fahrlässigkeit nicht angenommen werden, weil keine Steuerverkürzung eingetreten war. Endlich war auch eine Verurteilung wegen Ordnungswidrigkeit nicht möglich. Eine solche Ordnungswidrigkeit war allerdings darin zu erblicken, daß der Angeklagte die durch das Umsatzsteuergesetz vorgeschriebenen Aufzeichnungen nicht gemacht hatte. Ob es sich hier im Vergleich zu der im Strafbescheid bezeichneten Tat um eine andere Tat handelte, so daß der Angeklagte auf die Änderung des rechtlichen Gesichtspunkts hätte hingewiesen werden müssen, konnte dahingestellt bleiben, weil die Strafverfolgung wegen Ordnungswidrigkeit zur Zeit der Einleitung der Untersuchung schon verjährt war. In dem dauernden Unterlassen der vorgeschriebenen ordnungsgemäßen Buchführung ist zwar ein vorsätzliches oder fahrlässiges Dauervergehen zu erblicken, dessen Verjährung erst mit dem Tage beginnt, an dem die rechtlich nur ein einheitliches Vergehen darstellende Zuwiderhandlung zum Abschluß gekommen ist. Die strafbare Unterlassung dauert solange, bis entweder die Verpflichtung nachträglich erfüllt oder ihre Erfüllung nach Lage der Sache gegenstandslos geworden ist. Gegenstandslos ist aber eine Erfüllung namentlich dann, wenn sie nicht mehr möglich ist. Im vorliegenden Falle hatte das Landgericht angenommen, daß eine Nachholung der Aufzeichnungen im Zeitpunkt der Abgabe der Steuererklärungen nicht mehr möglich war und daß eben darum der Angeklagte sein Einkommen nur noch schätzen konnte. Von der letzten Steuererklärung an lief also die einjährige Verjährungsfrist. (I, 6. Februar 1934.)

Amtl. Sammlg. S. 45—60.

Vgl. Bd. 38 S. 423; Bd. 42 S. 92; Bd. 56 S. 278, 316, 397; Bd. 57 S. 1, 117, 212; Bd. 58 S. 41, 417; Bd. 59 S. 115, 258; Bd. 62 S. 212, 322; Bd. 63 S. 64; Bd. 64 S. 25, 229; Bd. 65 S. 22, 165; Bd. 66 S. 194, 288; RFH. Bd. 7 S. 259; Bd. 10 S. 78, 250; Bd. 12 S. 235; Bd. 16 S. 329; Bd. 17 S. 195; Bd. 25 S. 88; JW. 1922 S. 1473; 1927 S. 1755; 1928 S. 965; 1931 S. 2128.

17. **Abtreibung. Sammelstraftat. Ne bis in idem. Verbrauch der Strafklage.** (StGB. §§ 73, 43, 218.) Eine Frau wurde am 27. Februar 1933 wegen gewerbsmäßigen Versuchs der Abtreibung, begangen in den Monaten November und Dezember 1932, zu einer Gefängnisstrafe verurteilt. Sie verbüßte die Strafe. Nachher wurde ermittelt, daß sie im Dezember 1931 einer Frau, von der sie wußte, daß sie schwanger war, ein Abtreibungsmittel verkauft und es bei ihr angewandt hatte; die Frucht war ab-

gegangen, doch konnte nicht festgestellt werden, ob das auf die Tätigkeit der Angeklagten zurückzuführen war. Sie wurde neuerdings wegen gewerbsmäßiger Verschaffung eines Abtreibungsmittels und wegen versuchter Abtreibung verurteilt. Ihre Revision hatte keinen Erfolg. Wenn das gewerbsmäßige Verschaffen eines Abtreibungsmittels mit vollendeter gewerbsmäßiger Abtreibung zusammentrifft, geht der erstere Tatbestand im zweiten auf. Das trifft aber nicht zu, wenn neben der gewerbsmäßigen Verschaffung eines Abtreibungsmittels nur eine versuchte Abtreibung vorliegt. Für die versuchte Abtreibung, auch wenn sie gewerbsmäßig vorgenommen wird, ist eine mildere Strafe angedroht, als für die gewerbsmäßige Verschaffung von Abtreibungsmitteln; es kann aber nicht der Wille des Gesetzes sein, den gewerbsmäßigen Verkäufer von Abtreibungsmiteln dann glimpflicher zu behandeln, wenn er über den Vertrieb hinaus auch noch einen Abtreibungsversuch vorgenommen hat. Der Verurteilung der Angeklagten stand die frühere Bestrafung nicht im Wege, wenn auch damals gewerbsmäßige Begehung der Straftaten angenommen worden war. Für den Verbrauch der Strafklage ist nicht die Bezeichnung der strafbaren Handlung im früheren Urteil, auch nicht das auf sie angewandte Strafgesetz maßgebend, sondern einzig und allein, ob sich das frühere Urteil auf dieselbe Handlung bezog, die nunmehr Gegenstand des Verfahrens ist. Deshalb kommt es darauf an, ob schon in dem früheren Urteil die innere Haltung der Angeklagten als Quelle ihres Handelns festgestellt ist, aus der die jetzt zur Aburteilung stehende Tat entsprungen ist. Diese Voraussetzung war hier nicht erfüllt. Eine auf wiederholte strafbare Betätigung gerichtete innere Haltung der Angeklagten, wie sie zum Wesen der Sammelstraftat gehört, war in dem früheren Urteil nicht angenommen worden. Gerade dieser Tatbestandsteil aber hätte die sachliche Rechtfertigung dafür gebildet, daß das wegen einer derartigen Handlung eröffnete Strafverfahren ohne weiteres die Gesamtheit der so innerlich zusammenhängenden Einzeltaten erfaßte und demgemäß auch ohne rechtskräftige Verurteilung den Strafanspruch in seinem vollen Umfang verbrauchte. Mit dieser Auffassung steht es im Einklang, daß die Rechtsprechung nicht bloß dem von der Anklage einer Sammelstraftat freisprechenden Erkenntnis die Wirkung des Verbrauchs der Strafklage in seinem vollen Umfang abspricht, sondern auch in einem Urteil, das lediglich eine solche Absicht des Angeklagten, wie sie für die Zusammenfassung seiner Einzelhandlungen zu einer Sammeltat Voraussetzung ist, nicht für erwiesen erachtet und ihn deshalb nur wegen einer oder mehrerer Einzeltaten verurteilt hat. Beim früheren Urteil war das mögliche Vorliegen mitzuberücksichtigender weiterer gleichartiger Einzelstraftaten der Angeklagten nicht erwogen worden, weil dazu kein Grund vorlag. Ein Verbrauch der Strafklage auch hinsichtlich solcher weiterer strafbarer Handlungen würde also dazu führen, daß die Angeklagte ihretwegen überhaupt jeder Möglichkeit strafrechtlicher Aburteilung entzogen bliebe. Da das frühere Urteil den Strafanspruch nur hinsichtlich der damals festgestellten Einzelstraftat verbrauchte, stand es auch der späteren Aburteilung der Angeklagten wegen einer gleichartigen Sammelstraftat nicht im Wege. Es durfte nur in diese nicht jene Einzelhandlung miteinbezogen werden, von der ja auch rechtskräftig feststand, daß sie nicht aus einer solchen inneren Haltung der Angeklagten entsprungen war, wie sie nunmehr als einigendes Band für die weiter abzuurteilenden gleichartigen Einzeltaten für erwiesen angesehen wurde. Das hatte auch dann zu gelten, wenn das Gericht in dem späteren Verfahren zu der Einsicht gelangte, daß jene frühere Feststellung unrichtig gewesen war. (VI, 16. Februar 1934.)

Amtl. Sammlg. S. 60—64.

Vgl. Bd. 44 S. 397; Bd. 57 S. 21; Bd. 59 S. 399; Bd. 66 S. 26; Bd. 68 S. 13.

18. Münzfernsprecher. Automatenbetrug. Entziehung elektrischer Arbeit. Münzfälschung. Sachbeschädigung. (StGB. §§ 146, 263, 304, 317, 318a; RG. vom 9. April 1900 betr. die Entziehung elektrischer Arbeit § 1.) Breitgeschlagene Zweipfennigstücke wurden mißbräuchlich benutzt, um auf Münzfernsprechern Verbindungen herzustellen. Das geschah zum Teil auf Fernsprechern mit Selbstanschluß an Teilnehmer, deren Fernsprecher ebenfalls Selbstanschluß hatte, so daß der Anschluß auf rein mechanischem Wege ohne Vermittlung von Bediensteten der Reichspost zustande kam, zum Teil auf Fernsprechern mit Selbstanschluß an Teilnehmer ohne Selbstanschluß (in diesen Fällen wurde die Verbindung mit der Vermittlungsstelle des Teilnehmers auf mechanischem Wege hergestellt, während der Anschluß von dort zu dem Teilnehmer durch die Bediensteten der Vermittlungsstelle bewirkt wurde), endlich auch auf Fernsprechern, die keinen Selbstanschluß hatten, von denen aus daher die Verbindung zu den gewünschten Teilnehmern durch Bedienstete der Post hergestellt wurde. Das Landgericht fand in der mißbräuchlichen Benutzung der Münzfernsprecher bei beiderseitigem Selbstanschluß keine strafbare Handlung und schied diese Fälle aus; wegen der anderen Fälle verurteilte es unter dem Gesichtspunkt des fortgesetzten Betrugs. Das Reichsgericht erklärte, daß hierin kein Rechtsirrtum zutage trete. In den Fällen, in denen von Selbstanschlußfernsprechern zu Selbstanschlußfernsprechern gesprochen worden war, war keine Person getäuscht und zu einer Vermögensverfügung veranlaßt worden; in den übrigen Fällen dagegen waren die äußeren und inneren Merkmale des Betrugs gegeben. Das galt insbesondere auch da, wo von einem Fernsprecher mit Selbstanschluß aus die Verbindung zu dem Teilnehmer ohne Selbstanschluß durch dessen Vermittlungsstelle hergestellt worden war. Das Landgericht hatte angenommen, daß in dem Verschweigen der Verwendung einer geringwertigen Münze gegenüber dem die Vermittlungsstelle bedienenden Beamten die Unterdrückung einer wahren Tatsache zu finden sei. Das Reichsgericht ließ dahingestellt, ob diese Auffassung frei von Rechtsirrtum war, da das Urteil sich nicht darüber aussprach, woraus es die Rechtspflicht zur Offenbarung ableitete. Jedenfalls war dem festgestellten Tatbestand zu entnehmen, daß die Angeklagten durch ihr Verhalten, indem sie nämlich die Fernsprechanlage mittels des Münzfernsprechers benutzten und auf diese Weise die Herstellung der Verbindung verlangten, in Verbindung mit ihrem Schweigen dem Beamten die unwahre Tatsache vorspiegelten, sie hätten, wie jede andere Person, die sich des Münzfernsprechers bedient, ihrer Verpflichtung für die Inanspruchnahme dieser Einrichtung durch Einwerfen eines Zehnpfennigstücks genügt. Soweit hiernach kein Betrug vorlag, war auch kein anderer strafbarer Tatbestand erfüllt. Die besonderen Vorschriften über das Post- und Fernsprechwesen geben keine Grundlage für die Bestrafung der mißbräuchlichen Benutzung von Münzfernsprechern. Auch die Vorschriften über Sachbeschädigung können nicht Anwendung finden, weil durch das Einwerfen der geringwertigen Münzen keine Veränderung der Anlage bewirkt worden war. Das Gesetz über Entziehung elektrischer Arbeit bedroht die Entziehung fremder elektrischer Arbeit nur dann mit Strafe, wenn sie mittels eines Leiters erfolgt, der nicht zur ordnungsmäßigen Entnahme von elektrischer Arbeit aus der Leitung bestimmt ist. Leiter ist eine Vorrichtung, die vermöge ihrer physikalischen Eigenschaften geeignet ist, den elektrischen Strom fortzupflanzen. Diese Eigenschaft hatten an sich die von den Angeklagten eingeworfenen Münzen; allein zum Tatbestand des Gesetzes gehört, daß die Entziehung der elektrischen Arbeit mittels eines solchen Leiters vorgenommen wird. Es genügt also nicht, wenn der Täter sich fremde elektrische Arbeit nutzbar macht, indem er den Leiter in irgendeiner beliebigen Weise verwendet. Eine strafbare Entziehung liegt vielmehr nur dann vor, wenn der Täter den Leiter gerade in der Weise verwendet, daß er sich dessen als eines dazu geeigneten körperlichen Gegenstandes zur Weiterleitung des Stromes bedient; die Entnahme der elektrischen Arbeit muß also durch den Vorgang der Stromleitung bewirkt werden. In dieser Weise hatten aber die Angeklagten die Münzen nicht als Leiter benutzt, denn durch diese war nicht die Weiterleitung des Stromes bewirkt, sondern lediglich die Sperre ausgelöst worden, die das Drehen der Nummernscheibe verhinderte. Allerdings haben die Angeklagten in der Folge durch das Wählen der Nummern und der Führung der Gespräche der Leitung rechtswidrig elektrische Arbeit entzogen; diese Entziehung geschah aber nicht mittels eines fremden Leiters, sondern auf die gewöhnliche Art und Weise durch Vermittlung der körperlichen Gegenstände, die dazu bestimmt waren. Ordnungswidrig und nicht mit dem Willen des Verfügungsberechtigten übereinstimmend war lediglich die Art und Weise, wie sich die Angeklagten den Zugang zu der ordnungsmäßigen Benutzung der Leitung freigemacht hatten. Dieser Umstand veränderte aber nicht die Leitung als solche und machte sich nicht als Ganzes zu einem Leiter, der nicht mehr zur ordnungsmäßigen Entnahme elektrischer Arbeit bestimmt war. Die Bestimmung einer

Leitung zur ordnungsmäßigen Entnahme elektrischer Arbeit kann nur allgemein bestehen oder nicht bestehen. Ebensowenig als eine Bestimmung zur ordnungsmäßigen Entnahme durch die Art und den Zweck der Entnahme bestimmt sein kann, kann sie davon abhängig sein, daß die Entnahme im Einzelfalle durch eine Person vorgenommen wird, die eine bestimmte Verpflichtung (zur Zahlung einer festgesetzten Gebühr) erfüllt hat. Der in Erfüllung einer solchen Verpflichtung entrichteten Münze kommt für die Leitung selbst keine Verrichtung zu, sie schafft dadurch, daß sie die Sperre beseitigt, lediglich die Voraussetzung für die Benutzung der nach wie vor unverändert bleibenden Leitung und wird deshalb auch nicht Bestandteil der Leitung. Auch als Münzfälschung konnte das Verhalten der Angeklagten nicht bestraft werden. Eine solche liegt vor, wenn echtem Gelde durch Veränderung der Schein höheren Wertes gegeben wird, um es als echt zu gebrauchen oder sonst in den Verkehr zu bringen. Die Angeklagten hatten aber den von ihnen verwendeten Münzen durch die vorgenommene Veränderung weder den Schein eines höheren Wertes gegeben noch geben wollen. Der Schein eines höheren Wertes wird erweckt, wenn die Münze durch die Veränderung eine Beschaffenheit erhält, die den arglosen Beschauer im gewöhnlichen Verkehr über ihren Wert zu täuschen imstande ist. Das traf hier nicht zu. Durch die vorgenommene Veränderung verloren die Münzen nicht die Eigenschaft von Zweipfennigstücken, ließen diese vielmehr nach außen weiter erkennen. Es kam den Angeklagten nicht darauf an, höherwertiges Geld herzustellen; sie wollten nur den Münzen eine Form geben, die sie zum Gebrauch für den Münzfernsprecher geeignet machte. Es war also an den Münzen keine Wertveränderung, sondern nur eine Formveränderung vorgenommen worden. (II, 18. Dezember 1933.) Amtl. Sammlg. S. 65—69.

Vgl. Bd. 35 S. 313.

19. **Beamter. Amtshandlung. Geschäftlicher Betrieb. Bevorzugung. Bestechung. Schmiergeld. Irrtum.** (StGB. §§ 59, 332, 333; UnlWG. § 12.) Für die Beamten der deutschen Reichspost ist eine besondere Krankenkasse errichtet. Als stellvertretender Vorsitzender für einen bestimmten Bezirk war ein Postsekretär bestellt, der vom eigentlichen Postdienst freigegeben wurde. Er ließ sich von einem

Zahnarzt, dem die Ausführung des Zahnersatzes für die sämtlichen Mitgliedern der Kasse innerhalb des Bezirks übertragen worden war, einen Teil seiner Einnahmen aus der Behandlung der Kassenmitglieder auszahlen. Das Landgericht verurteilte ihn und den Zahnarzt aus § 12 UnlWG. Das Reichsgericht hob das Urteil auf. § 12 UnlWG. kommt nach seinem Wortlaut nur zur Anwendung, soweit nicht nach anderen Bestimmungen eine strengere Strafe verwirkt ist. Es war darum zu prüfen, ob das Verhalten des Angeklagten nicht den Tatbestand der §§ 332, 333 StGB. erfüllte. Der eine Angeklagte war als Postsekretär Beamter im staatsrechtlichen Sinne. Durch seine Freigabe vom Postdienst und seine Dienstleistung bei der Krankenkasse war er aus diesem Beamtenverhältnis nicht ausgeschieden; seine Beamteneigenschaft war gerade Voraussetzung für seine Tätigkeit bei der Krankenkasse. Bei Beamten im staatsrechtlichen Sinne sind alle Diensthandlungen, die zu dem dem Beamten übertragenen Geschäftskreis gehören, als Amtshandlungen anzusehen. Welcher Art diese Dienste sind, ist nicht von ausschlaggebender Bedeutung; insbesondere setzt die Vornahme einer Amtshandlung nicht voraus, daß die Handlung mit rechtlicher Wirkung nur von öffentlichen Beamten vorgenommen werden kann. Wesentlich ist nur, daß nicht eine reine Privathandlung des Beamten in Frage steht, sondern daß die Verrichtung dem Beamten als amtliche Aufgabe zugewiesen ist, und daß sie nicht völlig außerhalb des Aufgabenbereichs der zuweisenden Behörde liegt. Unter diesen Voraussetzungen kommt auch nicht entscheidend in Betracht, ob die Vorteile der Dienstleistung unmittelbar dem Staate zufließen oder einer anderen selbständigen Rechtspersönlichkeit und ob diese die Rechtsform einer Körperschaft des öffentlichen Rechtes oder die einer juristischen Person des bürgerlichen Rechtes hat. Bei der in Frage stehenden Krankenkasse handelte es sich um eine Einrichtung der Fürsorge, welche die Postverwaltung ihren Beamten angedeihen ließ; das ergab sich schon daraus, daß die Postverwaltung Zuschüsse gewährte und die Aufsicht über die gesamte Verwaltung der Kasse führte. Wenn die Beamten selbst zu Leistungen an die Kasse herangezogen wurden, änderte das nichts an dem Wesen und Zweck der Einrichtung. Ebenso war es bedeutungslos, wenn der Einrichtung die Rechtsform eines bürgerlich-rechtlichen Vereins gegeben und ein weitgehendes Recht der Selbstverwaltung eingeräumt war. Die dienstlichen Verrichtungen der Vorstandsmitglieder der Kasse lagen also im Aufgabenbereich der Postverwaltung. Wenn diese die Vorstandsmitglieder zur Wahrnehmung ihrer Tätigkeit bei der Kasse von den sonstigen Dienstobliegenheiten befreite, lag darin die Zuweisung der Beamten an die Kasse zur Wahrnehmung der Vorstandsgeschäfte in ihrer Beamteneigenschaft und die Zuweisung der Dienste als Geschäftsaufgabe. Eine andere Beurteilung ergab sich auch dann nicht, wenn die Vorstandsmitglieder gewählt wurden. Eine irrige Annahme, daß aus dieser Sachlage sich die Eigenschaft der Diensthandlungen als Amtshandlungen nicht ergebe, könnte als bloßer Strafrechtsirrtum die Angeklagten nicht entlasten. Für den Fall, daß das Landgericht auch nach erneuter Prüfung nicht zur Anwendung der §§ 332, 333 StGB. gelangen sollte, bemerkte das Reichsgericht, daß die Verurteilung aus § 12 UnlWG. nicht hinlänglich begründet war. Allerdings stand nichts im Wege, die Krankenkasse als einen Geschäftsbetrieb und ihre Vorstandsmitglieder als Beauftragte anzusehen. Zum Begriff des geschäftlichen Betriebes gehört nicht, daß er auf die Erzielung von Gewinn gerichtet ist; der Begriff ist auch dann als verwirklicht anzusehen, wenn mit dem Betrieb rein soziale und wohltätige Zwecke verfolgt werden. Für Personenvereinigungen, die eine Krankenkasse für ihre Mitglieder betreiben, gilt das ganz besonders, wenn sie es sich zur Aufgabe gemacht haben, ihren Mitgliedern entgeltliche Leistungen anderer bereit zu stellen. Die Vorstandsmitglieder waren zwar nicht Angestellte der Kasse, aber deren Beauftragte. Der Begriff des Beauftragten ist im weitesten Sinne zu nehmen. Die bürgerlich-rechtlichen Gesichtspunkte sind nicht ausschlaggebend; vielmehr genügt, wenn sich jemand, ohne selbst Inhaber des Betriebs zu sein, zu diesem vermöge seiner Stellung, wenn auch auf Grund gesetzlicher Regelung, in einem Verhältnis befindet, das ihn zum geschäftlichen Handeln für den Betrieb berechtigt und verpflichtet. Das traf auf den Angeklagten zu. Nicht genügend nachgewiesen war aber, daß die Zuwendungen erfolgt waren, um dem anderen Angeklagten eine Bevorzugung beim Bezug von gewerblichen Leistungen (Zuweisung von Behandlungsbedürftigen) zu sichern. Die Zuwendungen waren gemacht worden, nachdem diesem Angeklagten die Ausführung des Zahnersatzes für sämtliche Mitglieder der Kasse auf die Dauer von 5 Jahren übertragen worden war. Er hatte also ein Recht auf Zuweisung der Fälle und brauchte es sich nicht durch unlautere Mittel zu sichern. Ein Handeln zu Zwecken des Wettbewerbs kam also nicht in Frage. Zum Tatbestand des § 12 UnlWG. gehört aber ferner — im Gegensatz zu den Vorschriften über Beamtenbestechung — das Gewähren und Annehmen von Schmiergeldern um einer in der Zukunft liegenden Bevorzugung willen; eine bloße Belohnung für schon ausgeführte Leistungen genügt nicht. Im gegebenen Falle bestand allerdings die Möglichkeit, den Vertrag jederzeit mit sofortiger Wirksamkeit zu kündigen; die Absicht, sich eine Bevorzugung dadurch zu schaffen, daß die Kündigung unterblieb, konnte aber nur bestehen, wenn mit einer solchen Gefahr zu rechnen war. Das war nicht nachgewiesen. Denkbar war, daß der Zahnarzt durch seine Geschenke eine günstige Behandlung bei Beanstandungen wegen schlechter Leistungen zu erreichen suchte; aber auch hierfür fehlten in dem angefochtenen Urteil die tatsächlichen Voraussetzungen. (II, 29. Januar 1934.)

Amtl. Sammlg. S. 70—77.

Vgl. Bd. 49 S. 199; Bd. 50 S. 118; Bd. 55 S. 31; Bd. 58 S. 186; Bd. 63 S. 367; Bd. 66 S. 16, 83, 384; Bd. 67 S. 299.

20. Amtsanmaßung. Zahlungsaufforderung. (StGB. § 182.) Der Vorsteher der Rechtsabteilung eines größeren Betriebs versandte an Schuldner des Unternehmens Mahnschreiben, die in ihrer äußeren Form Zahlungsbefehlen ähnlich waren. Sie trugen die Überschrift: „Zahlungsaufforderung", enthielten die Angabe einer Geschäftsnummer und als Text die Aufforderung an den Schuldner, binnen einer vom Tage der Aufforderung laufenden Frist bei Vermeidung sofortiger Klageerhebung die Gläubigerin wegen des näher bezeichneten Anspruchs zu befriedigen. Darunter standen die Worte: „Justitiar J. V." Daneben befand sich ein blauer Stempel, der das Berliner Stadtwappen aufwies. In der rechten unteren Ecke war eine Kostenrechnung eingesetzt, die eine Gebühr für die Zahlungsaufforderung und eine Mahngebühr enthielt. Die Aufforderung wurde zusammengefaltet ohne Umschlag versandt. Auf der Rückseite des Schreibens war der Name und die Anschrift des Abteilungsvorstehers mit einem Stempel aufgedruckt. Er bestritt nicht, daß er bei den Schuldnern den Eindruck erwecken wollte, es handle sich um gerichtliche Zahlungsbefehle. Die Verurteilung wegen Amtsanmaßung wurde vom Reichsgericht nicht bestätigt. Eine Amtsanmaßung liegt vor, wenn jemand entweder sich unbefugt als Inhaber eines öffentlichen Amtes gebärdet, das er in Wahrheit nicht bekleidet, und auf Grund dieser Vortäuschung eine Handlung vornimmt, deren Vornahme zum Geschäftsbereich des angemaßten oder eines anderen öffentlichen Amtes gehört, oder aber unbefugt eine Handlung vornimmt, die nur kraft eines öffentlichen Amtes vorgenommen werden darf. Das Landgericht hatte die beiden Tatbestände als verwirklicht angesehen. Das war rechtlich möglich; es mußte aber dann jeder Tatbestand nach der äußeren und nach der inneren Seite vollständig nachgewiesen sein. Das war hier nicht der Fall. Zum zweiten Tatbestand ist nicht nötig, daß der Täter den Anschein unbefugter Amtsausübung erweckt; es genügt, wenn er eine Handlung vornimmt, die entweder nur durch öffentliche Beamte vorgenommen werden darf, während ihre Vornahme anderen Personen schlechthin untersagt ist, oder die zwar beim Vorliegen besonderer Umstände auch eine Privatperson vornehmen darf, die aber unter äußeren Umständen vorgenommen wird, vermöge deren sie sich, wenn auch nur zum Schein, als Amtshandlung kennzeichnet und nach außen als unbefugte Einmischung in ein öffentliches Amt darstellt. Eine Handlung im ersten Sinne hatte der Angeklagte nicht vorgenommen. Das wäre der Fall gewesen, wenn die Herstellung der Zahlungsaufforderung als fälschliche Anfertigung einer öffentlichen Urkunde oder wenigstens mit Rücksicht auf ihren Inhalt als Erlassung eines Zahlungsbefehls zu erachten gewesen wäre. Keines von beiden hatte das Landgericht angenommen; ein Rechtsirrtum war insoweit nicht ersichtlich. Ein Handeln im zweiten Sinn hatte es deshalb für gegeben erachtet, weil durch die äußere Form und den Inhalt der von dem Angeklagten hergestellten und versandten Zahlungsaufforderungen entsprechend dem von ihm damit verfolgten Zweck bei unbefangenen und rechtlich nicht vorgebildeten Menschen im Regelfalle der Eindruck erweckt werden mußte, als handle es sich um Zahlungsbefehle, die vom Gericht erlassen waren. Dabei war aber übersehen, daß zur Erfüllung dieses Tatbestands eine Handlung gehört, die an sich den Gegenstand der Ausübung eines öffentlichen Amtes bildet und die der Täter an Stelle des dazu befugten Beamten vornimmt. Daran fehlte es hier. Die Zahlungsaufforderungen, die zu erlassen der Angeklagte als Beauftragter des Gläubigers ein Recht hatte, wurden dadurch, daß ihnen der äußere Schein eines Zahlungsbefehls gegeben wurde, solange nicht zu Zahlungsbefehlen, als sie sich nicht inhaltlich als solche darstellten. Es handelte sich zudem auch äußerlich nicht um geringfügige Abweichungen von der üblichen Form des Zahlungsbefehls. Rechtsirrig war darum die Meinung des Landgerichts, daß die Zahlungsaufforderungen, wenn sie von einem zur Erlassung von Zahlungsbefehlen zuständigen Beamten ausgefüllt worden wären, wirksame gerichtliche Zahlungsbefehle hätten darstellen können. Auch der erste Tatbestand des § 132 StGB. war nicht verwirklicht. Hierzu gehört, daß der Täter sich mit der Ausübung eines öffentlichen Amtes befaßt, also sich fälschlich als Inhaber eines öffentlichen Amtes und der damit verbundenen Amtsgewalt ausgibt; es genügt nicht, wenn nur der Anschein erweckt wird, als habe die zuständige Behörde einen Zahlungsbefehl erlassen. Ein solches Verhalten könnte, wenn die Urkunde als Ausfluß einer amtlichen Tätigkeit erschiene, unter Umständen (die aber hier nicht vorlagen) als Urkundenfälschung strafbar sein. Daß der Angeklagte die Zahlungsaufforderungen „Justitiar, i. V." unterzeichnete, war belanglos. Zur Verwirklichung des ersten Tatbestandes des § 132 ist nicht erforderlich, daß der Täter, der eine Handlung kraft der angemaßten Eigenschaft eines Beamten vornimmt, seinem Amt einen Namen gibt, der zu der Handlung paßt oder der Name eines wirklichen Amtes seines Landes ist, oder daß er den Namen und die Art des öffentlichen Amtes, das er sich beilegt, ausdrücklich nennt; erforderlich ist aber, daß seine Handlung eine solche ist, zu der im Lande ein wirkliches öffentliches Amt die Befugnis gibt. Diese Voraussetzung war mit Rücksicht auf den Inhalt der Zahlungsaufforderung nicht gegeben. (II,

29. Januar 1934.) Amtl. Sammlg. S. 77—81.

Vgl. Bd. 2 S. 292; Bd. 46 S. 183; Bd. 59 S. 291.

21. **Betrugsversuch. Rücktritt. Beendeter Versuch.** (StGB. §§ 43, 46, 263.) Der Angeklagte bestellte fernmündlich bei den Firmen H. und L. Auswahlsendungen, die in die Wohnung des Generalkonsul C. geschickt werden sollten; er gab sich dabei fälschlich als Bruder des Generalkonsuls aus. Zahlung sollte erst später geleistet werden. Auf dem gleichen Wege ersuchte der Angeklagte die Hausangestellte M. des Generalkonsuls, der gegenüber er sich auch als dessen Bruder bezeichnete, die Sendungen für ihn in Empfang zu nehmen; er werde sie durch einen Dienstmann abholen lassen. Der Generalkonsul war auf einer Reise abwesend. Die Firma H. schöpfte Verdacht und benachrichtigte die Polizei, wies auch ihren Boten an, die Sendung nur gegen Zahlung abzugeben. Auch die M. hatte der Polizei Mitteilung gemacht. Dem vom Angeklagten gesandten Dienstmann wurden nur wertlose Pakete übergeben. Der Angeklagte folgte dem Dienstmann heimlich nach, um ihn im Flur des Hauses, das er ihm genannt hatte, abzufangen und ihm die Pakete abzunehmen. Auch ein Polizeibeamter folgte dem Dienstmann und beobachtete den Angeklagten. Dieser gab, ohne die Entdeckung seines Vorhabens erkannt zu haben, seinen Plan auf. Er wurde wegen zwei Vergehen des versuchten Betrugs verurteilt. Seine Revision hatte keinen Erfolg. Das Landgericht hatte angenommen, daß die Betrugsversuche in beiden Fällen nicht beendet waren, daß aber freiwilliger Rücktritt nicht vorlag, weil die Durchführung des beabsichtigten Betrugs durch Umstände, die von dem Willen des Angeklagten unabhängig waren, unmöglich gemacht worden war und weil die Entdeckung der Tat ohnehin ihre Vollendung hinderte. Dabei war übersehen, daß bei nicht beendetem Versuch die Frage, ob der Täter die Ausführung freiwillig aufgegeben hat, durchaus nach der Vorstellung des Täters gelöst werden mußte, daß also der Rücktritt freiwillig ist, wenn der Täter die Ausführung unter der Vorstellung aufgibt, er wolle die Tat nicht vollenden, obwohl ihm die Vollendung möglich wäre. Die Tatsache allein, daß an sich ein Umstand vorliegt, der die Ausführung der in Aussicht genommenen Tat unmöglich macht, schließt die Freiwilligkeit des Rücktritts bei nicht

beendetem Versuch noch nicht aus; es muß hinzukommen, daß der Täter die Durchführung der beabsichtigten Handlung auf Grund der ihrer Vollendung entgegenstehenden tatsächlichen Unmöglichkeit aufgegeben hat. Auch bei dem nicht beendeten Versuch mit untauglichen Mitteln oder an einem untauglichen Gegenstand ist freiwilliger Rücktritt als möglich anzuerkennen, obwohl hier von vornherein ein Umstand gegeben ist, der die Ausführung der gewollten strafbaren Handlung schlechthin unmöglich macht. Der Rechtsirrtum des Landgerichts beschwerte aber den Angeklagten nicht, weil in Wirklichkeit nicht unbeendeter, sondern beendeter Versuch vorlag. Ein beendeter Versuch ist gegeben, wenn der Täter alle Handlungen vorgenommen hat, die nach seiner Vorstellung zur begrifflichen Vollendung der Tat gehören. Auch hier kommt es nur darauf an, was sich der Täter als Wirkung seiner Handlungen vorgestellt und was er gewollt hat. Die innere Stellungnahme des Täters ist der maßgebende Gesichtspunkt für die Beurteilung. Hat er die Handlungen ausgeführt, durch die sich nach seiner Vorstellung vom Fortgang der von ihm angenommenen Entwicklung der Dinge ein Erfolg ergeben soll, der den Tatbestand der vollendeten Straftat erfüllt, so liegt in seinem Tun ein beendeter Versuch der beabsichtigten strafbaren Handlung. Daran ändert sich auch nichts, wenn der Täter noch weitere eigene Handlungen in seinen Plan mitaufgenommen, demnächst aber nicht ausgeführt hat, die den Eintritt eines weiteren Erfolgs herbeiführen sollen, der kein Tatbestandsmerkmal der gewollten strafbaren Handlung mehr bildet; denn es kommt nur auf die Handlungen an, die nach der Vorstellung des Täters zur begrifflichen Vollendung der Tat gehören. In beiden Fällen hatte der Angeklagte alle Handlungen vorgenommen, die seinem Plan gemäß die Sendungen in den Besitz seines Boten gelangen lassen sollten. Wäre dieser Erfolg seines Handelns eingetreten, so wäre in beiden Fällen der Betrug vollendet gewesen; die durch seine Täuschungshandlungen bewirkten Vermögensverfügungen der Firmen hätten unmittelbar zu der eine Vermögensschädigung bedeutenden Vermögensgefährdung geführt, da nunmehr der Beauftragte des Angeklagten die Waren für ihn in Besitz gehabt hätte. Die weiter von dem Angeklagten geplante Maßnahme, sich die Waren von seinem Boten aushändigen zu lassen, wäre ein Handeln nach vollendetem Betrug gewesen. Eine Anwendung des § 46 Nr. 1 StGB. kam also nicht in Frage. Auch § 46 Nr. 2 StGB. entfiel, da die Tat des Angeklagten im Sinne dieser Vorschrift schon entdeckt war, als er sein Vorhaben aufgab. (II, 12. Februar 1934.) Amtl. Sammlg. S. 82—85.

22. **Beamter. Kirchenkassier.** (StGB. § 359; RVerf. Art. 137; SächsVerf. Art. 50; SächsKirchVerf. § 35; SächsKirchG. von 1926; SächsKirchGemO. §§ 38—47, 49.) Der Kassier einer evangelisch-lutherischen Kirchengemeinde in Sachsen unterschlug Gelder, die er eingezogen hatte. Es fragte sich, ob er als Beamter im Sinne des Strafgesetzbuchs anzusehen war. Auch unter der Herrschaft der Reichsverfassung sind Kirchenbeamte insoweit als mittelbare Staatsbeamte zu erachten, als sie unter staatlicher Aufsicht Kirchenvermögen verwalten. Demgemäß hatte in einer früheren Entscheidung (IV, 10. März 1922) das Reichsgericht dem Rechnungsführer (Kassier) einer sächsischen Kirchengemeinde die Eigenschaft eines Beamten in diesem Sinne beigelegt. Seitdem hat sich aber die Rechtslage wesentlich geändert. Am 1. Oktober 1926 ist die Verfassung der evangelisch-lutherischen Landeskirche des Freistaates Sachsen in Kraft getreten. Nach dieser liegen die eidliche Verpflichtung der Kirchengemeindebeamten und die Aufsichtsbefugnisse, die früher von den Kircheninspektoren ausgeübt wurden, den Bezirkskirchenbeamten ob. Diese sind rein kirchliche Behörden. Demnach kann seit dieser Zeit von einer staatlichen Aufsicht über die Vermögensverwaltung der evangelisch-lutherischen Landeskirche nicht mehr gesprochen werden; die Rechnungsführer (Kassiere) sind nicht mehr mittelbare Staatsbeamte. (VI, 13. Februar 1934.) Amtl. Sammlg. S. 85—88.

Vgl. Bd. 57 S. 23; Bd. 63 S. 116.

23. **Beweisantrag. Versagung des Wortes. Schluß der Verhandlung.** (StPO. §§ 155, 246.) Nachdem sich das Gericht zur Beratung des Urteils zurückgezogen hatte, sandte der Verteidiger ein von ihm unterzeichnetes Schreiben in das Beratungszimmer, worin er um Wiedereintritt in die Beweisaufnahme bat, da er wichtige Anträge zu stellen habe. Nach der Rückkehr des Gerichts in den Sitzungssaal erklärte der Vorsitzende, da die Verhandlung geschlossen sei, sei für weitere Ausführungen der Vertei-

digung kein Raum mehr, und verkündete hierauf sofort das Urteil. Das Reichsgericht verwies die Sache zurück. Schriftliche Anträge, die nach Schluß der Verhandlung, aber vor der Verkündung des Urteils dem Gerichte eingereicht werden, brauchen nicht berücksichtigt zu werden; eine Wiedereröffnung der Beweisaufnahme ist nur erforderlich, wenn sie in der Hauptverhandlung, die nach Rückkehr des Gerichts in den Sitzungssaal fortgesetzt wird, mündlich beantragt wird. Auch noch nach der Beratung und bis zum Beginn der Urteilsverkündung sind Anträge auf Wiedereröffnung der Verhandlung zum Zwecke der auch jetzt noch zulässigen Stellung neuer Beweisanträge statthaft. Durch die schriftliche Mitteilung hatte der Verteidiger dem Gerichte zu erkennen gegeben, daß er solche Anträge mündlich stellen wolle. Bei dieser Sachlage durfte der Vorsitzende nicht unter stillschweigender Billigung des Gerichts dem Verteidiger das offensichtlich von ihm gewünschte Gehör versagen und ihn dadurch an der Stellung verfahrensrechtlich wirksamer Anträge hindern. Das verstieß gegen den Grundsatz, daß der Strafrichter die Wahrheit zu erforschen hat. (III, 26. Februar 1934.)

Amtl. Sammlg. S. 88—89.

Vgl. Bd. 3 S. 116; Bd. 22 S. 335; Bd. 59 S. 420.

24. **Anstiftung zur Amtsunterschlagung. Gesetzeseinheit.** (StGB. §§ 48, 50, 350, 351, 357.) Der Verwalter einer Postagentur ließ diese mit Zustimmung der Postverwaltung durch eine Angestellte besorgen. Diese beging auf seine Anstiftung hin mehrere Unterschlagungen. Er wurde wegen Anstiftung zur Amtsunterschlagung verurteilt. Seine Revision, die darauf gestützt war, daß er, da er selbst keinen amtlichen Gewahrsam an den unterschlagenen Geldern hatte, nur wegen Anstiftung zur einfachen Unterschlagung hätte verurteilt werden dürfen, hatte keinen Erfolg. Der fehlende eigene Gewahrsam des Angeklagten an den unterschlagenen Geldern hinderte nur seine Verurteilung als Täter oder Mittäter der von der Mitangeklagten begangenen Amtsunterschlagung, nicht aber eine solche als Anstifter zu dieser Unterschlagung. Der Gewahrsam des Täters ist bei der Unterschlagung ein strafbegründender Umstand, nicht ein sich nach persönlichen Eigenschaften oder Verhältnissen bestimmender, die Strafbarkeit erhöhender oder vermindernder Umstand. Nur für

solche Umstände gilt, daß sie nur dem Teilnehmer zuzurechnen sind, bei dem sie vorliegen. Für die gewöhnliche Unterschlagung besteht kein Zweifel, daß jemand, obwohl er nicht selbst Gewahrsam hat, wegen Anstiftung zur Unterschlagung verurteilt werden kann, wenn er eine Person, die sich im Gewahrsam befindet, zur rechtswidrigen Zueignung der Sache vorsätzlich bestimmt. Das gilt auch für die Amtsunterschlagung, die nur einen besonderen, mit höherer Strafe bedrohten Fall der Unterschlagung darstellt; sie wird gekennzeichnet durch die persönliche Eigenschaft des Täters als eines Beamten und seine besonderen Beziehungen zum Gegenstand der Unterschlagung. Auch § 351 StGB. ist in diesem Sinne zu verstehen; durch ihn wird nicht das uneigentliche Amtsvergehen des § 350 StGB. zu einem eigentlichen Amtsverbrechen, sondern es wird nur ein besonderer Strafschärfungsgrund geschaffen. Diese die Unterschlagung zur Amtsunterschlagung und zwar in der schweren Form des § 351 StGB. stempelnden Umstände sind allerdings persönliche Eigenschaften und Verhältnisse im Sinne des § 50 StGB., die einem Anstifter nur zugerechnet werden können, wenn sie bei ihm vorliegen. Es genügt nicht für die Verurteilung als Anstifter zur Amtsunterschlagung, daß der Anstiftende Beamter ist, sondern es müssen in seiner Person die besonderen Verhältnisse gegeben sein, die gerade jene Strafschärfungen gegenüber der einfachen Unterschlagung begründen. Der Anstifter muß zu demselben amtlichen Kreise gehören wie der Täter und zu den Gegenständen der Unterschlagung in amtlichen Beziehungen stehen. Ihm muß für diese Gegenstände eine Pflicht zu besonderer amtlicher Behandlung obliegen; sie müssen in weiterem Sinne seiner Obhut anvertraut sein, wenn es auch nicht erforderlich ist, daß das allgemeine Tatbestandsmerkmal der Unterschlagung, Besitz oder Gewahrsam, erfüllt ist. Zur Anwendung des § 351 StGB. auf den Anstifter ist zu verlangen, daß auch ihm selbst die Führung der Bücher, Register und Rechnungen oblag, mag er sich auch zur Erfüllung dieser Pflicht der Zuziehung von Hilfskräften bedienen. All das traf bei dem Angeklagten zu. Gleichwohl rechtfertigte sich seine Verurteilung nicht aus § 48 StGB., sondern aus § 357 StGB. Aus dem angefochtenen Urteil war zwar nicht zu entnehmen, ob der Angeklagte zu der Mitangeklagten im Verhältnis eines amtlichen Vorgesetzten zu seiner Untergebenen stand; sicher war aber, daß er eine Aufsicht über sie zu führen hatte. Mindestens der Tatbestand des § 357 Abs. 2 in der Form des Verleitens lag also beim Angeklagten vor. Diese für Beamte geltende Sondervorschrift schließt die Anwendung der allgemeinen Strafbestimmungen über Anstiftung aus. (II, 1. März 1934.) Amtl. Sammlg. S. 90—92.

Vgl. Bd. 65 S. 102.

25. **Zollvergehen. Bannbruch. Strafenhäufung.** (StGB. §§ 73, 74; VZG. n. F. § 158; RAbgO. §§ 396, 418.) Trifft Bannbruch mit einer anderen strafbaren Handlung zusammen, so kommt die für jenen bestimmte Strafe zugleich mit der für diese vorgesehenen in Anwendung. In früheren Entscheidungen (Bd. 61 S. 89, Bd. 67 S. 426) war die Ansicht vertreten, Art und Maß der Strafenhäufung seien damit nicht besonders geregelt; vielmehr seien, auch bei Tateinheit, die mehreren Strafen nach den Grundsätzen des § 74 StGB. zusammenzuziehen. An dieser Ansicht hielt das Reichsgericht nicht mehr fest, entschied vielmehr, daß volle Strafenhäufung stattzufinden habe. Unter den anderen strafbaren Handlungen im Sinne des § 158 VZG. sind nicht nur solche zu verstehen, die sich in anderen Richtungen als der Bannbruch bewegen, sondern auch unter besonderer Strafandrohung stehende Zuwiderhandlungen gegen die Ein-, Aus- und Durchfuhrverbote. Bei einem Zusammentreffen mit Bannbruch ist unverkürzt auf die Strafe des besonderen Gesetzes und auf die Strafe des Bannbruchs zu erkennen; von diesen fällt nur die Geldstrafe fort, wenn im besonderen Gesetz eine höhere Strafe angedroht ist. Liegt also bandenmäßiger Bannbruch und Verbrechen gegen das Rinderpestgesetz vor, so sind für jenen die Strafe der Einziehung oder des Wertersatzes und die Schärfungsstrafe des § 146 VZG. und für das Verbrechen gegen das Rinderpestgesetz die dafür bestimmte Freiheitstrafe nebeneinander zu verhängen. Setzt sich die mit dem Bannbruch zusammentreffende andere strafbare Handlung wieder aus mehreren Straftaten zusammen, so trifft darüber, in welchem Zusammenhang diese untereinander stehen und wie sonach die Strafe festzusetzen ist, § 158 VZG. keine Bestimmung; das ist vielmehr nach §§ 73, 74 StGB. oder etwa bestehenden beson-

deren Vorschriften zu beurteilen. Wären durch eine und dieselbe Handlung die Vorschriften über die Bekämpfung der Rinderpest, über Urkundenfälschung, über die Ausgleichsteuer und über die statistische Abgabe verletzt, so wäre für das Verbrechen gegen das Rinderpestgesetz und das Verbrechen der Urkundenfälschung die Strafe aus dem Rinderpestgesetz zu entnehmen, daneben aber auf die Strafen wegen Bannbruch und wegen Hinterziehung der Abgaben zu erkennen. (II, 5. März 1934.)

Amtl. Sammlg. S. 92—94.

26. **Kraftwagenschild. Motornummer. Urkunde.** (StGB. §§ 267, 268, 271, 272; KraftFahrzVO. § 5.) Ein Personenkraftwagen der Wandererwerke, der das polizeiliche Kennzeichen I A 76 700 trug, wurde gestohlen und von den beiden Angeklagten als Hehlern erworben. Um ihn ohne Gefahr benutzen zu können, kauften sie einen billigen alten Wandererwagen und brachten dessen Kennzeichen I A 76 810 an dem gestohlenen Wagen an; ferner ersetzten sie das Firmenschild durch ein gefälschtes, das sie mit der Fabriknummer des alten Wandererwagens versehen hatten. Auf dem alten Wagen änderten sie die Fahrgestell- und Motornummer 11 018 in 11 228 um und erwirkten auf diese Nummer erneut die Zulassung dieses Wagens; er erhielt das Kennzeichen I A 75 003. Bald darauf gelangten die Angeklagten in den Besitz eines weiteren gestohlenen Personenkraftwagens mit dem Kennzeichen I A 83 443. Dieses Kennzeichen ersetzten sie durch das neue Kennzeichen des alten Wagens I A 75 003; das Firmenschild änderten sie entsprechend dem neuen, für den alten Wagen ausgestellten Zulassungsschein. Um auch den alten Wagen verwerten zu können, änderten sie die Fahrgestell- und Motornummer 11 228 in 11 224 um, erwirkten wieder seine Zulassung und verkauften ihn dann. Die beiden gestohlenen Wagen benutzten sie zum Fahren. Sie wurden wegen fortgesetzter gemeinschaftlicher Hehlerei in sachlichem Zusammentreffen mit fortgesetzter gemeinschaftlich begangener schwerer Urkundenfälschung verurteilt. Ihre Revisionen wurden verworfen. Die Fabriknummer des Fahrgestells bildet in Verbindung mit dem Kraftfahrzeug, an dem sie angebracht ist, eine Privaturkunde, die zum Beweise von Rechten und Rechtsverhältnissen von Erheblichkeit sein kann. Der Aussteller der Urkunde ist durch das

im Kraftfahrzeug angebrachte Schild kenntlich gemacht. Das gleiche muß von der Motornummer gelten; auch diese ist bei Personenkraftwagen sowohl in den Zulassungsschein aufzunehmen als auch in die Listen, welche die Verwaltungsbehörde über die zugelassenen Kraftwagen führt. Auch zur Änderung der verfälschten Nummer waren die Angeklagten nicht berechtigt; denn als sie diese Änderung vornahmen, war der Wagen unter der ersten verfälschten Nummer neu polizeilich zugelassen worden. Damit hatten sie das Verfügungsrecht über die von ihnen verfälschte Urkunde verloren. Durch die erneute Änderung der Nummer erwirkten sie infolge Täuschung der Verwaltungsbehörde über die frühere Zulassung die erneute Zulassung des Wagens unter dieser neuen Nummer. Endlich war auch die Änderung des Firmenschildes an dem gestohlenen Wagen Verfälschung einer Privaturkunde. Jedes Kraftfahrzeug muß mit einem Schilde versehen sein, das die Firma, die das Fahrgestell hergestellt hat, und die Fabriknummer des Fahrgestells angibt, auch noch weitere Angaben enthält. Diese Angaben sind auch in den Zulassungsschein und in die von der Verwaltungsbehörde geführten Listen aufzunehmen. Die Nummern auf dem Schild haben dieselbe Bedeutung wie die in dem Fahrgestell und dem Motor eingeschlagenen; es ist nicht in das Belieben der Fabrik gestellt, ob sie sie anbringen will oder nicht. Sie dienen ebenso wie diese der polizeilichen Überwachung, ferner zum Beweise, welche Firma das Fahrgestell hergestellt hat. Im vorliegenden Falle handelte es sich zudem um Typenschilder, um die Firmenschilder von Kraftfahrzeugen, die einem polizeilich zugelassenen Typ angehörten. Zuverlässige Firmen können zur Typenprüfung zugelassen werden, auf Grund deren ihnen bescheinigt wird, daß bestimmte, von ihnen fabrikmäßig gefertigte Gattungen von Kraftfahrzeugen den Anforderungen der Kraftfahrzeugverordnung entsprechen. Diese Firmen dürfen dann selbst bescheinigen, daß die Fahrzeuge die vorgeschriebenen Eigenschaften besitzen; die Bescheinigung ersetzt das Gutachten des amtlich anerkannten Sachverständigen. Auf Grund des ihr geschenkten Vertrauens übernimmt die Firma auch gegenüber der Verwaltungsbehörde die Gewähr, daß die auf dem Schild angegebenen Eigenschaften dem Fahrzeug zukommen, auf dem sie angebracht sind. Die entgegengesetzte frühere Auffassung des Reichsgerichts (Bd. 55 S. 39) wurde nicht mehr festgehalten. Die weitere Begründung der Entscheidung, insbesondere hinsichtlich der polizeilichen Kennzeichen, ist nicht veröffentlicht. (II, 5. März 1934.) Amtl. Sammlg. S. 94—98. Vgl. Bd. 4 S. 69; Bd. 40 S. 253; Bd. 52 S. 78; Bd. 55 S. 39; Bd. 58 S. 16; Bd. 60 S. 187.

27. **Gewohnheitsverbrecher. Sicherungsverwahrung.** (StGB. § 20a; GewohnhVerbrG. Art. 1, 5.) Als gefährliche Gewohnheitsverbrecher können nicht nur Sittlichkeitsverbrecher, gewalttätige Einbrecher, Betrüger, die breite Volksschichten um größere Beträge schädigen, angesehen werden, sondern auch Zechpreller, bei denen ein eingewurzelter Hang zu kleinen Betrügereien festgestellt ist. Die daraus sich ergebende Gefahr weiterer solcher strafbarer Handlungen kann die Anordnung der Sicherungsverwahrung für die öffentliche Sicherheit erforderlich machen. (VI, 17. April 1934.)

Amtl. Sammlg. S. 98—99.

28. **Vermögenssteuerhinterziehung. Eheliches Güterrecht. Steuererklärung. Verhalten. Unterlassung. Irrtum. Verwaltungsstrafverfahren. Einleitung.** (StGB. § 59; RAbgO. §§ 91, 166, 167, 204, 396, 421, 441; VermStG. 1925 § 25; 2. SteuerAmnVO. § 15.) Eine Frau gab in den Jahren 1927—1931 keine Vermögenssteuererklärung ab. Die von ihrem Manne im Jahre 1931 abgegebene Erklärung war unrichtig, da sie auch diesem ihr Vermögen verschwiegen hatte. In dem gegen sie eingeleiteten Strafverfahren machte sie unwahre Angaben. Sie wurde wegen Steuerhinterziehung verurteilt. Das Reichsgericht verwies die Sache zurück. In dem Verschweigen des Vermögens gegenüber dem Manne war eine Steuerhinterziehung nur dann zu finden, wenn der Mann das Vermögen seiner Frau, nachdem ihm davon Mitteilung gemacht worden wäre, dem Finanzamt angegeben hätte; das war um so weniger anzunehmen, als er von 1927 bis 1930 überhaupt keine Vermögenssteuererklärung abgegeben hatte. Der innere Tatbestand einer Steuerhinterziehung durch Verschweigen des Vermögens gegenüber dem Manne erforderte zum mindesten, daß die Angeklagte es für möglich hielt, ihr Mann werde bei Kenntnis ihres Vermögens dies dem Finanzamt angeben, und

daß sie es auch für diesen Fall ihrem Manne verschweigen wollte. Zu beachten war übrigens, daß die Angeklagte ihr Vermögen nicht nur durch Verschweigen ihrem Manne verheimlicht hatte, sondern auch durch wirkliches Handeln, indem sie das Geld für sich auf der Sparkasse anlegte und Wertpapiere dafür erwarb. Die Unterlassung der Vermögenserklärung gegenüber dem Finanzamt konnte eine Steuerverkürzung verursacht haben, wenn die Angeklagte zu einer solchen Erklärung verpflichtet war. Eine Frau, die steuerbares Vermögen hat, ist neben ihrem Manne zur Abgabe von Vermögenserklärungen verpflichtet. Für das Vermögen nach dem Stande vom 1. Januar 1927 war ohne besondere Aufforderung eine zugleich als Vermögenssteuererklärung geltende Vermögenserklärung nach ausdrücklicher Vorschrift abzugeben; das gleiche galt für das Jahr 1928. Zum inneren Tatbestand gehörte hier wenigstens, daß die Angeklagte es für möglich hielt, ohne Aufforderung zur Abgabe einer Vermögenserklärung rechtlich verpflichtet zu sein, und daß sie auch für diesen Fall die Abgabe unterließ. Aus ihrer Kenntnis der Zusammenveranlagung der Ehegatten folgte noch nicht, daß sie auch bedachte, sie als Ehefrau könnte zur Abgabe einer Vermögenserklärung verpflichtet sein; ein Irrtum hierüber würde als außerstrafrechtlicher Irrtum die Schuld ausschließen. Das Landgericht hätte auch prüfen müssen, ob die Angeklagte gegebenenfalls sich bewußt war, daß die Unterlassung einer Erklärung im Jahre 1928 auch eine Vermögenssteuerverkürzung für die Jahre 1929 und 1930 im Gefolge haben könne. Für das Jahr 1931 war keine rechtsgültige Vorschrift ergangen, daß die vermögenssteuerpflichtigen Personen auch unaufgefordert eine Vermögenssteuererklärung abzugeben hätten. Aus allgemeinen Grundsätzen ließ sich eine solche Pflicht nicht herleiten; ebensowenig ergibt sie sich aus der Reichsabgabenordnung. § 166 regelt nur Form und Inhalt der Steuererklärungen, § 167 gibt dem Finanzamt die Befugnis, unter gewissen Voraussetzungen eine Steuererklärung einzufordern. Hiernach ist allerdings ein Steuerpflichtiger, der 1931 keine Vermögenserklärung abgegeben hat, unter Umständen nicht strafbar, während ein anderer, der unrichtige Angaben gemacht, also sein Vermögen wenigstens teilweise angegeben hat, unter Strafe fällt; das ist aber nur eine Folge des Grundsatzes, daß ein bloßes Unterlassen nur dann eine Bestrafung nach sich zieht, wenn eine Rechtspflicht zum Handeln bestanden hat. Die öffentlichen Aufforderungen, welche die Finanzämter in Zeitungen erlassen hatten, konnten die Aufforderungen an die einzelnen Steuerpflichtigen nicht ersetzen, weil sie nicht nach den Steuergesetzen zugelassen waren. Es bestand aber die Möglichkeit, daß die Angeklagte aus einem besonderen Rechtsgrunde zur Abgabe einer Erklärung im Jahre 1931 verpflichtet war. Dadurch, daß sie es vor 1931 einer Rechtspflicht zuwider unterlassen hatte, eine Vermögenserklärung abzugeben oder durch ihren Mann abgeben zu lassen, hatte sie das Finanzamt über die wirkliche Höhe ihres Vermögens im Unklaren gelassen; sie konnte hiedurch die Gefahr herbeigeführt haben, daß das Finanzamt davon Abstand nahm, von ihr und ihrem Mann eine Vermögenserklärung 1931 einzufordern. Wer aber durch sein Verhalten eine Gefahr herbeiführt, ist nach einem in der Rechtsprechung anerkannten Grundsatze verpflichtet, den aus der Gefahr drohenden schädlichen Erfolg abzuwenden, wenn er die Macht dazu hat. Der Weg hierfür war im gegebenen Falle die Abgabe einer Vermögenserklärung 1931. Hiezu war die Angeklagte nach jenem Grundsatze möglicherweise verpflichtet. Der innere Tatbestand erforderte mindestens, daß sie damit rechnete, auf Grund ihres früheren Verhaltens verpflichtet zu sein, die daraus drohende Gefahr der Steuerverkürzung durch Abgabe der Vermögenserklärung 1931 abzuwenden, und daß sie die Abgabe der Erklärung auch für den Fall des Bestehens einer solchen Verpflichtung hatte unterlassen wollen. Der Grundsatz ist nicht nur dann anwendbar, wenn die Gefahr durch eine Handlung herbeigeführt worden ist, sondern auch dann, wenn sie auf einer Unterlassung beruht, sofern der Täter zum Handeln rechtlich verpflichtet war. Die Revision war auch darauf gestützt, daß die Angeklagte durch ihre unrichtige Auskunft gegenüber dem Finanzamt der zweiten Steueramnestieverordnung nicht zuwidergehandelt habe. Das Reichsgericht bemerkte, daß der § 15 dieses Gesetzes eine vorsichtige Auslegung erheische; ob aber unter dem sich auf die Vermögenserklärung 1931 beziehenden Steuerermittlungsverfahren auch ein solches zu verstehen ist, das sich auf die Verhältnisse bezieht, die zum

Gegenstand einer Vermögenserklärung 1931 hätten gemacht werden sollen, konnte dahingestellt bleiben, weil das Verfahren, in dem die Angeklagte die unrichtige Auskunft gab, kein Steuerermittlungsverfahren, sondern ein Steuerstrafverfahren war. Ob die Einleitung der Untersuchung aktenkundig gemacht worden war, gab keinen Ausschlag. Der Aktenvermerk hat nur Beweiskraft dafür, daß dies geschehen ist; hat man versäumt, ihn zu machen, so bleibt trotzdem die Tatsache der Einleitung der Untersuchung bestehen. (I, 2. März 1934.)

Amtl. Sammlg. S. 99—105.

Vgl. Bd. 56 S. 341; Bd. 58 S. 132

29. **Mangelhafter Eröffnungsbeschluß. Nachtragsanklage. Verfahrensvoraussetzung.** (StPO. §§ 207, 266.) Der Angeklagte war wegen dreier Vergehen des Betrugs verurteilt worden, während sowohl die Anklageschrift als der Eröffnungsbeschluß nur von zwei solchen Vergehen sprachen. Eine Nachtragsanklage war nicht erhoben worden. Das führte zur Aufhebung des Urteils und Einstellung des Verfahrens wegen des dritten Vergehens. Der Eröffnungsbeschluß bildet die notwendige Grundlage der Hauptverhandlung. Aus ihm muß der Angeklagte Kenntnis darüber gewinnen können, was ihm zur Last gelegt ist, d. h. welche bestimmte Handlungen als strafbar bezeichnet sind und unter welchen gesetzlichen Tatbestand jede von ihnen gebracht ist. Er soll damit in die Lage versetzt werden, seine Verteidigung vorzubereiten und zu führen. Wenn der Eröffnungsbeschluß diesen Aufschluß nicht gewährt, auch nicht unter Hinzuziehung der Anklageschrift, fehlt eine Verfahrensvoraussetzung. Einen solchen Fehler hat das Revisionsgericht zu beachten, wenn auch in dieser Richtung keine Beschwerde erhoben worden ist. Ist, von den zulässigen Ausnahmen abgesehen, kein Eröffnungsbeschluß erlassen worden, so muß das Verfahren eingestellt werden. Ebenso ist zu verfahren, wenn der Eröffnungsbeschluß an einem wesentlichen Mangel leidet, was auch dann zutrifft, wenn die unter Anklage gestellte Tat nicht erkennbar ist. Der Eröffnungsbeschluß ist aber nicht unteilbar. Bezieht sich der Mangel nur auf einzelne besondere Straftaten, nicht aber auf andere, die jenen gegenüber selbständige Handlungen darstellen, so kann die Einstellung auf jenen Teil des Verfahrens beschränkt werden,

der von dem Mangel betroffen ist. Ein solcher Fall war hier gegeben. (II, 12. März 1934.)

Amtl. Sammlg. S. 105—108.

Vgl. Bd. 10 S. 56; Bd. 24 S. 65; Bd. 35 S. 351; Bd. 54 S. 293; Bd. 61 S. 399.

30. Konkursverbrechen. Schuldner. Eheliche Gütergemeinschaft. Zahlungseinstellung. (StGB. § 288; KO. § 239; BGB. §§ 1443, 1459.) Eine Frau schaffte, nachdem ihr Mann seine Zahlungen eingestellt hatte, Gegenstände, die zum Gesamtgut der zwischen ihnen bestehenden allgemeinen Gütergemeinschaft gehörten, beiseite. Ihrer Verurteilung wegen Konkursverbrechen hielt sie entgegen, daß sie nicht Schuldnerin der Gläubiger ihres Mannes sei. Das Rechtsmittel hatte keinen Erfolg. Wenn Eheleute in allgemeiner Gütergemeinschaft leben, sind allerdings die Schulden des Mannes nicht ohne besonderen Verpflichtungsgrund gleichzeitig persönliche Schulden der Frau. Sie sind aber Gesamtgutsverbindlichkeiten, und für diese haftet auch die Frau mit dem Gesamtgut: sie kann zwar nicht auf Leistung aus dem Gesamtgut verurteilt werden, wohl aber auf Duldung der Zwangsvollstreckung aus dem Gesamtgut. Das genügt, um sie als Schuldnerin erscheinen zu lassen. Die Bestrafung wegen eines Vergehens nach § 288 StGB. setzt nach ständiger Rechtsprechung des Reichsgerichts nicht voraus, daß der Täter dem Gläubiger schuldrechtlich verpflichtet ist; Schuldner im Sinne dieser Vorschrift ist auch, wer aus einem sachlich rechtlichem Grunde eine Zwangsvollstreckung in Bestandteile seines Vermögens zu dulden hat. In diesem Sinne ist auch die in allgemeiner Gütergemeinschaft lebende Frau Schuldnerin der persönlichen Gläubiger ihres Mannes, deren Zwangsvollstreckung in das Gesamtgut sie dulden muß. Das muß auch entsprechend für § 239 KO. gelten; die Grundlagen der beiden Vorschriften sind die gleichen und der Unterschied liegt nur darin, daß § 288 StGB. die Befriedigungsmöglichkeiten des einzelnen Gläubigers schützt, während § 239 KO. die Befriedigungsmöglichkeiten der Gesamtheit der Gläubiger zu gewährleisten bestimmt ist. Kraft des bei der allgemeinen Gütergemeinschaft vorhandenen Rechtes des Mannes zur Verwaltung des Gesamtgutes wirkt die Zahlungseinstellung des Mannes gleichzeitig als Zahlungseinstellung der Frau. (I, 20. März 1934.) Amtl. Sammlg. S. 108—110.

Vgl. Bd. 9 S. 161; Bd. 13 S. 140; Bd. 15 S. 165; Bd. 31 S. 26; Bd. 61 S. 408; Bd. 89 S. 363.

31. **Verhandlungsleitung. Vernehmung des Angeklagten. Entscheidung des Gerichts.** (StPO. §§ 80, 238, 240.) Der mit der Verhandlungsleitung betraute Vorsitzende hat bei der Vernehmung des Angeklagten eine freiere und stärkere Stellung als bei der Beweisaufnahme. Durch die Äußerung des Angeklagten über die Klage soll dem Gericht der erste und nachhaltigste Eindruck für die Bildung der richterlichen Überzeugung verschafft werden. Von den am Prozeß beteiligten Zeugen und Sachverständigen werden nur Bekundungen gefordert, die sich auf Einzelheiten, auf ihre für die tatsächlichen Feststellungen erheblichen Wahrnehmungen oder Erfahrungen beschränken. In der Regel hält die Vereidigung sie in den Grenzen wahrheitsgemäßer und gewissenhafter Äußerungen fest. Deshalb besteht kein Bedenken dagegen, daß die beisitzenden Richter, die Schöffen und Geschworenen, der Angeklagte, der Verteidiger und der Staatsanwalt mit dem Rechte ausgestattet werden, Fragen an sie zu richten. Die Lage des zur Vernehmung vorgerufenen Angeklagten ist anders beschaffen. Auf ihm lastet kein Zwang zur Wahrheit. Er mag zu falschen Aussagen nicht nur greifen, um sich der Verurteilung zu entziehen, wenn er schuldig ist, sondern auch verleitet werden, wenn er im Bewußtsein der Unschuld glaubt, dadurch den Schein der Schuld abwenden zu können. Diese Umstände kennzeichnen die Vernehmung des Angeklagten als den empfindlichsten Verhandlungsvorgang. Das Gesetz berücksichtigt das. Weil eine Trübung zu besorgen wäre, wenn auch die anderen an der Verhandlung beteiligten Personen das Recht hätten, mit Fragen und Vorhaltungen auf den Angeklagten einzudringen, versagt es ihnen die Befugnis, die es ihnen gegenüber den Zeugen und Sachverständigen gewährt. Eine Vernehmung des Angeklagten findet grundsätzlich nur im Austausch von Rede und Gegenrede zwischen ihm und den Vorsitzenden statt. Ob dieser einem Beteiligten, besonders dem Verteidiger, die Stellung bestimmter Fragen an den Angeklagten gestatten will, ist seinem freien Ermessen überlassen; die für den Verkehr

des Sachverständigen mit dem Angeklagten aufgestellte Sondervorschrift (§ 80 StPO.) tritt ergänzend hinzu. Weil ein auf diesem Gebiet erhobener Einwand nicht die Zulässigkeit, sondern nur die Zweckmäßigkeit oder Angemessenheit des Verfahrens des Vorsitzenden beanstanden würde, kann nicht die Entscheidung des Gerichts angerufen werden, um dem Vorsitzenden eine andere äußere Ordnung oder Form der Vernehmung des Angeklagten aufzudrängen. Dementsprechend kann auch die Behauptung, der Vorsitzende habe den Angeklagten in ungeeigneter Weise vernommen, der Revision nicht zur Stütze dienen. Nur unter der Voraussetzung, daß nicht die äußere Form oder Ordnung, sondern der innere Gehalt der vom Vorsitzenden betriebenen Vernehmung des Angeklagten angefochten werden soll, ist eine Anrufung des Gerichts zulässig. Auch dann noch greift eine Einschränkung insofern Platz, als zwischen dem Vorbringen, daß der Vorsitzende den Rahmen dessen, was zu erheben ist, überschreite, und dem Einwand, daß er dem Angeklagten keine ausreichende Gelegenheit zur Erklärung gebe, unterschieden werden muß. Die Vorschrift ist nicht auf die Fragen anwendbar, die der Vorsitzende an den Angeklagten richtet. Nur dann kann das Gericht angerufen werden, wenn der Vorsitzende das Verlangen des Verteidigers oder einer anderen an der Verhandlung beteiligten Person, eine bestimmte Frage an den Angeklagten zu richten, ablehnend verbeschieden hat. Durch den Gerichtsbeschluß kann der Vorsitzende nicht gezwungen werden, die Frage mit den Worten, wie sie im Antrag vorkommt, dem Angeklagten gegenüber auszusprechen. Der Gerichtsbeschluß begreift nur den Umfang der Befragung; er verpflichtet den Vorsitzenden nur dazu, den von ihm als unerheblich angesehenen und deshalb von der Besprechung mit dem Angeklagten ausgeschlossenen Vorgang, auf dessen Erhebung der Antrag gerichtet ist, nunmehr in die Vernehmung einzuschalten. Die Form steht im freien Ermessen des Vorsitzenden. (VI, 23. März 1934.)

Amtl. Sammlg. S. 110—113.

Vgl. Bd. 42 S. 157; Bd. 47 S. 139; Bd. 48 S. 247.

32. **Bestechung. Verfallerklärung. Empfang. Treuhänder. Stellvertretung.** (StGB. §§ 331, 335.) Einem

Beamten wurden für eine Amtshandlung Wertpapiere in der Weise zugewendet, daß sie an eine von ihm als Treuhänder bezeichnete Person abgetreten wurden. Im Urteil wurden die Wertpapiere für verfallen erklärt. Das Reichsgericht bezeichnet dies als unzulässig. Die Verfallerklärung betrifft zunächst den Gegenstand, der zur Bestechung gedient hat; ist seine Einziehung nicht möglich, so ist der Wert für verfallen zu erklären. Die Unmöglichkeit liegt besonders dann vor, wenn sich das Empfangene außerhalb des Kreises der Täter befindet. Gegen einen nicht mitverurteilten Dritten, in dessen Vermögen das Bestechungsmittel gelangt ist, kann die Verfallerklärung weder ausgesprochen noch vollstreckt werden. Empfangen ist aber nicht nur das, was der bestochene Beamte unmittelbar an sich gebracht hat, sondern alles, was ihm auf irgendeine Weise tatsächlich oder wirtschaftlich zugute gekommen ist. Es war daher rechtlich nicht zu beanstanden, wenn im gegebenen Falle die Wertpapiere als von dem Angeklagten empfangen angesehen wurden. Die Abtretung an den Treuhänder des Angeklagten konnte nur den Sinn und Zweck gehabt haben, die Wertpapiere auf dem Umweg über die Mittelsperson dem Angeklagten verfügbar zu machen oder ihm wenigstens ihren Vermögenswert zukommen zu lassen. Gleichwohl konnten die Wertpapiere beim Angeklagten nicht eingezogen werden, weil er nicht deren Inhaber war; ein Fall der unmittelbaren Stellvertretung, die den Angeklagten zum unmittelbaren Inhaber der Wertpapiere gemacht hätte, lag nach den Feststellungen des Landgerichts nicht vor. Immerhin stand dem Angeklagten auf Grund des zwischen ihm und dem Treuhänder vereinbarten Rechtsverhältnisses — mochte es als echtes Treuhandverhältnis oder als Auftragsverhältnis (mittelbare Stellvertretung) zu beurteilen sein — ein Anspruch gegen den Treuhänder auf Übertragung der Wertpapiere zu. Dieser Anspruch war die Form, in der die Bestechungswerte dem Angeklagten unmittelbar zugeflossen waren und sich noch bei ihm befanden; er konnte für verfallen erklärt werden. In diesem Sinne wurde das Urteil berichtigt. (II, 12. März 1934.)

Amtl. Sammlg. S. 113—115.

Vgl. Bd. 50 S. 43; Bd. 51 S. 90; Bd. 67 S. 32; Bd. 82 S. 354, Bd. 89 S. 195.

33. **Bausparkasse. Betrug. Kollektivsparen. Vorentscheidung.** (StGB. § 263; VersAufsG. §§ 12, 93, 112, 113, 140.) Ein Baugelder-Kontor warb Baulustige, die ein unbelastetes Grundstück und 20% der Baukosten als Eigenkapital besaßen. Die Teilnehmer wurden in eine Anwärterliste eingetragen; jeder von ihnen zahlte sein Eigenkapital bei einer Bank oder Sparkasse ein und hinterlegte das Sparbuch bei einem Notar, erklärte sich ferner bereit, sein Eigengeld einem anderen, in der Reihenfolge der Anwärterliste älteren Anwärter abzutreten, wofür er von diesem durch Eintragung einer Grundschuld auf dessen Grundstück gesichert werden sollte. In dieser Weise sollte mit Eigengeldern von fünf Anwärtern der Hausbau eines von ihnen gesichert werden. Nach Fertigstellung des Baues sollte ein Darlehensgeber gesucht werden, der gegen Eintragung einer Hypothek die zum Bau verwendeten Eigengelder der anderen Anwärter frei machen sollte. Bei Auszahlung der ersten Baurate war eine Prüfungsgebühr und eine Provision zu bezahlen; als erste Baurate galt es auch, wenn der Anwärter nur sein Eigenkapital erhielt. Das zugesagte volle Baugeld wurde keinem der Anwärter ausbezahlt. Der Unternehmer wurde wegen Betrug und wegen Vergehen gegen das Gesetz über die Beaufsichtigung der privaten Sicherungsunternehmungen und Bausparkassen verurteilt. Seine Revision richtete sich nur gegen die Verurteilung wegen dieses Vergehens. Sie hatte keinen Erfolg. Bausparkassen bedürfen zum Geschäftsbetrieb der Erlaubnis der Aufsichtsbehörde. Unter Bausparkassen versteht das Gesetz Privatunternehmungen, bei denen durch die Leistungen mehrerer Sparer ein Vermögen aufgebracht werden soll, aus dem die einzelnen Sparer Darlehen für Beschaffung oder Verbesserung von Wohnungen oder Siedlungen oder zur Ablösung hierzu eingegangener Verpflichtungen erhalten; nach der Begründung des Gesetzes fallen unter den Begriff nur solche Unternehmungen, die das Kollektivsparen betreiben. Beim Kollektivsparen werden die durch eine Gemeinschaft von Sparern aufgebrachten Beträge auf möglichst schnellem Wege ihrem Verwendungszweck dadurch zugeführt, daß einige Sparer, die nach bestimmten Grundsätzen ausgewählt werden, die von ihnen benötigten Summen als Tilgungsdarlehen erhalten. Aus den weiterhin eingehen-

den Sparbeträgen der zunächst nicht berücksichtigten Sparer und den Zahlungen der schon zum Zuge gelangten Sparer werden weitere Darlehen solange zugeteilt, bis der letzte Sparer die von ihm benötigte Summe erhalten hat. Der Geschäftsbetrieb des Angeklagten bewegte sich nicht völlig in diesen Bahnen; insbesondere sollten die Sparer, denen Baudarlehen überwiesen worden waren, diese nicht durch Tilgungszahlungen an das Unternehmen des Angeklagten zurückerstatten. Wesentlich war jedoch, daß die in der Anwärterliste aufgeführten Darlehenssucher durch Geldeinzahlungen gemeinsam Beträge aufbringen sollten, aus denen den einzelnen Anwärtern nach einem bestimmten Plane die von ihnen benötigten Baugelder darlehensweise zur Verfügung gestellt werden sollten. Darauf, daß die Beiträge der einzelnen Sparer bei einer Bank oder Sparkasse einbezahlt werden sollten, war mit Recht kein entscheidender Wert gelegt worden; tatsächlich waren sie regelmäßig in die Hand des Angeklagten gelangt und hatte er sie nach Abzug der Prüfungsgebühr und der Provision den in Betracht kommenden Anwärtern zugewiesen. Hiernach handelte es sich um einen Zusammenschluß von Personen, die alle denselben Zweck verfolgten, nämlich aus den von ihrer Gesamtheit aufgebrachten Beträgen ein Darlehen zu erhalten. Nach alledem war die Annahme gerechtfertigt, daß das Unternehmen eine Bausparkasse im Sinne des Gesetzes war; insbesondere waren die Teilnehmer als Sparer anzusehen, wenn sie auch nur eine einzige Einzahlung leisteten. Darüber, ob der Geschäftsbetrieb des Angeklagten der Aufsicht unterlag, war keine Entscheidung der Aufsichtsbehörde ergangen. Eine solche war nicht notwendig; § 2 des Gesetzes sagt nur, daß, wenn eine solche Entscheidung ergangen ist, die Gerichte daran gebunden sind. (III, 26. März 1934.)

Amtl. Sammlg. S. 115—119.

Vgl. Bd. 39 S. 376; Bd. 58 S. 417; Bd. 59 S. 115.

34. Unlauterer Wettbewerb. Beauftragter. (UnlWG. § 12.). Es besteht kein Bedenken gegen die Annahme, daß ein Mitglied des Aufsichtsrats einer Genossenschaft als solches Beauftragter im Sinne des § 12 UnlWG. ist. Unter den Begriff des Beauftragten fällt jeder, der für den Geschäftsbetrieb befugtermaßen tätig wird und weder Angestellter noch Inhaber des Betriebes ist. Das Recht und die Pflicht eines Mitglieds des Aufsichtsrats, für die Genossenschaft tätig zu sein, ergibt sich aus den gesetzlichen Bestimmungen. Das Auftragsverhältnis entsteht durch die Wahl zur Aufsichtsrat. (I, 10. April 1934.)

Amtl. Sammlg. S. 119—120.

Vgl. Bd. 68 S. 74.

35. **Abwehr heimtückischer Angriffe. Werturteil. Gesamtbeleidigung. Behauptung einer Tatsache. Strafantrag. Verfahrensvoraussetzung.** (StGB. §§ 61, 185, 186; AbwVO. § 3.) Im Laufe eines politischen Gesprächs, das in einem Friseurladen geführt wurde, fiel die Äußerung: „Die SA. und SS. sind lauter Lumpen." Die Verurteilung wegen eines Vergehens gegen die Verordnung zur Abwehr heimtückischer Angriffe gegen die Regierung der nationalen Erhebung wurde vom Reichsgericht für rechtsirrig erklärt. Nach dieser Verordnung wird bestraft, wer vorsätzlich eine unwahre oder gröblich entstellte Behauptung tatsächlicher Art aufstellt, die geeignet ist, das Ansehen der Reichsregierung oder einer Landesregierung oder der hinter diesen Regierungen stehenden Verbände schwer zu schädigen. Als eine Behauptung tatsächlicher Art kann auch ein Urteil in Betracht kommen, z. B. die Bezeichnung als Dieb, Ehebrecher, Meineidiger, sofern dies Urteil zu bestimmten einzelnen Vorgängen oder Geschehnissen in erkennbarer Weise in Beziehung gesetzt ist. Aus den Feststellungen des landgerichtlichen Urteils war nicht ersichtlich, inwiefern der Angeklagte seine Äußerung in erkennbarer Weise zu bestimmten Vorkommnissen in Beziehung gesetzt hätte. Der Angeklagte hatte sich auch nicht darauf beschränkt, einzelne Mitglieder der SA. und SS. als Lumpen zu bezeichnen; er hatte vielmehr ein Werturteil ausgesprochen, das viel weiter griff, als ein solches, das er zu bestimmten Vorkommnissen in Beziehung gesetzt hätte. Der Inhalt seiner Äußerung war so unsinnig, daß er den Eindruck des Tatsächlichen überhaupt nicht hervorrufen konnte. Dagegen stellte sich die Äußerung als eine Beleidigung nach § 185 StGB. dar. Zwar können nach geltendem Recht, von einigen Ausnahmen abgesehen, nur einzelne Personen beleidigt werden, nicht aber Personenmehrheiten als solche; denn die Ehre ist eine Eigenschaft der Persönlichkeit und daher kann nur diese in ihrer Ehre gekränkt werden. Doch sind, auch wenn

eine Beleidigung äußerlich gegen eine Personenmehrheit gerichtet wird, unter Umständen die unter den Sammelbegriff fallenden einzelnen Personen als Beleidigte anzusehen, so wenn sich die Kundgebung erkennbar und nach dem Bewußtsein des Täters auf alle von dem Sammelbegriff umfaßten Personen bezieht. Aus dem Gesamtinhalt der Urteilsgründe ergab sich, daß der Angeklagte erkennbar und bewußt alle Angehörige der beiden Verbände treffen wollte. Diese Auffassung war frei von Rechtsirrtum. Die Unsinnigkeit der Äußerung stand der Auffassung nicht entgegen. Demgemäß war auch der Antragsteller, ein Sturmführer der SA., beleidigt. Er hatte erst während des Revisionsverfahrens von der Äußerung Kenntnis erhalten und sofort Strafantrag gestellt. Da es sich beim Strafvertrag um eine Verfahrensvoraussetzung handelt, hatte das Revisionsgericht die Wirksamkeit des Strafantrags von Amts wegen nachzuprüfen; bei ihrer Beurteilung war es ebensowenig wie bei der Prüfung gerügter Verfahrensmängel an die Vorschriften gebunden, die in der Strafprozeßordnung für die Feststellung des Sachverhalts, insbesondere für die Erhebung von Beweisen, gegeben sind. Auch im Revisionsverfahren kann ein Strafantrag noch angebracht werden. Die frühere Auffassung, daß die Aufgabe des Revisionsgerichts allein die Nachprüfung des angefochtenen Urteils sei, ist nicht mehr festgehalten. Bei Verfahrenvoraussetzungen hat das Revisionsgericht nicht nur zu prüfen, ob der Vorderrichter einen Verstoß begangen hat, sondern auch, ob das Revisionsgericht selbst berechtigt ist, in der Sache zu entscheiden. Das Reichsgericht änderte den Schuldausspruch entsprechend ab; die Strafe nunmehr unter dem Gesichtspunkt der Beleidigung zu bemessen, blieb dem Tatrichter überlassen. (I, 17. April 1934.)

Amtl. Sammlg. S. 120—125.

Vgl. Bd. 4 S. 75; Bd. 35 S. 231; Bd. 41 S. 194; Bd. 46 S. 45; Bd. 65 S. 112; Bd. 67 S. 55, 423; RMG. Bd. 17 S. 66; JW. 1934 S. 692; DRZ. 1926 Nr. 69.

36. Auslieferung. Polen deutscher Reichsangehörigkeit. Option. (StGB. § 4; AuslG. §§ 1, 10; Vertr. zwischen Preußen und Frankreich vom 21. Juni 1845; VersVertr. Art. 91 Abs. 4; PolnOptVO. Art. 3.) Ein Bergmann, der in Allenstein (Ostpreußen) geboren und von dort mit seinen Eltern längere Zeit vor dem Weltkrieg nach Gelsenkirchen (Rheinland) verzogen war, wanderte im Jahre 1922 nach Frankreich aus. Im Jahre 1930 wurde er vom Schwurgericht in Metz wegen Mordes zu lebenslänglicher Zwangsarbeit verurteilt, entzog sich aber der Vollstreckung durch die Flucht. Nachdem er in Gelsenkirchen festgenommen war, verlangte die französische Botschaft in Berlin seine Auslieferung mit der Begründung, daß er polnischer Staatsangehöriger sei. Das polnische Konsulat in Essen bestätigte, daß er im Jahre 1922 durch Option die polnische Staatsangehörigkeit erworben habe. Er bestritt, eine solche Erklärung abgegeben zu haben. Das Reichsgericht entschied, daß es hierauf nicht ankomme. Nach dem Versailler Vertrag sind Polen deutscher Reichsangehörigkeit im Alter über 18 Jahren, die in Deutschland ihren Wohnsitz haben, berechtigt, für die polnische Staatsangehörigkeit zu optieren. Unter Polen deutscher Reichsangehörigkeit können aber nur Personen verstanden werden, die nach Abstammung und Sprache eine tatsächliche innere Zugehörigkeit zum polnischen Volkstum besitzen. Das traf im gegebenen Falle nicht zu. Fehlt einem deutschen Reichsangehörigen diese Eigenschaft, so kann er die polnische Staatsangehörigkeit auch nicht durch Option erwerben; eine von ihm abgegebene Optionserklärung ist unwirksam, auch ohne daß sie angefochten zu werden braucht. (III, 23. April 1934.)

Amtl. Sammlg. S. 125—128.

37. **Beweiswürdigung.** (StPO. § 261.) Mehrere Polizeibeamte wurden entgegen der Aussage eines wegen Verdachts der Teilnahme unbeeidigt vernommenen Polizeibeamten verurteilt. Die Revision bemängelte die Beweiswürdigung, indem sie auf die bisherige einwandfreie Dienstführung der Angeklagten und auf Unbekanntschaft des Gerichts mit den Zeugen hinwies; die Erfahrungssätze des täglichen Lebens dürften nicht außer acht gelassen werden; der Richter müsse das Recht finden, d. h. so entscheiden, wie von guten und billig denkenden Volksgenossen als richtig empfunden werde. Diese Ausführungen zeugten von einer Verkennung der Grundsätze der Beweiswürdigung. Die zur Entscheidung berufenen Richter haben sich, nur an ihr Gewissen gebunden, auf Grund sorgfältiger Prüfung der Verhandlungsergebnisse ihre

eigene Meinung über die Angaben der Angeklagten und den Wert der Beweismittel zu bilden und so ihre eigene Überzeugung der Entscheidung zugrunde zu legen. Wollten sie an die Stelle dieser ihrer Überzeugung eine, noch dazu nur gemutmaßte, entgegenstehende Auffassung anderer Volksgenossen setzen, so würden sie gegen ihre Richterpflicht verstoßen. (II, 22. März 1934.)

Amtl. Sammlg. S. 129—130.

38. **Offenbarungseid. Kaufmannsgeschäft.** (ZPO. §§ 807, 811, 850; HGB. §§ 23 ff.) Bei Leistung des Offenbarungseides erklärte ein Kaufmann, er habe sein Geschäft an einen anderen abgetreten; in Wirklichkeit führte er es selbst weiter. Seine Verurteilung wegen Meineids wurde vom Reichsgericht nicht bestätigt. Der Offenbarungseid bezieht sich nur auf solche Vermögensteile, die Gegenstand einer Zwangsvollstreckung sein können. Auf einen Geschäftsbetrieb trifft das nicht zu. Er kann Gegenstand eines Kaufes sein, auch aus anderen Gründen übertragen werden; eine Zwangsvollstreckung in die unter dem Begriff eines Handelsgeschäfts zusammengefaßte Einheit findet aber nicht statt. Gegenstand der Zwangsvollstreckung können nur die körperlichen Sachen oder die Rechte sein, die neben der Einrichtung und der Firma die tatsächliche Grundlage des Geschäftes bilden. (III, 26. März 1934.) Amtl. Sammlg. S. 130—131.

Vgl. Bd. 42 S. 424; Bd. 63 S. 57; Bd. 70 S. 226; Bd. 95 S. 235.

39. **Freiwilliger Arbeitsdienst. Lagerführer. Erzieher.** (StGB. 174; VO. über den freiwilligen Arbeitsdienst vom 16. Juli 1932 Art. 1.) Der Angeklagte war im Frühjahr 1933 in den freiwilligen Arbeitsdienst eingetreten und vom Gruppenführer mit der Leitung eines geschlossenen Arbeitslagers beauftragt worden. Am 15. Juli wurde er zum Lagerleiter befördert; hievon erhielt er am 23. Juli Nachricht. Schon vorher hatte er mit einem minderjährigen Angehörigen des Lagers unzüchtige Handlungen vorgenommen. Seine Verurteilung wurde vom Reichsgericht bestätigt. Sie war damit begründet, daß der Angeklagte Erzieher des Minderjährigen gewesen sei. Nach der Verordnung über den freiwilligen Arbeitsdienst soll dieser jungen Menschen die Gelegenheit geben, zum

Nutzen der Gesamtheit in gemeinsamem Dienste freiwillig ernste Arbeit zu leisten und sich zugleich körperlich und geistig-sittlich zu ertüchtigen. In einer Reihe von Ausführungsvorschriften ist hervorgehoben, daß die Teilnehmer des freiwilligen Arbeitsdienstes körperliche und geistige Schulung empfangen sollen. Die Arbeit wird als das hauptsächlichste Mittel für diese Schulung angesehen. Sie erzieht zur Ordnung, Pünktlichkeit und Ausdauer, hebt das Selbstvertrauen, weckt das Pflichtbewußtsein und die Freude an der Anstrengung und der eigenen Leistung. So dient der freiwillige Arbeitsdienst vornehmlich dazu, die Teilnehmer zu brauchbaren, tüchtigen, sittlich gefestigten, von Gemeinsinn erfüllten Volksgenossen zu erziehen. Die unmittelbare Verantwortung für die Erreichung dieses hohen sittlichen Zieles liegt auf dem Lagerführer, der mit der Mannschaft zusammenlebt und bei ihrer beschränkten Zahl auch in der Lage ist, jeden einzelnen zu überwachen und ihm seine Aufmerksamkeit zuzuwenden. Ihm obliegt es, dafür zu sorgen, daß ernste Arbeit geleistet und auch bei der Ausgestaltung der Freizeit das Ziel der körperlichen und sittlichen Ertüchtigung im Auge behalten wird. Wenn auch alle die Jugend bewegenden Fragen aus den religiösen, politischen, wirtschaftlichen, seelischen und sittlichen Lebensgebieten in der Hauptsache von der Arbeitsgemeinschaft der Teilnehmer selbst erarbeitet werden sollen, hat er doch immer die ihm anvertrauten jungen Leute zu leiten und zu beaufsichtigen und auf die Erhaltung des guten Geistes im Lager bedacht zu sein. So ist er der Erzieher der Mannschaft in seinem Lager. Der Angeklagte war zwar zur Zeit der Tat noch nicht förmlich zum Lagerleiter ernannt, aber doch mit der Leitung des Lagers beauftragt, hatte auch schon den Teilnehmern des Lagers gegenüber dieselben Rechte und Pflichten wie ein Lagerleiter. Daß er sich dessen auch bewußt war, ergab sich aus den Feststellungen des Urteils. Die Ausbildung der Teilnehmer des freiwilligen Arbeitsdienstes kann mit der der Soldaten nicht auf eine Stufe gestellt werden. Was im Heere an Erziehungsarbeit geleistet wird, dient hauptsächlich der militärischen Ausbildung. Übrigens ist auch schon der Stubenälteste einer mit Schiffsjungen belegten Stube als Erzieher beurteilt worden, weil ihm oblag, auch das moralische Verhalten der Schiffsjungen zu überwachen. (II, 12. April 1934.) Amtl. Sammlg. S. 131—136. Vgl. RMG. Bd. 6 S. 81.

40. Devisen. Kommissionsgeschäft. Stellvertretung. Verfügung. Tatmehrheit. Gesetzeseinheit. Gesetzesauslegung. Irrtum. (DevVO. 1931 §§ 6, 18; DevVO. 1932 §§ 14, 18, 36; 1. DurchfVOzDevVO. 1931 § 2; 2. DurchfVOzDevVO. 1931 § 3; 6. DurchfVOzDevVO. 1931 § 11; 7. DurchfVOzDevVO. 1931 §§ 1, 6.) Zwei deutsche Kaufleute hatten in der Zeit vom Januar bis April 1932 in fortgesetzter Handlung von einem in Holland ansässigen Inhaber einer Wechselstube nach und nach deutsche Aktien im Nennbetrage von mehr als 500 000 RM erhalten, sie als seine Kommissionäre auf ihren eigenen Namen an verschiedenen Stellen gegen Reichsmark veräußert, den Gegenwert in Empfang genommen und nach Abzug ihres Verdienstes in Aachen an den Holländer ausgehändigt. Die Genehmigung einer Devisenstelle hatten sie nicht. Sie wurden wegen fortgesetzten Vergehens gegen § 18 DevVO. 1931, § 2 der 1. DurchfVO., § 3 der 2. DurchfVO., § 11 der 6. DurchfVO. verurteilt. Die Staatsanwaltschaft vertrat die Auffassung, daß sie auch wegen eines hiemit in Tatmehrheit stehenden Vergehens gegen § 18 DevVO. 1931, §§ 1, 6 der 7. DurchfVO. hätten bestraft werden sollen. Ihre Revision hatte aber keinen Erfolg. Nach § 1 der 7. DurchfVO. darf nur mit schriftlicher Genehmigung der Stelle für Devisenbewirtschaftung über eine auf Reichsmark oder Goldmark lautende Forderung verfügt werden, die zugunsten einer im Ausland ansässigen Person durch den Verkauf von Wertpapieren entstanden ist. Nach § 11 der 6. DurchfVO. ist eine solche Genehmigung erforderlich, wenn eine im Inland ansässige Person inländische Zahlungsmittel oder Gold einer im Ausland ansässigen Person im Inland aushändigen will. Das Landgericht war mit Recht davon ausgegangen, daß die Einziehung des Kaufpreises als Verfügung über die Kaufpreisforderung anzusehen war. Die Anwendbarkeit der zuletzt genannten devisenrechtlichen Vorschriften war daher vor allem von der Frage abhängig, ob die Kaufpreisforderungen der Angeklagten gegen die Käufer der Wertpapiere schon deshalb im Sinne des Devisenrechts zugunsten eines Ausländers entstanden waren, weil die Angeklagten bei den Verkäufen als Mittelspersonen eines Ausländers aufgetreten waren. Das Landgericht hatte die Frage verneint. Es hatte darauf Gewicht gelegt, daß die Veräußerung auf den Namen der Angeklagten erfolgt und weder eine Abtretung der Forderung noch sonst ein Rechtsvorgang nachgewiesen war, aus dem eine Berechtigung des Ausländers auf den Erlös entstanden wäre. Die Staatsanwaltschaft hatte dem gegenüber ausgeführt, daß entscheidend gewesen sei, wer wirtschaftlich das Recht gehabt habe, den Erlös zu beanspruchen; sie hatte diese Auffassung darauf gestützt, daß § 1 der 7. DurchfVO. von Forderungen spreche, die zugunsten eines Ausländers entstanden sind, § 6 DevVO. 1931 dagegen von Forderungen, die einem Ausländer zustehen. Aber die Ausdrucksweise an den einzelnen Stellen der Verordnungen ist an sich mehrdeutig und der Unterschied des Wortlauts ergibt nicht mit Sicherheit, daß mit der zweiten Wendung nur die Gläubigerstellung nach bürgerlichem Recht, mit der ersten dagegen die wirtschaftliche Berechtigung an der Forderung bezeichnet sein sollte. Beide Wendungen sind vielmehr als gleichbedeutend anzusehen in dem Sinne, daß sie nur die Gläubigerstellung nach bürgerlichem Recht bezeichnen sollen. Auch eine Betrachtung, die den Zweck der Vorschriften als das Entscheidende ansieht, nötigt zu keiner anderen Auslegung. Die Staatsanwaltschaft hatte ausgeführt, der Zweck des § 11 der 6. DurchfVO. (§ 14 DevVO. 1932) sei der Schutz der deutschen Währung, der Zweck des § 1 der 7. DurchfVO. (§ 14 DevVO. 1932) dagegen der Schutz des deutschen Wertpapierbesitzes vor Entwertung durch massenhafte Verkaufsangebote der im Besitz deutscher Wertpapiere befindlichen Ausländer. In dieser Weise läßt sich aber nicht scheiden. Die gemeinschaftlichen letzten Ziele der Devisenverordnungen und ihrer Durchführungsvorschriften liegen vielmehr darin, die deutsche Währung aufrecht zu erhalten und gleichzeitig eine übermäßige Zurückziehung des vorher in Deutschland, zum Teil in der Form des Erwerbs von deutschen Wertpapieren, angelegten Auslandskapitals sowie auch die Flucht von deutschem Kapital in das Ausland zu verhindern. Um dies Ziel zu erreichen, bezwecken die Vorschriften zunächst, den ungeregelten Abfluß von Devisen aus der deutschen Wirtschaft zu verhüten und die vorhandenen und anfallenden Devisen zweckmäßig zu bewirtschaften, wobei die Bewirtschaftung nicht nur den Verkehr in ausländischen Werten, sondern auch den Verkehr in deutschen Werten zugunsten von Ausländern umfaßt. Da diese Zwecke wirtschaftlicher Art sind, läßt sich vertreten, daß die Begriffe der Devisenverordnungen weniger mit den Hilfsmitteln der Rechtswissenschaft als vielmehr nach wirtschaftlichen Rücksichten auszulegen sind. Für die hier in Betracht kommenden wirtschaftlichen Belange sind nun aber die im Inland abgeschlossenen Geschäfte über inländische Wertpapiere an sich ohne Bedeutung. Zu einem Widerstreit solcher Geschäfte mit dem Ziele der Devisenwirtschaft kommt er erst, wenn sie den Abfluß des Erlöses in das Ausland zur Folge haben. Zur Vermeidung dieses wirtschaftlich schädlichen Erfolges wurden dem Genehmigungszwange auch Geschäfte unterworfen, welche die Gefahr in sich bergen, daß die mit ihnen angebahnte Entwicklung zu einem Devisen- oder Kapitalverlust der inländischen Wirtschaft führt. So erklärt sich das Verbot, ohne Genehmigung im Inland inländische Zahlungsmittel an Ausländer auszuhändigen oder über eine durch den Verkauf von Wertpapieren zugunsten eines Ausländers entstandene Forderung zu verfügen. Dabei hätte es nahe gelegen, den ganzen Kaufvertrag über Wertpapiere eines Ausländers für genehmigungspflichtig zu erklären. Dagegen sprachen aber wirtschaftliche Bedenken; deshalb wurde eine solche Verpflichtung erst spät und mit starker Einschränkung angeordnet (§ 2 der 4. DurchfVOz. DevVO. 1932). Im übrigen begnügte man sich damit, zwar den Abschluß solcher Kaufgeschäfte zu gestatten, aber durch den Genehmigungszwang für jede Verfügung über die Kaufpreisforderung den sich aus dem Verkauf ergebenden Gegenwert der Wertpapiere unter Devisensperre zu bringen. Wenn neben diesen Zielrichtungen noch berücksichtigt wird, daß die Regelung des Devisenverkehrs es vermeiden muß, den volkswirtschaftlich einwandfreien Geschäftsverkehr ungebührlich zu erschweren, ergibt sich für den Fall der Stellvertretung folgende Rechtslage: Bedient sich ein Ausländer eines Inländers als unmittelbaren Stellvertreters, so erlangt er selbst unmittelbar die entstehende Forderung gegen den Käufer der Wertpapiere; jede Verfügung über solche Forderungen ist demnach genehmigungspflichtig. Anders liegt es im Falle der mittelbaren Stellvertretung. Hier hat das Veräußerungsgeschäft äußerlich keine Beziehungen zum Gebiete der Devisenwirtschaft und unterscheidet sich in nichts von Inlandsgeschäften. Der Erwerber der Wertpapiere wird in der Regel auch bei redlichem Willen nicht in der Lage sein zu erkennen, daß hinter seinen Vertragsgegner wirtschaftlich ein Ausländer steht. Wenn die devisenrechtlichen Vorschriften auch hier anzuwenden wären, würde er von der Gefahr der Nichtigkeit des Geschäftes betroffen werden, der er nur durch den Nachweis entgehen könnte, daß er die Verhältnisse nicht gekannt habe. Die darin liegende Erschwerung devisenrechtlich gleichgültiger inländischer Geschäfte ließe sich nur dann annehmen, wenn sich die Vorschriften klar und deutlich darüber aussprächen. Das ist aber nicht der Fall. Die Auffassung des Landgerichts vermeidet überflüssige Hemmungen des einwandfreien Geschäftsverkehrs, hält aber dort, wo die Beteiligung eines Ausländers an der Veräußerung der Wertpapiere erkennbar wird, eine lückenlose Devisen- und Kapitalsperre aufrecht. Wenn über die Forderung des Ausländers gegen den mittelbaren Stellvertreter nicht ohne Genehmigung verfügt werden darf, umfaßt der Genehmigungszwang nicht nur die Tilgung dieser Forderung durch Auszahlung an den Ausländer, sondern auch jedes andere Rechtsgeschäft des mittelbaren Stellvertreters, das den Bestand oder die Gestalt des aus der Wertpapierveräußerung erzielten Gegenwertes im Einverständnis mit dem Ausländer ändert, z. B. die Anschaffung von Sachgütern, die durch Ausfuhr aus dem Inland dem Ausländer zugeführt werden sollen. Das Reichsgericht hielt demgemäß an der Auffassung des Landgerichts fest. Tatmehrheit zwischen einem Vergehen nach § 1 der 7. DurchfVO. (§ 18 DevVO. 1932) und einem Vergehen nach § 11 der 6. DurchfVO. (§ 14 DevVO. 1932) kann nicht bestehen, wenn nicht schon der Empfang des Kaufpreises aus der Hand des Wertpapierkäufers, sondern erst die Aushändigung an den ausländischen Auftraggeber als eine Verfügung über eine zugunsten des Ausländers entstandene Forderung angesehen werden kann. Aber auch wenn angenommen würde, daß bei dem Verkauf von Wertpapieren eines Ausländers durch einen mittelbaren inländischen

Stellvertreter die Kaufpreisforderung im Sinne des Devisenrechts zugunsten des Ausländers entstehe, würde daraus noch nicht folgen, daß der Stellvertreter durch die Einziehung des Kaufpreises und durch die Aushändigung des Erlöses an den Ausländer zwei strafbare Handlungen in Tatmehrheit beginge. Die äußeren Vorgänge der Einziehung und der Aushändigung fallen allerdings vollständig auseinander. Für den Fall der unmittelbaren Stellvertretung ist aber schon entschieden worden, daß hier keine Tatmehrheit zwischen diesen Handlungen angenommen werden kann; für den Fall mittelbarer Stellvertretung bietet die Sachlage nichts dar, was zu einem gegenteiligen Ergebnis führen müßte. Allerdings ist die Auffassung nicht haltbar, daß § 1 der 7. DurchfVO. gegenüber dem § 11 der 6. DurchfVO. ein Sondergesetz darstellt; ebenso kann eine Gesetzeinheit zwischen den beiden Vergehen nicht daraus hergeleitet werden, daß der Tatbestand des einen Vergehens regelmäßig den des anderen umfaßt; ein solches regelmäßiges Verhältnis zwischen den beiden Tatbeständen ist nicht gegeben. In welcher Weise die beiden Devisenvergehen zusammentreffen, ergibt sich aus dem Zweck der in Betracht kommenden Vorschriften. Eine Strafvorschrift kann sich entweder gegen Vorgänge richten, die den nicht genehmigten Abfluß von Devisen in das Ausland unmittelbar bewirken, oder gegen Vorgänge, die zwar noch nicht unmittelbar diesen Erfolg haben, wohl aber eine Sachlage herstellen oder vorbereiten, aus der sich die Gefahr eines nicht genehmigten Devisenverlustes ergibt. Die Tatbestände der zweiten Art werden nur zu dem Zweck mit Strafe bedroht, um durch die Verhinderung der Gefahren die Vollendung von Tatbeständen der ersten Art zu verhindern. Wenn daher jemand in der Absicht, den durch die Strafdrohungen bekämpften Erfolg herbeizuführen, eine bestimmte Gefahr dieses Erfolges schafft und dann noch den bekämpften Erfolg selbst verwirklicht, so verdient er die Strafe für die Verwirklichung dieses Erfolges: es ließe sich aber nicht rechtfertigen, ihn noch außerdem dafür zu strafen, daß er auf dem Wege zu dem Erfolge zunächst eine bestimmte Gefahrenlage geschaffen hat. Die Strafe für die Herstellung der Gefahrenlage geht nach dem Grundsatz der hilfsweisen Geltung in der Strafe für die Herbeiführung des

Erfolges auf, weil die Strafdrohung für die Herstellung der Gefahrenlage beim Eintritt der Strafe des Erfolgs ihren Zweck verliert. Dabei macht es keinen Unterschied, ob der Erfolg regelmäßig nur auf dem Wege über diese bestimmte Gefahrenlage hinweg oder auch auf anderem Wege zu erreichen ist. Eine Mittelsperson, die ohne Genehmigung zuerst den Kaufpreis für die von ihr verkauften Wertpapiere eines Ausländers einzieht, also eine Gefahrenlage schafft, und alsdann den Erlös in das Ausland ausführt, also den widerrechtlichen Erfolg verwirklicht, kann daher nur wegen der Ausfuhr bestraft werden. Die Aushändigung des Erlöses an den Ausländer im Inland steht jedenfalls dann, wenn der Ausländer sich dem Einfluß der Devisenbewirtschaftung entziehen will, der Ausfuhr der Devisen aus dem Inland so nahe, daß sie dem Enderfolg eines gesetzwidrigen Kapitalverlustes der inländischen Wirtschaft gleichgestellt werden kann. Die Angeklagten hätten also selbst dann nur wegen der Aushändigung des Erlöses an ihren Auftraggeber bestraft werden können, wenn die Einziehung des Kaufpreises durch den mittelbaren Stellvertreter an sich strafbar wäre. Ausdrücklich wurde betont, daß ein Irrtum über das Erfordernis der Genehmigung einer Devisenstelle ohne Bedeutung für die Schuldfrage ist. (I, 17. April 1934.) Amtl. Sammlg. S. 136—149.

Vgl. Bd. 67 S. 114, 130, 401.

41. Sicherungsverwahrung. Gewohnheitsverbrecher. Rechtskräftige Verurteilung. Gesamtstrafe. Rückfallverjährung. Urteilsbegründung. (GewohnhVerbrG. Art. 1, 5; AG. zu diesem Gesetz Art. 14; StGB. §§ 20a, 244, 250, 261, 264.) Die Zulässigkeit der nachträglichen Anordnung der Sicherungsverwahrung ist an eine Reihe von Voraussetzungen geknüpft, die teils mehr die Natur förmlicher Bedingungen haben, teils sich als sachlich-rechtliche Erfordernisse mit einem den Tatbestandsmerkmalen ähnlichen Charakter darstellen und sämtlich in jedem Falle nachgewiesen werden müssen. Erforderlich ist zunächst, daß der Rechtsbrecher, gegen den die Sicherungsverwahrung angeordnet werden soll, vor dem 1. Januar 1934 schon dreimal, darunter mindestens zweimal rechtskräftig, wegen eines Verbrechens oder vorsätzlichen Vergehens zum Tode, zu Zuchthaus oder zu Gefängnis von mindestens sechs Monaten verurteilt worden ist. Frühere Verurteilungen kommen nicht in Betracht, wenn zwischen dem Eintritt der Rechtskraft und der folgenden Tat mehr als fünf Jahre verstrichen sind; 'ist die frühere Tat nicht rechtskräftig abgeurteilt, so kommt sie nicht in Betracht, wenn zwischen ihr und der folgenden Tat mehr als fünf Jahre verstrichen sind. Der Tatrichter muß also mindestens drei Verurteilungen feststellen, die den im Gesetz aufgestellten Forderungen entsprechen. Im gegebenen Falle war die im zweiten Urteil erkannte Strafe mit der im dritten Urteil erkannten zu einer Gesamtstrafe vereinigt worden. Es fragt sich, ob das zweite Urteil noch als rechtskräftige Verurteilung im Sinne des Gesetzes gelten konnte. Das Reichsgericht verneinte die Frage. Zwar kann die für den Rückfall sonst im Strafgesetzbuch getroffene Regelung nicht unmittelbar für die Auslegung verwendet werden, weil das Gesetz dort nicht von der wiederholten Verurteilung, sondern von der wiederholten Bestrafung ausgeht. Wollte man aber für die Anordnung der Sicherungsverwahrung nur die Tatsache der Verurteilung zugrunde legen, so würde es in vielen Fällen nur von dem Zufall abhängen, ob die früheren Taten in einem Urteil oder ob sie nacheinander abgeurteilt werden. Der Sinn der Regelung kann daher nur der gewesen sein, daß auch hier nur solche Verurteilungen in Betracht zu ziehen sind, denen jeweils eine nach der vorausgegangenen früheren Verurteilung begangene Tat zugrunde liegt. Daß der Angeklagte außer den der Anordnung der Sicherungsverwahrung zugrunde gelegten Fällen auch sonst noch in einer für die Anordnung ausreichenden Weise verurteilt worden war, mußte außer Betracht bleiben, weil diese Verurteilungen nicht zur Grundlage der Anordnung gemacht worden waren. Ist die abzuurteilende Tat vor dem 1. Januar 1934 begangen und wäre Strafschärfung für gefährliche Gewohnheitsverbrecher zulässig, wenn die neue Vorschrift schon bei Begehung der Tat gegolten hätte, so kann das Gericht neben der Strafe die Sicherungsverwahrung anordnen, wenn die öffentliche Sicherheit es erfordert. Das gleiche gilt, wenn jemand, der schon zweimal rechtskräftig verurteilt worden ist, nach dem 1. Januar 1934 auf Grund eines weiteren, vor diesem Zeitpunkt ergangenen Urteils eine Freiheitsstrafe verbüßt und die Gesamtwürdigung seiner Taten ergibt, daß er ein gefährlicher Gewohnheitsverbrecher ist. Im vorliegenden Falle war die Strafzeit schon vor der Entscheidung über den Antrag auf nachträgliche Anordnung der Sicherungsverwahrung abgelaufen. Das stand der Anordnung nicht entgegen. Wenn auch der Ausnahmecharakter der Vorschrift für eine enge Auslegung spricht, kann das doch nicht dazu führen, wegen einer Zweifel verursachenden Ausdrucksform dem Sinn und Zweck des Gesetzes Abbruch zu tun, die unverkennbar dahin gehen, in einer gewissen Durchbrechung des Grundsatzes der Rechtskraft im Interesse der gebotenen nachhaltigen Bekämpfung des Gewohnheitsverbrechertums und eines wirksamen Schutzes der Volksgesamtheit vor diesem Abhilfe dagegen zu schaffen, daß die im Zeitpunkt des Inkrafttretens in Strafhaft befindlichen, als gefährliche Gewohnheitsverbrecher bekannten Rechtsbrecher die Freiheit wieder erlangen. Hienach kann es nur darauf ankommen, daß die Verbüßung der in Frage stehenden Strafe nach dem 1. Januar 1934, gleichgültig wie lange, noch angedauert hat; notwendig ist nur, daß der Antrag gestellt wird, ehe die Strafe verbüßt ist. Das Landgericht hatte die Anordnung der Sicherungsverwahrung damit begründet, daß der Angeklagte mit Rücksicht auf die Schwere seiner Taten als gefährlicher Gewohnheitsverbrecher erscheine. Diese Begründung genügte nicht; unerläßlich war vielmehr die genaue Angabe aller für die Überzeugung des Gerichts maßgebenden Gründe, damit das Revisionsgericht in die Lage versetzt wurde, nachzuprüfen, ob auf Grund einer eingehenden Würdigung aller für und wider sprechenden Umstände sichere Unterlagen für jene Überzeugung vorhanden waren. Fehlt es hieran, so liegt nicht nur ein verfahrensrechtlicher Verstoß gegen § 267 StPO. vor, sondern das Urteil muß auch auf die bloße sachlich-rechtliche Rüge hin aufgehoben werden, weil nicht ausgeschlossen ist, daß die sachliche Entscheidung von Rechtsirrtum beeinflußt ist. Der Begriff des Gewohnheitsverbrechers war bisher dem Strafrecht unbekannt; bekannt war ihm nur der strafbegründende oder straferhöhende Umstand der gewohnheitsmäßigen Begehung einer Straftat. Die Gewohnheitsmäßigkeit knüpft also im bisherigen Strafrecht an die Begehung der Straftaten an, beim Gewohnheitsverbrecher aber an die Persönlichkeit des Täters. Der Begriff der Gewohnheit deutet auf einen Zug des inneren Wesens des Verbrechers, auf einen Seelenzustand, eine Seelenverfassung, die bestimmte Vorstellungen gegenüber anderen leichter zur Geltung kommen läßt, so daß sie sich schließlich zwangsläufig wiederholen. Worin diese Seelenverfassung ihren Grund hat, ist für den Begriff gleichgültig. Die Wiederholung kann und wird häufig wesensmäßige Voraussetzung der Gewohnheit sein; sie ist es aber nicht begriffsnotwendig. Wohl aber ist sie die der Gewohnheit begriffsnotwendig innewohnende Richtung, und in ihr tritt die Gewohnheit regelmäßig in die äußere Erscheinung. Gewohnheitsverbrecher ist also eine Persönlichkeit, die infolge eines auf Grund charakterlicher Veranlagung bestehenden oder durch Übung erworbenen inneren Hanges wiederholt Rechtsbrüche begeht und zur Wiederholung von Rechtsbrüchen neigt. Die Sicherungsverwahrung setzt weiter voraus, daß der Rechtsbrecher ein gefährlicher Gewohnheitsverbrecher ist. Die Gefahr der Wiederholung, die beim Gewohnheitsverbrecher schon begrifflich vorhanden ist, kann für sich allein dies Merkmal ebensowenig erfüllen wie der gleichfalls begrifflich gegebene Umstand, daß ein Rechtsbrecher, der zur Wiederholung von Verbrechen neigt, immer eine gewisse Gefahr für den allgemeinen Rechtsfrieden darstellt. Die Hinzufügung dieses Merkmals kann daher nur bedeuten, daß diese Gefahren in besonderem Maße bestehen müssen. Gemeint sein kann daher nur ein besonderer Grad von Gefährlichkeit; und zwar muß einerseits die Gefahr des Rückfalls besonders nahe liegen, es muß die Möglichkeit nachgewiesen sein, daß der Rechtsbrecher den Rechtsfrieden demnächst wieder stören kann, und nicht nur die Möglichkeit, sondern mit Rücksicht auf die bisherige Häufung der Straftaten und die bisher gezeigte Hartnäckigkeit und Stärke des verbrecherischen Willens eine bestimmte Wahrscheinlichkeit dafür bestehen, daß er das in Fortwirkung seines verbrecherischen Hanges auch tun wird. Ferner muß in der Zukunft von dem Rechtsbrecher eine erhebliche Störung des Rechtsfriedens zu erwarten sein; es bedarf also geeigneter Grundlagen für die Annahme, er werde künftig entweder ein erhebliches Rechtsgut verletzen oder verbrecherische Mittel anwenden, die einen besonderen

Grad der Gefährlichkeit bedingen, oder eine solche verbrecherische Kraft entwickeln, daß daraus eine besondere Gefahr für den Rechtsfrieden erwächst. Die Eigenschaft des Verurteilten als eines gefährlichen Gewohnheitsverbrechers muß sich aus der Gesamtwürdigung der Straftaten ergeben, die nach dem Gesetz vorliegen müssen. Erforderlich ist hienach, daß in mindestens drei Straftaten von solcher Erheblichkeit, wie sie das Gesetz verlangt, eine gleichgeartete innere Beziehung zu dem Wesen des Täters nachgewiesen werden kann, die diese Taten, und zwar jede von ihnen, als Ausfluß eines und desselben Wesenszuges des Täters, namentlich des ihm innewohnenden verbrecherischen Hanges, als ein eigentümliches Kennzeichen hiefür und für seine Gefährlichkeit erscheinen lassen, so daß durch die einheitliche Zusammenfassung in der Gesamtwürdigung das Bild des gefährlichen Gewohnheitsverbrechers ersteht. Daß diese Straftaten selbst gleichartig sind, ist im Gesetz nicht vorgeschrieben, ebensowenig, daß sie ihrem inneren Ursprung nach derselben Gattung angehören oder dieselbe Richtung aufweisen. Allein es ist selbstverständlich, daß bei Straftaten von inhaltlich ganz verschiedener Art der Nachweis ihrer für einen verbrecherischen Hang und für die Gefährlichkeit des Täters kennzeichnende Bedeutung ungleich schwieriger ist und einer besonders sorgfältigen Begründung bedarf. In solchen Fällen wird es, um eine sichere Grundlage für die Entscheidung zu finden, häufig erforderlich sein, auf die Entstehungsgeschichte jeder der drei Taten zurückzugehen, die Lebensverhältnisse, aus denen sie herausgewachsen sind, zu erkunden und unter Hinzuziehung anderer Erkenntnismittel, wie der sonstigen Straftaten des Verurteilten, seines gewöhnlichen Verhaltens, der für die Wertung seiner Persönlichkeit bedeutsamen Lebensvorgänge und Charaktereigenschaften, den Seelenzustand des Täters zur Zeit der einzelnen Tat aufzudecken. Straftaten, die hienach nicht als Kennzeichen für die dem Täter eigentümliche Art und Richtung des verbrecherischen Hanges angesehen werden können oder doch überwiegend anderen Ursachen als diesem Hang entspringen, müssen als Grundlage für die nachträgliche Anordnung der Sicherungsverwahrung ausscheiden. Endlich muß die öffentliche Sicherheit die nachträgliche Anordnung der Sicherungsverwahrung erfordern. Es muß ein sachliches Maß von Gefahr von dem Verurteilten ausgehen, daß dadurch der Bestand der die öffentliche Sicherheit gewährleistenden Rechtsordnung unmittelbar bedroht und eine wirksame Abhilfe für die Zukunft geboten und auf andere Weise als durch die Sicherungsverwahrung nicht zu erreichen ist. Sie kommt daher nicht in Betracht, wenn durch andere Mittel für die erforderliche Sicherheit gesorgt werden kann. Auch sonst muß der Richter sorgfältig prüfen, ob zur Anwendung dieses letzten Mittels zu schreiten ist, und im Urteil deutlich zum Ausdruck bringen, aus welchen Gründen er das für geboten hält. Dabei kann nicht außer Betracht bleiben, ob die Gefährlichkeit des Verurteilten im Zeitpunkt seiner Entlassung aus der Strafhaft voraussichtlich noch bestehen wird. Insoweit kann auf eine gewissenhafte Beobachtung der inneren Entwicklung des Verurteilten, wie sie etwa durch den erkennbar sittlich bessernden Einfluß der Strafverbüßung bedingt sein kann, aber auch auf die Berücksichtigung der äußeren Verhältnisse nicht verzichtet werden, die der Verurteilte im Falle seiner Entlassung vorfinden wird. Diese Prüfung hätte im gegebenen Falle um so mehr vorgenommen werden müssen, als das Landgericht selbst den Verurteilten als besserungsfähig angesehen hatte. (II, 19. April 1934.)

Amtl. Sammlg. S. 149—158.
Vgl. Bd. 46 S. 180.

42. NSDAP. Verband. Unbefugtes Tragen von Parteiabzeichen. Betrug. Strafbare Handlungen gegen Personen. Tateinheit. Tatmehrheit. (AbwVO. vom 21. März 1933 §§ 1, 2; StGB. §§ 73, 74, 263). Der Inhaber eines Geldvermittlungsgeschäftes beging in der Ausübung dieses Geschäftes eine Reihe von Betrügereien. Er trug um diese Zeit eine verkleinerte Nachbildung des amtlichen Hoheitszeichens der NSDAP, teils am Rockaufschlag, teils als Krawattennadel, obwohl er nicht Mitglied der NSDAP war. In mehreren Fällen wies er die darlehenssuchenden Personen ausdrücklich auf das Abzeichen hin, um seine Behauptung, daß er für ein nationalsozialistisches Unternehmen tätig sei, glaubwürdiger zu machen. Er wurde wegen eines Vergehens nach § 1 Abs. 2 und wegen eines Verbrechens nach § 2 Abs. 1 der Verordnung vom 21. März 1933, beide Straftaten unter sich in Tatmehrheit, das Verbrechen in Tateinheit mit einem Verbrechen des Betrugs im Rückfall, verurteilt. Das Reichsgericht verwies die Sache zurück. Die Revision hatte ausgeführt, daß es sich bei der vom Angeklagten getragenen Nachbildung nicht um ein Abzeichen im Sinne der Verordnung gehandelt habe, daß jedenfalls der Angeklagte geglaubt habe, das sei nicht der Fall. Das Reichsgericht erklärte, daß dies Vorbringen keinen Erfolg haben könne. Die Nachbildung des Hoheitszeichens, die der Angeklagte getragen hatte, war allerdings sehr klein; das machte aber nichts aus. Entscheidend war, ob das Abzeichen so beschaffen war, daß es von anderen für ein amtliches Abzeichen gehalten werden konnte. Straflos ist nur das Tragen solcher Abzeichen, die sich von den amtlichen so deutlich unterscheiden, daß eine Täuschung nicht möglich ist. Ein Unterschied in der Größe schließt eine Täuschung nicht aus, wenn das Abzeichen sonst mit dem amtlichen übereinstimmt. Das Hoheitsabzeichen ist ein Parteiabzeichen der NSDAP, das für solche Mitglieder bestimmt ist, die eine parteiamtliche Tätigkeit ausüben. Verboten ist das Tragen von Abzeichen eines Verbandes, der hinter der Regierung der nationalen Erhebung steht. In § 3 der Verordnung sind neben den Verbänden auch Parteien erwähnt, die hinter der Regierung stehen. Es fragte sich, ob hienach auch die NSDAP als Verband im Sinne der Verordnung angesehen werden konnte. Das Reichsgericht bejahte die Frage. Die Verordnung will klar erkennbar das unbefugte Tragen der Uniformen und Abzeichen aller Vereinigungen verbieten, die hinter der Regierung stehen. Das Parteiabzeichen der NSDAP wurde in der Zeit nach der nationalen Erhebung von Unbefugten besonders häufig getragen. Es muß daher angenommen werden, daß das Verbot gerade den Schutz dieses Abzeichens vornehmlich im Auge hat. Unter besonders schwere Strafe ist der Fall gestellt, daß das Abzeichen bei Begehung oder Androhung einer strafbaren Handlung gegen Personen oder Sachen getragen wird. Darunter fallen alle Handlungen, die sich in irgendeiner Weise gegen Personen oder Sachen richten, nicht nur solche, die mit einer Gewalttätigkeit verbunden sind. Auch der Betrug ist als eine gegen eine Person gerichtete Handlung in diesem

Sinne anzusehen, denn die Handlung besteht in der Einwirkung auf den Willen eines anderen; in diesem wird eine der Wahrheit nicht entsprechende Vorstellung erweckt, so daß er gegen seinen wirklichen Willen handelt. Auch der innere Tatbestand war gegeben; der Angeklagte wußte, daß das von ihm getragene Abzeichen eine verkleinerte Nachbildung des Hoheitsabzeichens der NSDAP war. Wenn er glaubte, daß das Tragen eines verkleinerten Parteiabzeichens erlaubt sei, befand er sich in einem unbeachtlichen Irrtum über die Strafbarkeit seiner Handlung. Unhaltbar war aber das Urteil des Landgerichts insoweit, als es Tatmehrheit annahm. Das Verbot des Tragens von Abzeichen bei der Begehung oder Androhung strafbarer Handlungen stellt nur einen besonders schweren Fall des Tragens solcher Abzeichen unter erhöhte Strafe. Tatmehrheit wäre denkbar, wenn der Angeklagte erst während des verbotenen Tragens des Abzeichens den Entschluß gefaßt hätte, es auch bei der Begehung strafbarer Handlungen zu tragen. Eine solche Gestaltung der Sachlage war nicht nachgewiesen. Nicht zu beanstanden war die Annahme von Tateinheit zwischen dem verbotenen Tragen des Abzeichens bei Begehung einer strafbaren Handlung und dem Betrug. In den Tatbestand des verbotenen Tragens des Abzeichens waren die strafbaren Handlungen gegen Personen oder Sachen nicht in der Weise aufgegangen, daß eine Bestrafung nur wegen des verbotenen Tragens des Abzeichens erfolgen durfte. Die Annahme von Gesetzeseinheit könnte dazu führen, daß auch härtere Strafvorschriften von der Anwendung ausgeschlossen würden; daß dies nicht der Wille des Gesetzgebers gewesen sein kann, liegt auf der Hand. Zwischen dem verbotenen Tragen des Abzeichens und der strafbaren Handlung braucht auch keine innere Beziehung zu bestehen; es genügt das äußere Zusammentreffen, wenn der Träger sich des Umstandes bewußt ist, daß er das Abzeichen trägt. Da der Angeklagte in mehreren Fällen durch den Hinweis auf das Abzeichen seine Täuschungshandlungen unterstützt hatte, war Tateinheit zwischen den beiden Verbrechen gegeben. (I, 24. April 1934.)

Amtl. Sammlg. S. 158—163.

Vgl. Bd. 31 S. 151; Bd. 57 S. 51; Bd. 66 S. 263; JW. 1932 S. 3066, 1933 S. 441.

43. Versammlungssprengung. Vorsatz. Absicht. (St.-GB. § 107 a.) Kommunisten störten eine Versammlung durch Lärmen. Als die Veranstalter der Versammlung gegen sie vorgingen und sie aus dem Saale zu entfernen suchten, entstand eine Schlägerei. Das Landgericht sprach sie frei mit der Begründung, daß sie sich nur gegen die Entfernung aus dem Saale gewehrt hätten. Das Reichsgericht hob das Urteil auf. Allerdings konnte der Auffassung der Staatsanwaltschaft, daß unter der Absicht im Sinne das § 107 a StGB. nur der Vorsatz zu verstehen sei und daß darum auch der bedingte Vorsatz ausreiche, nicht beigetreten werden. Das Begehen von Gewalttätigkeiten in einer Versammlung soll nur dann bestraft werden, wenn damit ein bestimmter Zweck, die Sprengung der Versammlung, verfolgt wird, der erstrebte Erfolg aber nicht eingetreten ist. Für eine Bestrafung nach dieser Vorschrift reicht es deshalb nicht aus, wenn sich die Täter bei der Begehung der Gewalttätigkeiten bewußt sind, daß die von ihnen verübten Gewalttätigkeiten die Sprengung der Versammlung zur notwendigen Folge haben müssen; erforderlich ist vielmehr über den Vorsatz hinaus der bestimmte, auf die Herbeiführung des Erfolges, der Versammlungssprengung, gerichtete Wille. Die Aufhebung des Urteils erfolgte aus anderen Gründen. (II, 26. März 1934.) Amtl. Sammlg. S. 164—165.

44. Sittlichkeitsverbrechen. Entmannung. Zurechnungsfähigkeit. Reformatio in pejus. (StGB. §§ 42 a, 42 b, 42 c, 51; StPO. § 358.) Ein wegen mehrerer Verbrechen wider die Sittlichkeit angeklagter Mann berief sich darauf, daß er nicht über die nötigen Hemmungen gegen seinen entarteten Geschlechtstrieb verfüge und daß er sich wiederholt an einen Arzt gewandt habe. Er wurde zu einer Zuchthausstrafe verurteilt; zugleich wurde seine Entmannung angeordnet. Das Reichsgericht verwies die Sache zurück. In mehreren Fällen war das Urteil nicht einwandfrei begründet; als Folge seiner Aufhebung in dieser Richtung ergab sich auch die Aufhebung der Anordnung der Entmannung, da nicht beurteilt werden konnte, ob sie auch bei Ausscheidung dieser Fälle getroffen worden wäre. Auch die Begründung der Anordnung selbst wurde nicht als ausreichend anerkannt. Die Entmannung hat nicht bei jedem Sittlichkeitsverbrecher

den Erfolg, seinen übersteigerten und entarteten Geschlechtstrieb zum Erlöschen zu bringen oder erheblich abzuschwächen; die Erfolgsfrage bedarf vielmehr einer eingehenden ärztlichen Prüfung. Nach dem Urteil hatte der Sachverständige nur gesagt, daß er die Entmannung des Angeklagten unter Berücksichtigung seiner Persönlichkeit für zweckmäßig halte. Es hätte aber schon die Tatsache, daß der Angeklagte nicht vorbestraft war, Anlaß geben müssen zu untersuchen, ob die Entartung nicht erst seit einigen Jahren bestand und ob ihr eine besondere Ursache zugrunde lag, mit deren Verschwinden zu rechnen war. Die Erklärung des Angeklagten, daß unglückliche Familienverhältnisse eine Veränderung seines Gemütszustandes herbeigeführt hätten, wäre nachzuprüfen gewesen, ebenso seine Behauptung, er habe sich wegen seines Zustandes an einen Arzt gewandt. Diese Bestätigung hätte zum mindesten ergeben können, daß der Angeklagte unter seinem Zustande litt und dessen Beseitigung wünschte. Auch die Behauptung des Angeklagten, er verfüge nicht über die nötigen Hemmungen, hätte nicht ohne Nachprüfung hingenommen werden dürfen; der Angeklagte hatte sie vielleicht nur gemacht, um eine milde Bestrafung zu erzielen. Wenn die Fähigkeit des Angeklagten, nach seiner Einsicht zu handeln, infolge krankhafter Störung der Geistestätigkeit erheblich vermindert war, mußte, wenn es die öffentliche Sicherheit erforderte, die Unterbringung in einer Heil- oder Pflegeanstalt angeordnet werden. Einer solchen Anordnung stand auch nicht im Wege, daß nur der Angeklagte gegen das Urteil Revision eingelegt hatte. Zwar war es zulässig, auch neben dieser Anordnung die Entmannung zu verfügen. Allein in diesem Falle wäre bei der Schwere des Eingriffs, der nicht mehr rückgängig gemacht werden konnte, besonders sorgfältig zu prüfen gewesen, ob dann die Entmannung zum Schutze der Allgemeinheit erforderlich, ob die Gefährlichkeit des Angeklagten als Sittlichkeitsverbrecher für die Zeit nach der Strafverbüßung oder nach der Verwahrung in der Heil- oder Pflegeanstalt zu bejahen war. (II, 26. April 1934.)
Amtl. Sammlg. S. 165—167.

45. Verminderte Zurechnungsfähigkeit. Selbstverschuldete Trunkenheit. (StGB. §§ 10, 51; MStGB. § 49.) Ein Soldat hatte sich gegen die militärische Unterordnung verfehlt. Das Oberkriegsgericht hatte festgestellt, daß er sich zur Zeit der Tat in einem Zustand der Trunkenheit befunden habe, durch den bei ihm die Fähigkeit, das Unerlaubte seines Handelns einzusehen, erheblich herabgemindert gewesen sei; es hatte demgemäß § 51 Abs. 2 StGB. zur Anwendung gebracht. Das erklärte das Reichsgericht für unrichtig. Nach § 49 MStGB. bildet bei strafbaren Handlungen gegen die militärische Unterordnung selbstverschuldete Trunkenheit des Täters keinen Strafmilderungsgrund. Diese Vorschrift hat den Sinn, daß da, wo im Strafgesetzbuch durch Zulassung mildernder Umstände oder im Militärstrafgesetzbuch durch Berücksichtigung von minder schweren Fällen ausdrücklich eine Strafmilderung vorgesehen ist, diese Milderung niemals darum stattfinden darf, weil sich der Täter aus eigenem Verschulden in trunkenem Zustand befunden hat. Nichts wurde durch sie daran geändert, daß die Trunkenheit, wenn sie bis zum gänzlichen Mangel des Bewußtseins gediehen ist, einen Strafausschließungsgrund bildet; auch ist der Richter nicht in der Abmessung der Strafe innerhalb des einschlägigen Strafrahmens beschränkt. Nach der neuen Fassung des § 51 StGB. kann bei erheblicher Verminderung der Zurechnungsfähigkeit die Strafe nach den Vorschriften über die Bestrafung des Versuchs gemildert werden. An die Stelle des ordentlichen Strafrahmens kann also ein gemilderter Strafrahmen treten. Die Anwendung dieser Vorschrift wird also durch § 49 MStGB. ausgeschlossen. Diese Regelung ist durch die neue Vorschrift nicht geändert worden; auf Militärpersonen finden die allgemeinen Strafgesetze des Reiches nur insoweit Anwendung, als nicht die Militärgesetze etwas anderes bestimmen. (VI, 4. Mai 1934.) Amtl. Sammlg. S. 167—169. Vgl. RMG. Bd. 2 S. 92, 231; Bd. 4 S. 54; Bd. 8 S. 259.

46. Entmannung. (StGB. §§ 42a, 43; GewohnhVerbrG. Art. 5; AG. zu diesem Gesetz Art. 14.) Ein 25jähriger Mann wurde, nachdem er wegen widernatürlicher Unzucht und versuchter Notzucht zu einer Gefängnisstrafe von 2 Jahren verurteilt worden war und diese verbüßt hatte, neuerdings wegen zweier besonders schwerer Fälle versuchter Notzucht zu einer Zuchthausstrafe von 15 Jahren verurteilt; nachträglich wurde seine Entmannung angeordnet. Die gegen die Anordnung gerichtete Revision hatte keinen Erfolg. Unrichtig war allerdings, daß das Landgericht die Anordnung auf § 42k StGB. gestützt hatte. Diese Bestimmung sieht die Anordnung der Entmannung neben der Strafe vor, ist also nur dann anwendbar, wenn diese Maßregel zugleich mit einer Strafe ausgesprochen wird. Die nachträgliche Anordnung der Entmannung hat ihre verfahrensrechtliche Grundlage im Gesetz vom 24. November 1933 gegen gefährliche Gewohnheitsverbrecher (Art. 5) und im Ausführungsgesetz zu diesem Gesetz vom gleichen Tage (Art. 14). Im Ergebnis war aber das angefochtene Urteil nicht zu beanstanden, da die Voraussetzungen der nachträglichen Anordnung der Entmannung rechtsirrtumsfrei nachgewiesen waren. Die Revision hatte eingewendet, daß die Entmannung nur wegen vollendeter Straftaten zur Anwendung kommen könne. Der Sprachgebrauch des Strafgesetzbuchs versteht aber unter dem, der eine strafbare Handlung begangen hat, wegen einer solchen bestraft worden ist, nicht nur den Täter, sondern auch den Anstifter, den Gehilfen und den, der sich nur des strafbaren Versuchs schuldig gemacht hat. Dieselbe umfassende Bedeutung kommt auch dem Begriffe „wegen eines Verbrechens verurteilt" zu. Fehl ging auch der Einwand der Revision, es bestehe, da der Angeklagte eine lange Zuchthausstrafe zu verbüßen habe, wenigstens jetzt noch keine Veranlassung, die Entmannung anzuordnen. Eine spätere Anordnung konnte aber gar nicht in Frage kommen; wäre der gestellte Antrag abgelehnt worden, so würde einer späteren Wiederholung der Verbrauch der Strafklage entgegenstehen. Die Auffassung der Revision würde dazu führen, daß gerade gegenüber den schwersten Sittlichkeitsverbrechern von der Entmannung Abstand genommen werden müßte. (VI, 15. Mai 1934.) Amtl. Sammlg. S. 169—171.

47. **Änderung der Gesetzgebung. Milderes Strafgesetz. Selbstverschuldete Trunkenheit. Bewußtlosigkeit.** (StGB. §§ 2a, 51, 174, 330a.) Auf Grund einer vor dem 1. Januar 1934 begangenen Tat war das Verfahren wegen eines Verbrechens wider die Sittlichkeit (§ 174 StGB.) eröffnet worden. Das Landgericht verurteilte wegen selbstverschuldeter Trunkenheit (§ 330a StGB.) mit der Begründung, daß bei Begehung der Tat nicht die

Voraussetzungen des § 51 StGB. a. F., wohl aber die des § 51 StGB. n. F. und des § 330a StGB. erfüllt gewesen seien und im gegebenen Falle diese Vorschriften das mildere Strafgesetz darstellten, da der Angeklagte nach dem alten Recht aus § 174 StGB. hätte verurteilt werden müssen. Diese Art der Vergleichung erklärte das Reichsgericht für unrichtig. Für die Anwendung des § 2 StGB. ist erste Voraussetzung, daß die begangene Handlung einen Straftatbestand sowohl des alten als des neuen Gesetzes erfüllt. Unter der begangenen Handlung ist dabei die Handlung im sachlich-rechtlichen Sinne, nicht der ganze vom Eröffnungsbeschluß betroffene geschichtliche Vorgang, die Tat im verfahrensrechtlichen Sinne, zu verstehen. Das dem Angeklagten zur Last gelegte Sittlichkeitsverbrechen war aber eine völlig andere strafrechtliche Handlung als das Sondervergehen nach § 330a StGB.; beide schließen einander begrifflich aus. Die jetzt in § 330a mit Strafe bedrohte Handlung unterfiel zur Zeit der Begehung keinem Strafgesetz, durfte also für eine Vergleichung nach § 2 StGB. nicht herangezogen werden. Zu prüfen war lediglich, ob sich die gesetzlichen Bestimmungen über Schuldausschließung oder Strafmilderung für das Sittlichkeitsverbrechen zwischen Begehung und Aburteilung der Tat geändert haben und welche von ihnen für den vorliegenden Fall die dem Angeklagten günstigere Beurteilung zuließ. Das Landgericht hatte angenommen, daß § 51 StGB. n. F. gegenüber § 51 StGB. a. F. das mildere Gesetz sei. Das erkannte das Reichsgericht nicht an. Für den in § 51 a. F. vorausgesetzten Fall der Bewußtlosigkeit, durch den die freie Willensbestimmung ausgeschlossen wurde, genügte der Nachweis einer Bewußtseinstörung, bei der der Täter unfähig war, das Unrechtmäßige oder Ungesetzliche der Tat einzusehen oder seinen Willen dieser Einsicht gemäß zu bestimmen. Wenn § 51 StGB. n. F. das Wort Bewußtlosigkeit durch Bewußtseinstörung ersetzt, so sollte dadurch, wie die amtliche Begründung hervorhob, keine sachliche Änderung gebracht, sondern nur der Sinn des früheren Ausdrucks klar wiedergegeben werden. Wenn im übrigen die neue Fassung von der bisherigen darin abweicht, daß sie von der Unfähigkeit spricht, das Unerlaubte der Tat einzusehen, so ist damit die Möglichkeit der Schuldausschließung keinesfalls erweitert, vielmehr mindestens gegenüber der Unfähigkeit, das Unrechtmäßige einzusehen, verengt. Insoweit war also § 51 a. F. das mildere Gesetz. War aber die Tat im Zustand verminderter Zurechnungsfähigkeit im Sinne des § 51 Abs. 2 n. F. begangen worden, so konnte das zwar auch früher schon als strafmindernd berücksichtigt werden, aber nur innerhalb des ordentlichen oder des für den Fall mildernder Umstände festgesetzten Strafrahmens, während nach dem neuen Recht darüber hinaus die Strafe nach den Vorschriften über die Bestrafung des Versuchs gemildert werden kann. Hier ist also der Angeklagte nach neuem Recht besser gestellt. Darauf, daß jetzt Sicherungs- und Besserungsmaßregeln angeordnet werden können, kommt es bei der Ermittlung des milderen Gesetzes nicht an, weil sie allgemein nach dem Gesetz zu entscheiden ist, das zur Zeit der Aburteilung gilt. (II, 17. Mai 1934.) Amtl. Sammlg. S. 171—174.

48. **Sicherungsverwahrung. Gewohnheitsverbrecher. Rückfallverbrechen.** (GewohnhVerbrG. Art. 5.) Die Sicherungsverwahrung war nachträglich mit der Begründung angeordnet worden, daß der Angeklagte dreimal rechtskräftig wegen Diebstahl verurteilt worden sei; hinsichtlich der dritten Tat war nur gesagt, daß Diebstahl im Rückfall vorliege. Das genügte nicht; es hätte eines Eingehens auf die Beweggründe der Tat bedurft. Die Sicherungsverwahrung darf nachträglich nur angeordnet werden, wenn die Gesamtwürdigung der Taten, die in den drei in Betracht kommenden Entscheidungen abgeurteilt worden sind, den Angeklagten als einen gefährlichen Gewohnheitsverbrecher erscheinen läßt. Diese Feststellung muß näher begründet werden, damit das Revisionsgericht in der Lage ist, zu beurteilen, ob der Tatrichter das Gesetz richtig angewandt hat; insbesondere muß aus der Urteilsbegründung hervorgehen, daß eine jede der drei Straftaten als Anzeichen dafür anzusehen ist, daß dem Täter ein in seiner Persönlichkeit begründeter Hang zum Verbrechen innewohnt, der es wahrscheinlich macht, daß er auch in Zukunft weitere Straftaten begehen wird. Daraus allein, daß eine Rückfalltat vorliegt, folgt noch nicht, daß sie für einen solchen Hang kennzeichnend ist. Auch Rückfallverbrecher können Gelegenheitsverbrecher sein. Der Angeklagte hatte sich damit verteidigt, daß er durch lange

Arbeitslosigkeit zu dem Diebstahl gedrängt worden sei; dies Vorbringen war nicht widerlegt worden. Mit dieser Beurteilung der Tat durch den im Strafverfahren erkennenden Richter hätte sich das Landgericht auseinandersetzen müssen, wenn es nicht die Vermutung aufkommen lassen wollte, es sehe rechtsirrtümlicherweise in jeder Rückfalltat den Einfluß eines verbrecherischen Hanges. Auch die Feststellung, daß die Sicherungsverwahrung im öffentlichen Interesse geboten sei, hätte einer näheren Begründung bedurft; insbesondere hätte das Vorbringen des Angeklagten, daß er sich alsbald nach der Strafverbüßung zu verheiraten gedenke, nicht unerörtert bleiben dürfen, da dies, seine Richtigkeit unterstellt, immerhin eine gewisse Gewähr für künftiges Wohlverhalten geben konnte. Zu beachten war auch, daß der Geistliche der Gefangenenfürsorge erklärt hatte, der Angeklagte bereue seien Straftaten tief und gebe sich alle Mühe, ein anständiger Mensch zu werden. (VI, 29. März 1934.) Amtl. Samml. S. 174—175.

Vgl. Bd. 32 S. 394.

49. **Ehrenrechte. Sicherungsverwahrung. Gesamtstrafe. Gewohnheitsverbrecher. Änderung des rechtlichen Gesichtspunkts.** (StGB. §§ 20a, 32, 74; StPO. § 265.) In eine Gesamtstrafe von 9 Jahren Zuchthaus waren Einzelstrafen einbezogen worden, neben denen auf Verlust der bürgerlichen Ehrenrechte auf 3 Jahre und 5 Jahre erkannt worden war; das neue Urteil sprach die Ehrenrechte für weitere 5 Jahre ab. Das war unzulässig. Im Falle der Bildung einer Gesamtstrafe ist die Nebenstrafe des Verlustes der bürgerlichen Ehrenrechte neben dieser, nicht neben den Einzelstrafen zu verhängen; die Höchstdauer beträgt bei Zuchthausstrafe 10 Jahre. Diese Grenze war überschritten. Neben der Strafe war Sicherungsverwahrung erkannt worden. Auch das war unzulässig, weil § 20a StGB. zur Zeit der Tat noch nicht galt. Wenn die Vorschrift damals schon gegolten hätte, wäre nötig gewesen, daß der Angeklagte darauf, daß Sicherungsverwahrung angeordnet werden könne, hingewiesen worden wäre; die Behandlung des Angeklagten als eines Gewohnheitsverbrechers wäre eine die Strafbarkeit erhöhender Umstand gewesen. (VI, 29. Mai 1934.)

Amtl. Sammlg. S. 176—177.

Vgl. Bd. 36 S. 88.

50. Bestechung. Sitzungsleitung. Beweiswürdigung. (StGB. § 332; StPO. § 238.) Wegemeister einer preußischen Provinz waren durch die Provinzialverwaltung auch den Kreisen zur Verfügung gestellt worden und hatten beim Neubau und der Unterhaltung der Gemeindewege mitgewirkt. Sie hatten sich von Unternehmern Vorteile dafür gewähren lassen, daß sie bei den Gemeinden ihren Einfluß zugunsten dieser Unternehmer geltend machten. Die Verurteilung wegen Bestechung wurde vom Reichsgericht bestätigt. Es war ohne Belang, ob die Angeklagten die Nebenbeschäftigung auf Grund einer Verpflichtung oder freiwillig übernommen hatten, ob ihre Tätigkeit sich auf die Ausführung der Wegearbeiten erstreckte oder auf die Beaufsichtigung, vielleicht sogar auf eine bloße Beratung oder die Bezeichnung eines geeigneten Unternehmers beschränkte. Es mochte sein, daß der Wegemeister dadurch in kein Beamtenverhältnis zu der Gemeinde trat. Darauf kam es aber nicht an, ebensowenig darauf, ob der Gemeindewegebau und die dazu geleistete Mitwirkung im Einzelfall eine Ausübung der Staatshoheit darstellte, ob er staatlichen oder nur privatwirtschaftlichen Zwecken diente. Entscheidend war, welchen Zweck die Provinzialverwaltung damit verfolgte, daß sie ihre Beamten hiefür zur Verfügung stellte. Dieser Zweck war die Förderung und Betreuung der Gemeinden bei Erfüllung ihrer Aufgaben durch sachkundige, uneigennützige und unparteiische Kräfte. Das war aber eine Aufgabe des Staates und somit die Betreuung selbst Ausübung der Staatshoheit. Im Laufe der Beweisaufnahme war ein Gerichtsbeschluß dahin ergangen, daß zwischen Gemeindeweg und Privatweg zu unterscheiden sei; hierin sah die Revision eine unzulässige Vorwegnahme der Urteilsberatung. Das Reichsgericht erklärte das Vorgehen für zulässig. Der Vorsitzende hat die Verhandlung zu leiten, die Angeklagten zu vernehmen und die Beweise zu erheben. Er wird sich, um dieser Pflicht nachkommen zu können, andererseits, um die Beweisaufnahme nicht planlos und uferlos werden zu lassen, vielfach über Rechtsfragen, die für die Erheblichkeit der Beweissätze von Bedeutung sind, schon im Laufe der Verhandlung eine vorläufige Meinung bilden müssen. In Zweifelsfragen ist es verfahrensrechtlich nicht zu beanstanden, zur Vermeidung unnötiger Beweiserhebungen vielfach sogar zu empfehlen, daß sich der Vorsitzende durch eine Beratung über die Ansicht der Beisitzer vergewissert und nach dem Ergebnis der Aussprache seine weitere Verhandlungsleitung einrichtet. Vorausgesetzt ist hierbei, daß die so herbeigeführte Stellungnahme des Gerichts als vorläufig, nur für den Gang der Verhandlung maßgebend, betrachtet und eine Nachprüfung des eingenommenen Standpunkts für die Urteilsberatung, sei es ausdrücklich, sei es stillschweigend, vorbehalten wird. Das war hier geschehen. Das Gericht hatte durch den Beschluß keinen Teil der Urteilsfindung vorwegnehmen, sondern nur Grundsätze aufstellen wollen, nach welcher Richtung die Sachverständigen ihre Gutachten abgeben sollten. Weiter hatte die Revision gerügt, daß aus Vorgängen, die nur einzelnen Angeklagten nachgewiesen worden waren, Schlüsse auch gegen die übrigen Angeklagten gezogen worden waren. Hiezu bemerkte das Reichsgericht, daß dies Verfahren auf dem Gebiete der tatsächlichen Beweiswürdigung liege und der Nachprüfung durch das Revisionsgericht entzogen sei; ein Verfahrensverstoß oder ein Rechtsirrtum war darin nicht zu finden. (III, 17. Mai 1934.) Amtl. Sammlg. S. 177—180.

51. Steuerhinterziehung. Rückfall. Einziehung. (RAbgO. §§ 396, 401, 404, 414.) Gegen den Angeklagten war früher einmal wegen Zollhinterziehung auf Geldstrafe und Einziehung erkannt worden. Die an die Stelle der Geldstrafe getretene Freiheitsstrafe des ersten Urteils hatte er erst nach der Begehung der zweiten Straftat verbüßt. Das Landgericht hatte die Vollstreckung der im ersten Urteil ausgesprochenen Einziehung nicht als teilweise Strafverbüßung angesehen und darum die Voraussetzungen des strafschärfenden Rückfalls nicht für gegeben erachtet. Die Revision des Hauptzollamts hatte keinen Erfolg. Wie für den Rückfall nach den Vorschriften des Strafgesetzbuchs gilt auch für den Rückfall auf dem Gebiete des Steuerrechts, daß die Strafschärfung erst dann eintreten soll, wenn der Täter das durch die frühere Bestrafung gegen ihn verhängte Strafübel durch gänzliche oder teilweise Verbüßung der Strafe empfunden oder sich der ihm durch gänzlichen oder teilweisen Erlaß der Strafe erwiesenen Wohltat durch die Begehung der neuen strafbaren Handlung unwürdig erwiesen hat. Die Einziehung ist zwar eine Strafe, aber nur eine Nebenstrafe. Soweit auf sie erkannt werden kann, wenn die einzuziehende Sache dem Täter nicht gehört, ist die Maßnahme allerdings ihres ursprünglichen Strafcharakters entkleidet. Auch dann, wenn sie dem Täter gehört, wird sie meist schon vorher mit Beschlag belegt sein und sich beim Erlaß des Urteils schon im Gewahrsam der Behörde befinden; der Täter, der in einem solchen Falle schon bei der Einleitung des Strafverfahrens mit der dauernden Entziehung der Sache rechnet, wird dies Ergebnis nicht mehr in einem solchen Maße als Strafübel empfinden, daß von einer teilweisen Verbüßung der Strafe gesprochen werden könnte. Allerdings ist, wenn die Einziehung nicht vollzogen werden kann, auf Werterſatz oder auf die Zahlung einer Geldsumme zu erkennen; diese Beträge sind Geldstrafen und werden, wenn sie nicht beitreibbar sind, in Freiheitstrafen umgewandelt. Wenn auch insoweit eine dem Täter als Strafübel fühlbar werdende Verbüßung der Nebenstrafe in Betracht kommt, nötigt das noch nicht zu einer anderen Auffassung, ganz abgesehen davon, daß es sich im gegebenen Falle nur um eine Einziehung handelte; die Vollstreckung der Ersatzfreiheitstrafe wird kaum jemals vor der Vollstreckung der Hauptstrafe vorgenommen werden, so daß schon mit deren Verbüßung die Voraussetzungen des Rückfalls geschaffen werden. Da für den Werterſatz mehrere Angeklagte nur als Gesamtschuldner haften, würden bei dem Angeklagten, von dem der Werterſatz beigetrieben worden ist, die Voraussetzungen des Rückfalls vorliegen, bei den anderen Angeklagten dagegen nicht. Ein solches Ergebnis kann der Gesetzgeber nicht gewollt haben. Auch das frühere Recht ließ bei Regelung des Rückfalls die Konfiskation beiseite, obwohl diese damals die Hauptstrafe war. (III, 28. Mai 1934.)

Amtl. Sammlg. S. 181—184.

Vgl. Bd. 66 S. 427, 431; Bd. 68 S. 11.

52. **Militärstrafrecht. Revision des Gerichtsherrn.** (StPO. § 345; MStGO. §§ 321, 324, 327.) Gegen das in Anwesenheit des Angeklagten am 21. April 1934 verkündete Urteil des Kriegsgerichts, durch das der Angeklagte freigesprochen worden war, legte der Gerichtsherr am 25. April 1934 Revision ein. Die Revisionsbegründung kam erst am 9. Mai 1934 in den Gerichtseinlauf.

Das Rechtsmittel wurde als unzulässig verworfen. Die Revision muß binnen einer Woche nach der Verkündung des Urteils eingelegt werden; das gilt ausnahmslos für den Gerichtsherrn, für den Angeklagten aber nur, wenn das Urteil in seiner Anwesenheit verkündet worden ist; andernfalls beginnt für diesen die Frist mit der Zustellung des Urteils. Die Revisionsanträge und ihre Begründung müssen binnen einer weiteren Woche nach Ablauf der Einlegungsfrist angebracht werden. Eine Bestimmung wie mit § 345 StPO., daß die Frist für die Revisionsbegründung erst nach Zustellung des Urteils beginnt, kennt die Militärstrafgerichtsordnung nicht. Allerdings beginnt für den Gerichtsherrn die Frist für die Revisionsbegründung erst mit der Zustellung des Urteils an den Angeklagten, wenn es diesem beim Ablauf der Einlegungsfrist für den Gerichtsherrn noch nicht zugestellt war. Diese Vorschrift ist aber nicht dahin auszulegen, daß der Fristbeginn in jedem Falle von der Zustellung des Urteils an den Angeklagten abhängig wäre. Häufig wird eine Zustellung des Urteils an den Angeklagten überhaupt nicht in Frage kommen (wenn er freigesprochen worden ist oder keine Revision eingelegt hat); auch würde bei einer solchen Regelung der Angeklagte schlechter gestellt sein als der Gerichtsherr, da ihm bei Verkündung des Urteils in seiner Anwesenheit die Fristverlängerung nicht zugute käme. Eine solche Ungleichkeit kann der Gesetzgeber, der gerade bei den Rechtsmitteln besonders darauf bedacht gewesen ist, daß der Angeklagte in seinen Rechten gegenüber dem Gerichtsherrn nicht zurücksteht, nicht gewollt haben. Die Vorschrift bezieht sich vielmehr nur auf die Fälle der Verkündigung des Urteils in Abwesenheit des Angeklagten, wo für diesen die Revisionsfrist erst mit der Zustellung des Urteils beginnt; die Verlängerung der Frist für den Gerichtsherrn hat den Zweck, diesen gegenüber dem Angeklagten nicht ungebührlich schlechter zu stellen. (VI, 1. Juni 1934.) Amtl. Sammlg. S. 185—187.

53. **Treuhänder. Vermögenssteuer. Steueramnestie. Irrtum.** (VermStG. 1931 § 22; 2. StAnmVO. 1931 §§ 2, 8, 15, 18, 18a; RAbgO. §§ 98, 102, 107, 108, 163, 164, 395, 402; StGB. § 59.) Eine Frau, die bei ihrer Vermögenserklärung 30000 *RM* verschwiegen hatte, wandte sich an einen Steuersachverständigen mit der Frage, wie

sie diesen Betrag der Besteuerung zuführen könne, ohne ihren Namen zu nennen. Dieser vereinbarte mit ihr, daß sie und ihr Ehemann ihm 30000 *RM* als Darlehen geben sollten mit der Weisung, sie treuhänderisch, ohne Nennung des Namens der Darlehensgeber, in einem ihm nahestehenden Industrieunternehmen anzulegen. Er erhielt das Geld ausgehändigt und verwendete es entsprechend. Dem Finanzamt zeigte er an, er habe in seinen Vermögenserklärungen einen Betrag von 26000 *RM* nicht angegeben, der ihm durch Erbschaft zugefallen sei. Das Landgericht sprach ihn und die Frau von der Anklage der Vermögenssteuerhinterziehung frei. Das Reichsgericht verwies die Sache zurück. Vermögensstücke, die ein Treuhänder im Besitz hat, sind nicht als sein Vermögen, sondern als Vermögen des Treugebers zur Vermögenssteuer anzumelden; sie scheiden durch die Übergabe zwar rechtlich, aber nicht wirtschaftlich aus dem Vermögen des Treugebers aus. Der Treuhänder tritt nur nach außen hin als Eigentümer auf; im inneren Verhältnis ist er an die Weisungen des Treugebers gebunden; dieser hat die wirtschaftliche Verfügungsmacht, ist also der wirtschaftliche Eigentümer. In Steuersachen ist aber vor allem eine wirtschaftliche Betrachtungsweise geboten und ausschlaggebend; insbesondere ist der Begriff Vermögen wirtschaftlich zu erfassen. Demgemäß ist Treuhandgut als Vermögen des Treugebers zur Vermögenssteuer heranzuziehen. Daran ist auch durch die Amnestieverordnung nichts geändert worden. Die Vermögensverhältnisse jedes Steuerpflichtigen sollen mit Hilfe der Amnestie den Finanzbehörden für die Zukunft restlos aufgeklärt werden; bisher verschwiegene Vermögensstücke sind durch oder für den anzugeben, der sie künftig zu versteuern hat. Soweit nicht rechtzeitig Reichsbahnanleihe 1931 gezeichnet wurde, bei deren Steuerfreiheit die Steuerbehörde an der Person des Zeichners künftig kein Interesse mehr hatte, war nur die Selbstanzeige des Steuerpflichtigen zur Herbeiführung der Amnestie geeignet. Wurde die Erklärung durch einen Stellvertreter abgegeben, so mußte erkennbar sein, für wen er sie abgab. Die Pflicht zur richtigen Angabe bestand für die angeklagte Frau als Steuerschuldnerin, für den Mitangeklagten als bevollmächtigten Steuerberater. Das Landgericht hatte eine Verurteilung der Frau abgelehnt, weil sich ihr nicht widerlegen lasse, daß sie den Betrag nicht der Besteuerung habe entziehen wollen, daß sie aber in unverschuldetem Irrtum über die Anwendung der Amnestievorschriften den ihr vom Mitangeklagten vorgeschlagenen Ausweg für zulässig gehalten habe. Für die Anwendung des § 15 der Amnestieverordnung kommt es aber nicht darauf an, ob der Betrag der Besteuerung zugeführt werden sollte, da Steuerhinterziehung oder Steuerverkürzung nicht Tatbestandsmerkmal dieses Sondervergehens sind. § 395 RAbgO. ist auch nicht schon anwendbar, wenn ein Irrtum für nicht widerlegbar erachtet wird; die Verhandlung muß vielmehr den Nachweis erbracht haben, daß ein unverschuldeter Rechtsirrtum des Täters wirklich dazu geführt hat, die Tat für erlaubt zu halten. Kann nicht erwiesen werden, daß der Irrtum verschuldet war, so ist damit noch nicht erwiesen, daß er unverschuldet war. Soweit der Mitangeklagte sich über die Zulässigkeit und Wirksamkeit der von ihm erstatteten Anzeige geirrt hatte, kam § 59 StGB. nicht in Betracht; es handelte sich um eine mit dem Steuerstrafgesetz tatbestandlich verbundene Amnestievorschrift. Es konnte also nur ein Irrtum nach § 395 RAbgO. in Frage kommen. Ein solcher Irrtum könnte den Angeklagten nur entschuldigen, wenn er als unverschuldet nachgewiesen würde. Das Landgericht hatte ausgeführt, dem Angeklagten sei nicht zu widerlegen gewesen, daß er den eingeschlagenen Weg für zulässig gehalten habe. Das genügte nicht zu seiner Entschuldigung. Da er Diplomkaufmann, Volkswirt und Steuersachverständiger war, bedurfte es einer sorgfältigen Prüfung, ob der Nachweis für seine Gutgläubigkeit überhaupt und für die Entschuldbarkeit seines Irrtums erbracht war. (II, 4. Juni 1934.) Amtl. Sammlg. S. 187—192. Vgl. Bd. 64 S. 25; RFH. Bd. 18 S. 90; Bd. 19 S. 21.

54. **Unzüchtige Handlung.** (StGB. §§ 176, 183.) Einem 11jährigen Mädchen, das sich auf einer Straße die Auslage eines Ladens ansah, griff ein vorübergehender Mann an die Röcke und faßte sie am Gesäß an. Er wurde vom Landgerichte freigesprochen mit der Begründung, daß ein bloßer Griff an das Gesäß, der aus Mutwillen, nicht in wollüstiger Absicht vorgenommen worden

sei, nicht die Merkmale einer unzüchtigen Handlung erfülle. Das Reichsgericht verwies die Sache zurück. Der Begriff der unzüchtigen Handlung ist nicht in allen gesetzlichen Vorschriften, in denen er sich findet, in gleicher Weise auszulegen. Die §§ 174, 176 StGB. schützen die geschlechtliche Unversehrtheit von Einzelpersonen; die wollüstige Absicht des Täters bildet bei ihnen einen wesentlichen Teil des Tatbestandes. Dagegen soll durch die Bestimmung des § 183 StGB. das Scham- und Sittlichkeitsgefühl der Allgemeinheit in geschlechtlicher Beziehung geschützt werden; es genügt deshalb zum äußeren Tatbestand, daß eine das Scham- und Sittlichkeitsgefühl der Allgemeinheit in geschlechtlicher Beziehung verletzende Handlung in der Öffentlichkeit in die Erscheinung tritt und daß an ihr Ärgernis genommen wird. Zur Erfüllung des inneren Tatbestandes reicht es aus, daß sich der Täter der geschlechtlichen Beziehung der in der Öffentlichkeit begangenen Schamlosigkeit und der Möglichkeit, es werde an ihr Ärgernis genommen werden, bewußt ist. Dagegen gehört nicht zum Tatbestand, daß der Täter in der Absicht gehandelt hat, die eigene Sinneslust oder jene der anderen Person zu reizen oder zu befriedigen. Die Tatsache, daß der Angeklagte die Tat nur aus Mutwillen verübt hatte, stand also seiner Verurteilung aus § 183 StGB. nicht im Wege. (II, 26. April 1934.)

Amtl. Sammlg. S. 193—196.

Vgl. Bd. 23 S. 233; Bd. 28 S. 80; Bd. 51 S. 167; Bd. 53 S. 140; Bd. 67 S. 110.

55. **Sicherungsverwahrung. Nachträgliche Anordnung. Entmannung. Gesetzesauslegung.** (StGB. § 42 k; GewohnhVerbrG. Art. 5 Nr. 2, 3). Gegen einen Mann, der bis zum 1. Januar 1934 nachmittags 1 Uhr 10 Minuten eine Gefängnisstrafe wegen versuchten Verbrechens wider die Sittlichkeit verbüßt hatte, wurde nachträglich die Entmannung angeordnet. Seine Revision hatte keinen Erfolg. Sie war damit begründet, daß die nachträgliche Anordnung der Entmannung nur zulässig ist, wenn der Täter nach dem 1. Januar 1934 auf Grund eines vor diesem Zeitpunkt ergangenen Urteils eine Freiheitsstrafe verbüßt; das legte sie in dem Sinne aus, daß die Verbüßung der Strafe über den 1. Januar 1934 hinausgereicht haben müsse. Das Reichsgericht erklärte, daß

damit dem Wortlaut des Gesetzes eine zu große Bedeutung beigelegt werde. Von nachträglichen Sicherungsmaßregeln soll nach dem erkennbaren Willen des Gesetzgebers verschont bleiben, wer seine Strafe vor dem Inkrafttreten des Gesetzes, also vor dem Beginn des 1. Januar 1934, voll verbüßt hat. Es ist kein vernünftiger Grund ersichtlich, der den Gesetzgeber hätte veranlassen können, nicht das Inkrafttreten des Gesetzes, sondern den Beginn des 2. Januar 1934 als den maßgebenden Zeitpunkt für die Zulässigkeit des nachträglichen Sicherungsverfahrens zu bestimmen. Nach der Dienst- und Vollzugsordnung für die badischen Strafanstalten ist ein Gefangener, wenn die zu verbüßende Strafe über 1 Monat beträgt und das Strafende auf einen Sonn- oder Feiertag fällt, am vorausgehenden Werktag abends 5 Uhr zu entlassen. Das war im vorliegenden Falle nicht geschehen, weil gegen den Angeklagten ein Haftbefehl vorlag. Infolgedessen hatte der Angeklagte am 1. Januar 1934 noch Strafe verbüßt. Die Auffassung, daß er sich nach dem 31. Dezember 1933 abends 5 Uhr in Untersuchungshaft befunden habe, traf nicht zu. Die sonstigen Voraussetzungen für die Anordnung der Entmannung waren in dem angefochtenen Urteil einwandfrei nachgewiesen. Die Revision machte ihm zum Vorwurf, daß es nicht geprüft habe, ob die Entmannung Erfolg verspreche. Dazu bestand kein Grund. Die Anordnung der Entmannung steht im Ermessen des Richters. Die amtliche Begründung des Gesetzes gegen gefährliche Gewohnheitsverbrecher sagt allerdings, der Richter solle zu dieser Maßregel nur greifen, wenn eine sorgfältige Prüfung ergebe, daß die Allgemeinheit bei der Vornahme des Eingriffs von weiteren Untaten des Verbrechers verschont bleibe. Das Gesetz geht aber davon aus, daß das Gemeinwohl den Belangen des gefährlichen Sittlichkeitsverbrechers durchaus vorzugehen habe; die bloße Möglichkeit eines Mißerfolgs wird daher grundsätzlich unbeachtet bleiben müssen. In der Regel hat die Entmannung, wenn auch nicht sofort, so doch nach Ablauf gewisser Zeit die Wirkung, daß der Geschlechtstrieb wesentlich herabgesetzt, wenn nicht ganz beseitigt wird. Der Wortlaut der Begründung kann nicht maßgebend sein, soweit nach ihm erforderlich sein sollte, daß nach sorgfältiger Prüfung mit

Sicherheit ein Erfolg von der Entmannung zu erwarten sei. Allerdings würde, wenn der Sachverständige dem Gericht überzeugend dartäte, daß die Entmannung wegen ganz besonderer, in der Persönlichkeit des Verbrechers liegender Umstände sicher nicht den Erfolg der Ertötung oder wesentlichen Herabsetzung des Geschlechtstriebs haben werde, von dieser Maßnahme abzusehen sein, da dann die öffentliche Sicherheit diese Maßnahme nicht erforderte und höchstens Sicherungsverwahrung in Betracht käme; ebenso würde die Anordnung der Maßnahme besonders sorgfältig zu überlegen sein, wenn sie mit großer Wahrscheinlichkeit nicht die erstrebte Wirkung haben würde. Daß aber im gegebenen Falle eine solche besondere Annahme vorliege, dafür fehlte jeder Anhalt. (I, 5. Juni 1934.) Amtl. Sammlg. S. 194—197.

56. Schwerer Diebstahl. Mundraub. (StGB. §§ 242, 243, 370.) In einem Falle, in dem Nahrungsmittel in geringem Umfang entwendet worden waren, hatte das Landgericht wegen schweren Diebstahls verurteilt mit der Begründung, daß der Angeklagte es auf einen Diebstahl größeren Umfangs abgesehen gehabt habe. Diese Begründung war rechtlich unzureichend. Sie ließ die Möglichkeit offen, daß der Angeklagte an dem Diebstahl zwar mit jenem umfassenderen Vorsatz herangetreten war, daß er sich aber schon vor der Vollendung durch den Augenschein davon überzeugt hatte, daß nur Nahrungsmittel in geringer Menge seinem Zugriff erreichbar seien, und daß er deshalb seinen Vorsatz schon vor Vollendung der Tat auf eine Entwendung von Nahrungsmitteln in geringem Umfang eingeschränkt hatte. Die Verurteilung wegen eines vollendeten Verbrechens setzt voraus, daß der Täter bis zum Abschluß seiner die Vollendung bewirkenden Tätigkeit seinen Vorsatz auf die volle Verwirklichung des gesetzlichen Tatbestandes gerichtet hat. Der Angeklagte konnte also nur wegen Mundraub verurteilt werden. Der erforderliche Strafantrag war gestellt. (III, 7. Juni 1934.) Amtl. Sammlg. S. 197—198. Vgl. Bd. 30 S. 68.

57. Entmannung. Ärztliche Untersuchung. (StPO. §§ 246 a, 344.) Die Revision, die sich nur gegen die Anordnung der Entmannung richtete, war damit begründet, daß eine ärztliche Untersuchung des Angeklagten nicht stattgefunden habe. Das Reichsgericht hob das Urteil auf. Die Revision war zulässig, wenn mit ihr schlüssig die Verletzung einer zwingenden Verfahrensvorschrift behauptet war. In § 246 a StPO. ist ausdrücklich allerdings nur vorgeschrieben, daß, wenn mit der Anordnung der Entmannung gerechnet werden muß, in der Hauptverhandlung ein Arzt als Sachverständiger über den geistigen und körperlichen Zustand des Angeklagten zu vernehmen ist. Das ist aber nicht so zu verstehen, daß nur die Erstattung des Gutachtens in der Hauptverhandlung zwingend vorgeschrieben ist, von einer ärztlichen Untersuchung aber nach dem Ermessen des Arztes oder des Gerichtes abgesehen werden kann. Die ärztliche Untersuchung und die Vernehmung des Arztes über den geistigen und körperlichen Zustand des Angeklagten gehören nach dem Wesen der Sache und dem erkennbar zum Ausdruck gelangten Willen des Gesetzgebers untrennbar zusammen, derart, daß die letzte ohne die erste unmöglich dem gesetzgeberischen Zwecke genügen kann, dem Gerichte einen zutreffenden und erschöpfenden Überblick über die Gründe zu gewähren, die im gegebenen Falle für und gegen die Anordnung einer so schwerwiegenden Maßnahme sprechen. Die allgemeine Regel, daß es der verständigen Würdigung des vom Tatrichter nach Bedarf geleiteten Sachverständigen anheimgegeben ist, welche Grundlage er sich für sein Gutachten verschaffen will, daß aber eine Nachprüfung durch das Revisionsgericht insoweit nicht einzusetzen hat, erleidet hier, wo die Begutachtung über bestimmte Verhältnisse abweichend von der Regel zwingend vorgeschrieben ist, eine Ausnahme. Die nötige ärztliche Untersuchung muß, wenn sie nicht schon vor der Hauptverhandlung vorgenommen worden ist, nachgeholt werden. Der Sachverständige hatte sich darauf berufen, daß der Angeklagte sich bei der Aufnahme in das Gefängnis als völlig gesund bezeichnet und eine körperliche Untersuchung abgelehnt habe; er habe aber mit ihm eingehende Besprechungen über seine Vergangenheit, seine Straftaten, sein Geschlechtsleben und seine Stellung zur Entmannung gepflogen. Daraus ergab sich nicht, daß eine verfahrensrechtlich ausreichende Untersuchung des Angeklagten stattgefunden hatte. Die in § 246 a StPO. angeordnete Vernehmung setzt voraus, daß der Sachverständige, um eine zuverlässige Grundlage für sein Gutachten über den körperlichen Zustand des Angeklagten zu gewinnen, dessen Körper soweit untersucht, als er seiner wissenschaftlichen Überzeugung gemäß und ohne Rücksicht auf dessen persönliche Erklärungen es für notwendig hält. Der Angeklagte kann seine hier wesentlichen körperlichen Verhältnisse nicht so zuverlässig beurteilen wie der Arzt. Die Fehlerquellen, die sich aus bewußt oder unbewußt unrichtigen Erklärungen des Angeklagten ergeben können, will das Verfahrenrecht ausscheiden. Sofern also auf Grund einer Sachverständigenvernehmung entschieden wurde, die ohne eine rechtlich ausreichende Untersuchung vorgenommen wurde, lag ein Verfahrensverstoß vor. (III, 11. Juni 1934.) Amtl. Sammlg. S. 198—201.

58. **Gerichtsvollzieher. Amtsunterschlagung. Öffentliches Register. Dienstregister.** (StGB. §§ 348, 349, 351; StPO. § 358; PrGerVollzO. §§ 60, 61.) Ein Gerichtsvollzieher in Preußen beging Unterschlagungen und versah zu deren Verdeckung sein Dienstregister mit falschen Einträgen. Er wurde wegen schwerer Amtsunterschlagung in Tateinheit mit Falschbeurkundung nach § 348 Abs. 1 StGB. verurteilt. Das Reichsgericht erklärte die Verurteilung wegen Falschbeurkundung für unhaltbar. Sie wäre nur dann richtig gewesen, wenn das Dienstregister als öffentliches Buch oder Register anzusehen wäre, d. h. wenn den darin enthaltenen Einträgen Beweiskraft für und gegen jedermann zukäme. Das ist nicht der Fall. Das Dienstregister ist dazu bestimmt, eine genaue Übersicht über die dem Gerichtsvollzieher erteilten Aufträge, über die Art und Zeit ihrer Erledigung, über die anzusetzenden und eingezogenen Gebühren und Auslagen sowie über den Geldverkehr des Gerichtsvollziehers mit seinen Auftraggebern zu bieten. Es ist jeden Monat dem aufsichtführenden Amtsrichter vorzulegen, auch von Zeit zu Zeit von einem Kassenbeamten zu prüfen. Demgemäß handelt es sich nur um amtliche Aufzeichnungen, die lediglich die dienstliche Aufsicht ermöglichen oder erleichtern sollen. Zu prüfen wäre aber gewesen, ob der Angeklagte nicht Schriftstücke in Beziehung auf die Unterschlagung unterdrückt hatte; solche Schriftstücke wären als Urkunden im Sinne des § 348 Abs. 2 StGB. anzusehen. Tateinheit zwischen diesen Vergehen und der Amtsunterschlagung ist rechtlich möglich. Unbenommen blieb es dem Landgericht, im neuen

Urteil das Erschwerungsmerkmal des § 349 StGB. anzunehmen, wenn nur auf keine schwerere Strafe erkannt wurde. (III, 11. Juni 1934.) Amtl. Sammlg. S. 201—204. Vgl. Bd. 4 S. 283; Bd. 7 S. 252; Bd. 20 S. 177; Bd. 23 S. 99; Bd. 60 S. 17; Bd. 65 S. 102.

59. **Amtsunterschlagung. Betrug. Wiederverwendung entwerteter Stempelmarken. Urkundenbeseitigung. Verbrauch des Strafanspruchs. Tatmehrheit. Gesetzeinheit. Versuch. Rücktritt.** (StGB. §§ 43, 74, 276, 348, 349, 350.) Ein Beamter der Geschäftsstelle eines hessischen Amtsgerichts hob bei der Entgegennahme von Anträgen auf Erlassung von Zahlungsbefehlen Geldbeträge zur Begleichung der Gerichtskosten ein und verbrauchte sie für sich. Er war weder als Gerichtskassenbeamter angestellt noch mit dem amtlichen Verkauf von Gerichtskostenmarken betraut. Um den Fehlbetrag zu verdecken, löste er aus weggelegten Mahnakten des Gerichts schon verwendete und entwertete Marken ab; von ihrer Wiederverwendung nahm er aber Abstand. Er wurde wegen schwerer Amtsunterschlagung in Tateinheit mit Falschbeurkundung nach §§ 348 Abs. 1, 349, 350, 73 StGB. verurteilt. Das Reichsgericht verwies die Sache zurück. Das Landgericht hatte zunächst geprüft, ob nicht die Ablösung der schon entwerteten Marken gegen § 348 Abs. 2 StGB. verstoße, hatte aber diese Frage verneint. Da nach den in Betracht kommenden hessischen Vorschriften die Entwertungsvermerke als Urkunden anzusehen waren, konnte allerdings ihre Beseitigung oder Vernichtung den Tatbestand des § 348 Abs. 2 erfüllen; da aber das Ablösen nur zu dem Zweck geschehen war, um die Marken wiederzuverwenden, war nach der Auffassung des Landgerichts die Tat nur aus § 276 StGB. zu beurteilen. Hiernach hatte sich der Angeklagte nicht strafbar gemacht, weil die Tat nicht über den Versuch hinausgekommen war, dieser aber nicht mit Strafe bedroht ist. Mit dieser Auffassung befand sich das Landgericht im Einklang mit der bisherigen Rechtsprechung des Reichsgerichts. Der I. Strafsenat (Bd. 59 S. 321) hat entschieden, daß zwischen den Strafdrohungen des § 348 Abs. 2 StGB. und des § 276 StGB. Gesetzeseinheit bestehe und daß nur § 276 StGB. angewendet werden dürfe. Dieser Auffassung ist auch der III. Strafsenat beigetreten. Nunmehr hat der I. Senat in Übereinstimmung mit dem

III. Senat diese Auffassung aufgegeben. Die Strafvorschrift des § 276 StGB. richtet sich nicht nur gegen Beamte, sondern gegen jedermann; die Entwertungsvermerke haben durchaus nicht immer die Bedeutung einer Urkunde, sondern in manchen Fällen nur die Bedeutung, daß die Stempelmarken wertlos und für eine zweite Verwendung untauglich gemacht werden sollen. Die Vernichtung einer amtlich anvertrauten oder zugänglichen Urkunde ist also keineswegs das mit Notwendigkeit oder auch nur regelmäßig anzuwendende Mittel zur Begehung der Straftat nach § 276 StGB. Es handelt sich im Verhältnis der beiden Vorschriften nicht darum, ob der Wiederverwendung schon verwendeter Stempelmarken regelmäßig eine Ablösung der Marken von einem anderen Schriftstück vorangeht (die als solche nicht strafbar wäre), sondern darum, ob ihr regelmäßig eine Urkundenvernichtung durch einen Beamten vorangeht. Auch sonst ist keine ausreichende Grundlage für die Annahme einer Gesetzeseinheit gegeben; insbesondere kann die Berücksichtigung des Zweckes der in Betracht kommenden Vorschriften nicht zu dieser Annahme führen, weil bei der Wiederverwendung schon verwendeter Stempelmarken und bei der Beseitigung von Urkunden durch einen Beamten ganz verschiedene Rechtsgüter verletzt werden. Eine befriedigende Beurteilung des vorliegenden Sachverhalts ist vom Standpunkt der Gesetzeseinheit aus nicht zu gewinnen. Entweder wäre anzunehmen, nur eine Strafe könne die Bestrafung aus einem anderen Gesetz aufzehren, eine straflose Versuchs- oder Vorbereitungshandlung zu einem Vergehen aus § 276 StGB. müsse daher der Bestrafung aus einem anderen rechtlichen Gesichtspunkt unterworfen werden, wenn sie den Tatbestand eines anderen Strafgesetzes erfülle. Dann wäre das Ergebnis: Wer die Stempelmarken nach der Ablösung wieder verwendete, erhielte nach § 276 StGB. nur eine Geldstrafe, wer aber von der Wiederverwendung Abstand nähme, müßte nach §§ 348, 349 StGB. mit Gefängnis oder Zuchthaus bestraft werden. Oder es wäre anzunehmen, die Wirkung des § 276 StGB. gehe soweit, daß auch jede Versuchs- oder Vorbereitungshandlung zum Vergehen des § 276 StGB. nur nach dieser Vorschrift beurteilt werden dürfe, also straffrei bleiben müsse. Dann würde die Absicht, schon entwertete Stempelmarken wieder zu verwenden, dem Täter einen Freibrief für jede beliebige Art und Weise geben, wie er sich solche Marken verschaffte; er könnte also straffrei als Beamter ihm amtlich anvertraute Urkunden vernichten, die Marken zu dem angegebenen Zwecke stehlen usw. Keine dieser beiden Beurteilungen ist im Ergebnis annehmbar. Gegen die zweite spricht noch folgende Erwägung: Die Straflosigkeit eines Versuchs kraft freiwilligen Rücktritts hindert nicht die Bestrafung aus einem anderen, zu der Strafdrohung gegen die versuchte Tat im Verhältnis der Gesetzeseinheit stehenden Strafgesetz, wenn der Täter die Zuwiderhandlung gegen das andere Gesetz vollendet hat. Es ist aber nicht einzusehen, weshalb der, der vom Versuch freiwillig zurücktritt, strafrechtlich strenger zu behandeln sein sollte als der, dessen Versuch gegen seinen Willen erfolglos bleibt. Auch in diesem Fall ist vielmehr entscheidend, daß nur eine Strafe die Bestrafung aus dem anderen Gesetz aufzehren kann. Es war auch unrichtig, wenn das Landgericht in der Ablösung von Stempelmarken einen Versuch des Vergehens nach § 276 StGB. erblickte. Die strafbare Handlung besteht hier lediglich in der Wiederverwendung der Marken; das vorangegangene Ablösen ist nur eine Vorbereitungshandlung. Diese Eigenschaft kann noch weniger als ein strafloser Versuch die Bestrafung des Täters hindern, wenn sein Verhalten einen anderen strafbaren Tatbestand erfüllt. Die Zuwiderhandlung gegen die §§ 348, 349 StGB., die durch das Ablösen der mit einem urkundlichen Entwertungsvermerk versehenen, schon verwerteten Stempelmarken begangen wird, und die Zuwiderhandlung gegen § 276 StGB. durch Wiederverwendung der abgelösten Marken stehen also im Verhältnis der Tatmehrheit zu einander; die äußeren Tatbestände beider Verfehlungen decken sich in keinem Punkte. § 276 StGB. hinderte demnach die Bestrafung des Angeklagten aus §§ 348, 349 StGB. keineswegs. Zu prüfen war jedoch, ob der Angeklagte die erforderliche Vorstellung von der Bedeutung der Entwertungsvermerke als Urkunden hatte. Daneben konnte auch in Frage kommen, ob der Angeklagte sich die abgelösten Marken angeeignet hatte; darin konnte eine Amtsunterschlagung oder ein Diebstahl gefunden werden, je nachdem er an den alten Zahlungsbefehlen Gewahrsam (Mitgewahrsam) hatte oder nicht. Ein durchgreifendes rechtliches Bedenken bestand ferner gegen die Verurteilung des Angeklagten wegen Amtsunterschlagung. Es war nicht klargestellt, ob der Angeklagte schon bei der Empfangnahme der Geldbeträge die Absicht hatte, sich das Geld anzueignen oder ob er erst später diesen Entschluß gefaßt hatte. Im ersten Falle lag auf seiner Seite Betrug vor, indem er seine Zuständigkeit zum Empfange des Geldes und seine Bereitwilligkeit vortäuschte, das Geld zur Erfüllung der Gebührenpflicht zu verwenden. Auch wenn er nichts unternahm, um in dieser Hinsicht einen Irrtum zu erregen, unterließ er doch, die zahlungspflichtigen Personen über die wirkliche Sachlage aufzuklären. Als Verwalter einer Geschäftsstelle des Gerichts hatte der Angeklagte die allgemeine Amtspflicht, die sich bei der Behörde einfindenden rechtsuchenden Personen mit ihren Angelegenheiten an die jeweils zuständige Dienststelle zu verweisen; wenn er das pflichtwidrig unterließ und sich selbst unzuständigerweise äußerlich für die Entrichtung der Gebühren zur Verfügung stellte, unterdrückte er gegen seine Amtspflicht die Tatsache seiner Unzuständigkeit und die weitere Tatsache, daß hierdurch die zahlungspflichtigen Personen gefährdet wurden. Dadurch konnte er einen Irrtum verschuldet haben. Wenn infolge eines solchen Irrtums an den Angeklagten gezahlt wurde, ergab sich keine Befreiung von der Gebührenpflicht, da diese nur durch Zahlung an die Gerichtskasse oder durch vorschriftsmäßige Verwendung von Gerichtskostenmarken bewirkt werden konnte. Die Aneignung des Geldes war in diesem Falle eine straflose Nachtat. Eine Amtsunterschlagung lag dagegen vor, wenn die zahlungspflichtigen Personen den Angeklagten zuständig zur Empfangnahme des Geldes hielten, also ein Empfang in amtlicher Eigenschaft gegeben war, und er erst nachträglich den Entschluß faßte, das Geld für sich zu verwenden. (I, 12. Juni 1934.)

Amtl. Sammlg. S. 204—210.

Vgl. Bd. 18 S. 286; Bd. 21 S. 51; Bd. 23 S. 225; Bd. 32 S. 116; Bd. 39 S. 370; Bd. 51 S. 113; Bd. 59 S. 321; Bd. 68 S. 148.

60. Ausländische Aktiengesellschaft. (HGB. § 312.) Die Vorschrift des § 312 HGB. ist nicht anwendbar, wenn der Vorstand einer ausländischen Aktiengesellschaft im Inland absichtlich zu deren Nachteil gehandelt hat. Das

Aktiengesetz vom 18. Juli 1884, das diese Vorschrift in das Handelsgesetzbuch einfügte, wollte die Verantwortlichkeit der mit der Verwaltung der Aktiengesellschaften betrauten Personen verschärfen und den Aktionären sowie der Allgemeinheit größeren Schutz verleihen. Schon daraus, daß die Vorschrift zu den in diesem Gesetz geregelten Gesellschaften in Beziehung gesetzt ist, ergibt sich zwingend, daß sie sich nur auf deutsche Gesellschaften erstreckt. (II, 9. Mai 1934.) Amtl. Sammlg. S. 210—212.

61. Gemäldeverkauf. Betrug. Liebhaberwert. (StGB. § 263.) Zwei Gemälde, von denen das eine angeblich von Rubens, das andere angeblich von Hobbema herrührte, wurden zusammen um 14000 *RM* verkauft. Dem Käufer waren Gutachten eines Professors H. vorgelegt worden, in denen die Gemälde für echt erklärt waren. Der Verkäufer wußte, daß H. für geringes Entgelt zur Abgabe jedes Gutachtens bereit war, und daß ein anderes Gutachten vorlag, worin das angeblich von Rubens herrührende Gemälde als Werkstattarbeit bezeichnet war. In Wirklichkeit handelte es sich bei dem einen Gemälde um ein Werk eines Schülers von Rubens, bei dem anderen um eine Fälschung aus neuerer Zeit. Der Verkäufer wurde wegen Betrugs verurteilt. Das Reichsgericht verwies die Sache zurück. Dem Käufer wurde eine unwahre Tatsache vorgespiegelt, wenn die Bilder unter einseitiger Bezugnahme auf das von H. erstattete Gutachten und ohne gleichzeitigen Hinweis auf das entgegenstehende Gutachten als echt angeboten wurden. Ob er aus den Preisen auf die Unechtheit hätte schließen können, war unerheblich. Durch die Täuschung war der Käufer in einen Irrtum versetzt und zu einer Vermögensverfügung bestimmt worden. Es fehlte aber der Nachweis, daß diese Vermögensverfügung für ihn eine Vermögensschädigung bedeutete. Das Landgericht hatte das angeblich von Hobbema herrührende Bild als fast wertlos bezeichnet, das angeblich von Rubens herrührende Bild als geringwertiger im Vergleich zu einem echten Bild. Es war aber nicht festgestellt, daß der Käufer für den für beide Bilder zusammen geforderten und gezahlten Preis tatsächlich und nach der Vorstellung des Verkäufers keinen entsprechenden Gegenwert erlangt hatte. Der angebliche Rubens konnte, auch wenn er von einem Schüler stammte, immerhin einen erheblichen, vielleicht dem Kaufpreis gleichkommenden Wert haben. Das hätte ermittelt werden müssen. Die Auffassung des Landgerichts, auf die Meinung des Käufers komme es bei der Wertberechnung nicht an, und der Kunstwert sei nicht von ausschlaggebender Bedeutung, erklärte das Reichsgericht mindestens in dieser Allgemeinheit für unrichtig. Der gemeine Wert eines Kunstwerks wird durch dessen Kunstwert wesentlich beeinflußt, und der Wert einer Sache bemißt sich auch nach dem Gebrauchswert, den sie für den Besitzer hat; dieser kann für ihn höher sein, als der Handelswert. Dieser persönliche Einschlag durfte bei der Schadenfeststellung nicht unbeachtet bleiben; nur der reine Liebhaberwert war nicht zu berücksichtigen. (II, 17. Mai 1934.) Amtl. Sammlg. S. 212—214.

Vgl. Bd. 16 S. 1; Bd. 23 S. 430; Bd. 49 S. 21.

62. Sicherungsverwahrung. Gesetzesauslegung. (StGB. § 20 a; GewohnhVerbrG. Art. 5.) Der Angeklagte war 1915, 1929 und 1930 wegen verschiedener Verbrechen und Vergehen zu Gefängnis- und Zuchthausstrafen verurteilt worden. Die letzte Strafe hatte er bis zum 27. Mai 1933 verbüßt; von da an bis zum 24. Januar 1934 war gegen ihn ein Rest der zweiten Strafe vollstreckt worden, für den ihm im Jahre 1929 Strafaussetzung bewilligt worden war. Die nachträgliche Anordnung der Sicherungsverwahrung wurde vom Reichsgericht nicht gebilligt. Während die übrigen förmlichen und sachlichen Voraussetzungen dafür vorlagen, fehlte es an dem gesetzlichen Erfordernis, daß der Angeklagte nach dem 1. Januar 1934 auf Grund eines weiteren, vor diesem Zeitpunkt ergangenen Urteils, eine Freiheitsstrafe verbüßte. Das Landgericht hatte angenommen, nach dem Zweck der Übergangsvorschrift sei nicht erforderlich, daß nach dem 1. Januar 1934 die letzte Strafe verbüßt werde, vielmehr genüge es, wenn nach diesem Zeitpunkt eine der drei maßgebenden Strafen zur Verbüßung komme. Dem stand aber der Wortlaut des Gesetzes entgegen. Wenn auch die Erforschung des Zweckes einer gesetzlichen Vorschrift geboten ist, so ist es doch dem Richter verboten, das, was im Gesetz klar zum Ausdruck gekommen ist, im Wege der Auslegung in sein Gegenteil zu verkehren. Im Gesetz ist aber unzweideutig das Erfordernis aufgestellt, daß jemand, der schon zweimal rechtskräftig verurteilt worden ist, nach dem 1. Januar 1934 auf Grund eines weiteren, vor diesem Zeitpunkt ergangenen Urteils eine Freiheitstrafe verbüßt, daß also nach dem 1. Januar 1934 noch das zeitlich letzte der drei Urteile vollstreckt wird. Von der Verbüßung der früheren Strafen ist im Gesetz keine Rede; vielmehr müssen nur zwei rechtskräftige Verurteilungen vorliegen. (II, 31. Mai 1934.) Amtl. Sammlg. S. 214—216.

63. **Unbefugter Gebrauch eines Kraftwagens. Fahrlässige Tötung. Führerflucht. Gesetzeseinheit. Tateinheit. Tatmehrheit.** (StGB. §§ 73, 74, 222; VO. vom 20. Oktober 1932 gegen unbefugten Gebrauch von Kraftfahrzeugen § 1.) Ein Mann nahm unbefugt einen fremden Kraftwagen in Gebrauch. Hierbei stieß er mit einem Radfahrer so unglücklich zusammen, daß dieser getötet wurde. Nach dem Zusammenstoß ergriff er die Flucht. Das Landgericht verurteilte ihn wegen unbefugten Gebrauchs eines Kraftfahrzeugs, fahrlässiger Tötung und Führerflucht in Tatmehrheit. Das Reichsgericht verwies die Sache zurück. Das Vergehen der unbefugten Ingebrauchnahme des Kraftfahrzeugs war zwar in dem Augenblick vollendet, in dem der Angeklagte den Kraftwagen in Betrieb gesetzt, den Motor in Gang gebracht hatte. Damit war es aber nicht beendet; die Straftat dauerte solange fort, als der unbefugte Gebrauch stattfand. Während dieses unbefugten Gebrauchs machte sich der Angeklagte der anderen Straftaten schuldig. Die für den Todeserfolg ursächliche Fahrlässigkeit bestand darin, daß der Angeklagte sich, obwohl er übermüdet war und geistige Getränke in nicht unerheblicher Menge zu sich genommen hatte, ans Steuer setzte und es bediente. Sie dauerte solange fort, bis es zu dem Zusammenstoß kam. Im Fahren mit dem Kraftwagen bestand also sowohl das unbefugte Gebrauchen als auch das fahrlässige Verhalten, das den Tod eines Menschen zur Folge hatte. Ein sachliches Zusammentreffen zwischen den beiden Vergehen lag also nicht vor. Ein solches könnte in Frage kommen, wenn sich der Angeklagte ausgeruht und nüchtern ans Steuer gesetzt und dann seine Fahrlässigkeit nur darin bestanden hätte, daß er bei der späteren Begegnung mit dem Radfahrer durch Unvorsichtigkeit den Zusammenstoß verursachte; in diesem Falle

wäre nicht schon in dem Gebrauchen des Kraftwagens eine Fahrlässigkeit zu finden gewesen. Bei Ergründung des richtigen Verhältnisses der beiden Straftaten war weiter zu beachten, daß die unbefugte Ingebrauchnahme eines Kraftfahrzeugs nur dann bestraft wird, wenn die Tat nicht nach anderen Vorschriften mit schwererer Strafe bedroht ist. Unter Tat im Sinne dieser Vorschrift ist aber nicht jede mit der Ingebrauchnahme zusammenfallende Straftat zu verstehen, sondern nur eine solche, die selbst ein Ingebrauchnehmen ist. Liegt in der Wegnahme des Kraftfahrzeugs ein Diebstahl, so greift die Diebstahlstrafe platz; das unbefugte Ingebrauchnehmen als solches scheidet aus. Der Tatbestand der fahrlässigen Tötung enthält aber kein Merkmal des Ingebrauchnehmens. Zwischen den beiden Vergehen bestand also Tateinheit, nicht Gesetzeseinheit. Dasselbe galt von dem Verhältnis des Vergehens der unbefugten Ingebrauchnahme zu jenem der Führerflucht. Auch dieses Vergehen bestand im Fahren, nur verbunden mit dem Vorsatz des Täters, sich der Feststellung des Fahrzeugs und seiner Person zu entziehen. Die fahrlässige Tötung und die Führerflucht waren, für sich allein betrachtet, unter sich getrennte Straftaten, zu keinem Teil durch dieselbe Handlung verbunden. Wenn sie allein in Frage kämen, würden sie sachlich zusammentreffen. Aber dadurch, daß jede der beiden Straftaten mit demselben Vergehen des unbefugten Gebrauchs zusammentraf, verloren sie auch im Verhältnis zueinander ihre Selbständigkeit. Alle drei Vergehen standen also unter sich in Tateinheit. (II, 7. Juli 1934.) Amtl. Sammlg. S. 216—218. Vgl. Bd. 9 S. 261; Bd. 56 S. 329; Bd. 60 S. 241; Bd. 62 S. 427; Bd. 66 S. 117, 221.

64. Unterstützungserschleichung. Betrug. Besonders schwerer Fall. Schädigung des Volkswohls. Strafausmaß. (StGB. § 263.) Krisenunterstützung wurde in Anspruch genommen und gewährt, obwohl die Voraussetzungen nicht gegeben waren. Gegen die Verurteilung wegen fortgesetzten Betrugs legte der Staatsanwalt Revision ein mit der Begründung, daß ein besonders schwerer Fall hätte angenommen werden sollen. Das Rechtsmittel war damit in zulässiger Weise auf das Strafausmaß beschränkt worden. Über die Frage, ob es sich um einen besonders schweren Fall handelt, hat allerdings der Tatrichter nach freiem Ermessen zu entscheiden; das Revisionsgericht kann aber nachprüfen, ob im einzelnen Falle die von dem Tatrichter festgestellten Tatsachen einen der im Gesetz hervorgehobenen Umstände darstellen, die einen Fall besonders schwer machen. In Betracht kam hier, ob eine Schädigung des Volkswohls nachgewiesen war. Nicht jede Schädigung des Volksvermögens ist zugleich eine Schädigung des Wohles des Volkes. Die Tat muß das Volk als Ganzes oder doch eine nicht geringfügige Mehrzahl von Volksgenossen in dieser Eigenschaft fühlbar beeinträchtigen. Es ist nicht nötig, daß die Beeinträchtigung sofort und unmittelbar fühlbar wird; immerhin muß sie geeignet sein, sei es durch ihre vermögensrechtlichen Wirkungen für die Gesamtheit, sei es durch ihre anderen Belange der Allgemeinheit nachteilig berührende Wirkungen, eine Schädigung von Einrichtungen, die der Allgemeinheit dienen, hervorzurufen. Die Schädigung des Volkswohls braucht nicht besonders groß zu sein; der Schaden braucht nicht auf vermögensrechtlichem Gebiet zu liegen. Es war daher im gegebenen Falle zu prüfen, ob durch den an sich nicht sehr beträchtlichen Vermögensschaden das Wohl des Volkes überhaupt geschädigt worden war. Bei einem Betrug gegenüber einer öffentlichen Kasse kann und wird das Wohl des Volkes geschädigt sein, wenn die der Kasse durch Betrug entzogenen Vermögenswerte mit Rücksicht auf ihre Höhe und Zweckbestimmung ohne die Straftat einer nicht ganz geringfügigen Anzahl von Volksgenossen zugute gekommen sein würden. Das Landgericht hatte angenommen, daß im vorliegenden Falle eine Schädigung des Wohles des Volkes deshalb nicht angenommen werden könne, weil der Angeklagte die zu unrecht empfangenen Unterstützungen lediglich dazu verwandt habe, um sich und seine fünf Kinder gesund zu erhalten; das habe dem Zweck der Gesetzbestimmung in einem Maße entsprochen, daß dem gegenüber die Gefährdung der Volksfürsorge durch die unberechtigte Inanspruchnahme der Unterstützung von geringer Bedeutung erscheine. Das erklärte das Reichsgericht für rechtsirrig. Es geht nicht an, den Schaden, den das Wohl des Volkes einmal durch eine betrügerische Handlung erlitten hat, durch die Feststellung nachträglich als ausgeglichen zu erachten, daß der durch den Betrug erlangte Vermögensvorteil in anderer

Weise mittelbar zur Förderung des Volkswohls Verwendung gefunden hat. Aus einem anderen Grunde war aber eine Schädigung des Volkswohls nicht anzunehmen. Das Landgericht hatte festgestellt, daß der Angeklagte trotz seiner Beschäftigung vom Wohlfahrtsamt Unterstützung erhalten hätte, wenn er sich an dieses gewandt hätte. Bei dieser Sachlage konnte nicht gesagt werden, daß durch die Tat des Angeklagten die Interessen der Gesamtheit des Volkes oder einer nicht geringfügigen Mehrzahl von Volksgenossen in fühlbarer Weise beeinträchtigt worden seien. (VI, 8. Juni 1934.) Amtl. Sammlg. S. 218—221.

65. Wertersatz. Gesamthaftung. (RAbgO. § 401.) Eine größere Zahl von Personen hatte unter Beihilfe von Zollbeamten Waren über die Grenze geschmuggelt. Sie wurden wegen fortgesetzter Zollhinterziehung, die Zollbeamten wegen Beihilfe dazu verurteilt, ein jeder auch zum Wertersatz für das Schmuggelgut, an dessen Einschwärzung er mitgewirkt hatte. Die Feststellung des Wertes für die Einzelfälle war nicht möglich gewesen, dagegen hatte das Landgericht den Gesamtwert bei jedem Beteiligten durch Schätzung ermittelt. Eine Gesamthaftung für den Wertersatz war nicht ausgesprochen worden. Die vom Zollamt eingelegte Revision hatte keinen Erfolg. Die Unmöglichkeit, den Wert des Schmuggelgutes in jedem einzelnen Falle festzustellen, rechtfertigte es, daß das Landgericht es unterlassen hatte, für jeden Einzelakt jeden Angeklagten zum Wertersatz als Gesamtschuldner mit den daran als Haupttäter Beteiligten zu verurteilen. Der Strafanspruch des Staates gegen den Schuldigen, der auch der Ersatzpflicht zugrunde liegt, kann nicht deshalb für hinfällig erachtet werden, weil es unmöglich ist, den Umfang der Mitschuld anderer Beteiligter zahlenmäßig festzustellen. Da der Gesamtwert des Schmuggelgutes ermittelt worden war, konnte das Landgericht auch nicht lediglich auf Zahlung einer Geldsumme erkennen und einen Ausspruch auf Wertersatz unterlassen. Die Sache lag anders, als wenn Anzahl und Persönlichkeit der Mitbeteiligten überhaupt nicht zu ermitteln gewesen wäre. (III, 14. Juni 1934.) Amtl. Sammlg. S. 221—222.

Vgl. Bd. 62 S. 246; Bd. 65 S. 81.

66. Sicherungsverwahrung. Reihenfolge der Vortaten. Gesamtstrafe. Rückfallverjährung. (StGB. § 20a;

GewohnhVerbrG. Art. 5.) Der Angeklagte war wegen eines im September 1920 begangenen Einbruchsdiebstahls rechtskräftig verurteilt worden. Im Dezember 1922 beging er zwei Diebstähle und ein Verbrechen des Totschlags. Diese Taten blieben zunächst unentdeckt. Im Jahre 1923 war er wegen zweier Verbrechen des Diebstahls zu einer Gesamtstrafe verurteilt worden; diese verbüßte er bis zum Jahre 1925. In den Jahren 1929 und 1930 verübte er weitere acht schwere Diebstähle im Rückfall. Nachdem er die hierfür ausgesprochenen Strafen verbüßt hatte, wurden die im Jahre 1922 verübten Taten entdeckt. Die Strafverfolgung der Diebstähle war verjährt. Wegen des Totschlags wurde er zu einer Zuchthausstrafe verurteilt; zugleich wurde die Sicherungsverwahrung angeordnet. Seine Revision wurde verworfen. Es konnte dahingestellt bleiben, ob auch die verjährten Diebstähle zur Begründung der Anordnung hätten verwendet werden können; § 20a StGB. ist nicht dahin zu verstehen, daß die zwei weiteren Taten, die vorliegen müssen, vor der Begehung der zur Aburteilung stehenden Tat begangen worden sein müssen; sie können ihr auch zeitlich nachfolgen. Die Wendung in Art. 5 des Gesetzes vom 24. November 1933: „wenn die Vorschrift des § 20a StGB. schon bei Begehung der Tat gegolten hätte", stellt kein weiteres Erfordernis neben jenen des § 20a StGB. auf; sie will nur ermöglichen, daß die Sicherungsverwahrung auch bei den vor dem Inkrafttreten des Gesetzes begangenen, aber erst nachher abzuurteilenden Taten angeordnet werden kann. Das Schwurgericht konnte also die im Jahre 1923 abgeurteilten Taten bei der Prüfung der Frage der Sicherungsverwahrung mit heranziehen. Die Rückfallverjährung war bei keiner der Taten eingetreten. Sie beginnt mit der Rechtskraft der früheren Verurteilung oder, wenn eine Verurteilung nicht stattgefunden hat, mit der Begehung der früheren Tat; bei den im Jahre 1923 abgeurteilten Taten hatte sie daher mit dem Eintritt der Rechtskraft begonnen. Die Zeit der Strafverbüßung, die bis zum 19. August 1925 dauerte, war nicht einzurechnen. Somit war bei Begehung des ersten weiteren Diebstahls im Jahre 1929 die Verjährung noch nicht vollendet. Daß die letzten acht Straftaten durch eine Gesamtstrafe geahndet wurden, war unerheblich; die Sicherungsverwahrung setzt nur das Vorliegen dreier Straftaten, nicht dreier Urteile voraus. (III, 21. Juni 1934.) Amtl. Sammlg. S. 222—224.

67. **Devisenrecht. Auslandsguthaben, Anbietungspflicht. Irrtum. Blankettstrafgesetz. Freigrenze.** (StGB. §§ 2, 27 b, 59; DevVO. 1931 §§ 11, 18; 1932 §§ 21, 36, 40.) Zu dem Nachlaß eines Mannes, der im Jahre 1930 starb, gehörte ein Guthaben bei einer Schweizer Bank. Seine Witwe, die ihn beerbte, hob nach und nach ohne Genehmigung einen Teil des Guthabens ab, unterließ es auch, das Guthaben der Reichsbank anzubieten. Sie wurde auf Grund des § 36 DevVO. 1932 verurteilt. Das Reichsgericht verwies die Sache zurück. Als Strafbestimmung kam für das unterlassene Anbieten nicht § 36 DevVO. 1932, sondern § 18 DevVO. 1931 in Frage, da die Tat unter der Herrschaft der Devisenverordnung von 1931 begangen worden war, die Strafbestimmungen der Devisenverordnung von 1932 auch nicht milder sind, als jene der Devisenverordnung von 1931. Die Abhebungen waren zum Teil unter der Herrschaft der Devisenverordnung von 1931, zum Teil unter jener der Devisenverordnung von 1932 vorgenommen worden. Das Landgericht hatte sie ohne ersichtlichen Grund zu einer Gesamttat zusammengefaßt. In beiden Verordnungen ist im Anschluß an die Freigrenze, die auch zur Zeit der ersten Abhebung 200 *RM* betrug, bestimmt, daß gleichartige Tatbestände, die sich innerhalb eines Kalendermonats ergeben, dabei als Einzelfälle gelten. Daraus ergibt sich, daß eine Person, die in zwei verschiedenen Kalendermonaten dem Werte nach je 200 *RM* abhebt, auch dann nicht strafbar ist, wenn das zufolge eines einheitlichen Vorsatzes geschah. Nach der Devisenverordnung von 1932 kann ein Deutscher wegen Zuwiderhandlung gegen die Vorschriften dieser Verordnung oder einer Durchführungsverordnung auch dann bestraft werden, wenn er die Tat im Ausland begangen hat. Vorher gab es keine Bestimmung dieses Inhalts. Die vor dem Inkrafttreten der Devisenverordnung von 1932 (19. April 1932) in der Schweiz vorgenommenen Abhebungen waren also straflos. Anders lag die Sache, wenn sie im Inland einen Brief an die Bank in der Schweiz aufgab mit dem Ersuchen, ihr das Geld zuzuschicken. Das Landgericht hatte den Irrtum über die An-

bietungspflicht als Strafrechtsirrtum für bedeutungslos erachtet. Das war nicht richtig. Die in Betracht kommende Strafvorschrift des § 18 DevVO. 1931 war ein Blankett-Strafgesetz, das seinen Inhalt nicht in der Devisenverordnung selbst, sondern in der 3. Durchführungsverordnung erhielt, die selbst keine Strafbestimmung aufstellte. Ein Irrtum über die Anbietungspflicht fiel also unter den § 59 StGB. Wenn die Angeklagte zwar die Vorschrift nicht kannte, aber doch die Vorstellung hatte, daß sie auf devisenrechtlichem Gebiete inkorrekt handle, konnte das zu einer Verurteilung wegen fahrlässiger Zuwiderhandlung ausreichen. Das Landgericht hatte eine Freiheitsstrafe ausgesprochen mit der Begründung, daß Verstöße gegen die Devisenverordnung stets erhebliche Vergehen gegen das Gesamtwohl des Volkes seien. Hätte aber der Gesetzgeber für solche Verstöße die Geldstrafe ausschließen wollen, so hätte das durch eine besondere Bestimmung geschehen müssen. (II, 21. Juni 1934.)

Amtl. Sammlg. S. 225—227.

Vgl. Bd. 10 S. 240; Bd. 23 S. 155; Bd. 37 S. 19; Bd. 66 S. 401; Bd. 67 S. 114.

68. **Devisenrecht. Verhältnis mehrerer Verfügungen zu einander. Gesetzeseinheit. Tateinheit. Tatmehrheit. Straflose Nachtat. Verbrauch des Strafanspruchs. Schlechterstellung.** (DevVO. 1932 §§ 14, 36; StGB. § 4; StPO. § 331.) Ein Kaufmann hatte von einem Ausländer Waren gekauft und ihm von dem Kaufpreis, der 6700 *RM* betrug, 5900 *RM* im Inland ausgehändigt. Als er Entdeckung fürchtete, beantragte er, die Übermittlung von 6700 *RM* ins Ausland zu genehmigen. Der Antrag wurde abgelehnt. Nun suchte er unter unrichtigen Angaben um eine Genehmigung anderer Art nach und erhielt sie. Er wurde zunächst wegen der ersten Tat nach §§ 14, 36 Nr. 3 Dev.-VO. 1932 verurteilt. Gegen das Urteil legte er Berufung ein. Das Landgericht verwarf sie und verurteilte auf Grund einer Nachtragsanklage den Angeklagten wegen der zweiten Tat nach § 36 Nr. 7 DevVO. 1932 zu einer weiteren Strafe. Seine Revision hatte keinen Erfolg. Der erste Eröffnungsbeschluß bezog sich auf die unerlaubte Aushändigung inländischer Zahlungsmittel an einen Ausländer, der zweite auf die Erschleichung einer Genehmigung der Devisenstelle. Das Landgericht hatte über den ganzen

Prozeßstoff zu entscheiden, über die erste Beschuldigung als Berufungsgericht, über die zweite als Gericht des ersten Rechtszugs. Hätte der erste Eröffnungsbeschluß auch die den Gegenstand des zweiten Eröffnungsbeschlusses bildende Tat umfaßt, so wäre ein Verstoß gegen das Verbot der Schlechterstellung gegeben gewesen, soweit das Landgericht die Berufung des Angeklagten verworfen und ihm eine weitere Strafe zuerkannt hatte; da der Angeklagte allein Berufung eingelegt hatte, hätte die Strafe des Schöffengerichts nicht verschärft werden dürfen, auch wenn dies das Vergehen der Erschleichung als Rechtsirrtum nicht mitbestraft hätte. So lag aber die Sache nicht. Zu prüfen war, in welchem Verhältnis die Straftaten zueinander standen. Tateinheit hatte das Landgericht mit der Begründung abgelehnt, daß der Angeklagte erst nach der Aushändigung der 5700 *RM* den Entschluß gefaßt habe, die Genehmigung durch unwahre Angaben zu erschleichen. Darin war kein Rechtsirrtum zu erblicken. Diese zweite Tat stellte auch im Verhältnis zur ersten keine straflose Nachtat dar. Solche Fälle von Gesetzeseinheit kommen zwar im Bereich des Devisenrechts mehrfach in Betracht; hier traf das aber nicht zu. Der Angeklagte hatte sich zuerst gegen die Vorschrift des § 14 Dev.-VO. 1932 vergangen und nachher, als er Entdeckung fürchtete, eine Genehmigung erschlichen. Diese Erschleichung war nicht die Auswertung des begangenen Unrechts, sondern eine neue und besondere Rechtsgutverletzung, die nicht die regelmäßige oder gar notwendige Folge und Fortsetzung der ersten bildete. Ob eine straflose Nachtat hätte angenommen werden können, wenn der Angeklagte sich von vornherein vorgesetzt hätte, die unbefugte Zahlung vorzunehmen und dann zu seiner Sicherung die Genehmigung zu erschleichen, konnte dahingestellt bleiben. Die beiden Straftaten trafen also sachlich zusammen. Sie wurden auch nicht dadurch zu einem einheitlichen Vorgang, daß die zweite Tat verübt wurde, um die erste zu verschleiern. Das Schöffengericht hätte die zweite Tat auch dann nicht mit aburteilen können, wenn sie ihm bekannt gewesen wäre, da sie eben durch den ersten Eröffnungsbeschluß seiner Entscheidung nicht unterstellt worden war. (II, 20. Juni 1934.) Amtl. Sammlg. S. 227—230. Vgl. Bd. 18 S. 290; Bd. 35 S. 64; Bd. 51 S. 4; Bd. 54

S. 80; Bd. 58 S. 34; Bd. 59 S. 174; Bd. 62 S. 112; Bd. 67 S. 402.

69. Unzüchtige Handlung. Exhibition. Entmannung. Sicherungsverwahrung. (StGB. §§ 42 k, 183; GewohnhVerbrG. Art. 5; AGzGewohnhVerbrG. Art. 14; StPO. § 265.) Ein 63 Jahre alter Mann nahm in Gegenwart von Kindern (einem dreijährigen und einem zwölfjährigen Mädchen) seinen Geschlechtsteil heraus. Da er schon wiederholt wegen Vergehen gegen § 183 StGB. verurteilt worden war, ordnete das Landgericht seine Entmannung an. Das Reichsgericht verwies die Sache zurück. Nach feststehender Rechtsprechung muß bei einem Vergehen gegen § 183 StGB. die Tat gegen das Scham- und Sittlichkeitsgefühl in geschlechtlicher Beziehung verstoßen und muß sich der Täter der geschlechtlichen Beziehung der begangenen Schamlosigkeit bewußt sein; dagegen gehört nicht zum Tatbestand, daß er in geiler Absicht handelt, also die eigene oder fremde Sinnenlust befriedigen oder anreizen will. Auch ein roher Scherz kann unter § 183 StGB. fallen. Für die Anordnung der Entmannung ist aber notwendig, daß solche Vergehen zur Erregung oder Befriedigung des Geschlechtstriebes begangen worden sind. Dieser Nachweis fehlte. Ein näheres Eingehen auf die Vortaten, das von der Anordnung des schweren Eingriffs der Entmannung regelmäßig erforderlich ist, war hier unerläßlich. Der ärztliche Sachverständige hatte sich nur dahin ausgesprochen, daß die Entmannung für den Angeklagten keine besonders nachteilige Folgen haben werde. In jedem Fall ist aber auch eingehend zu prüfen, ob die Entmannung voraussichtlich den Erfolg haben werde, den übersteigerten und entarteten Geschlechtstrieb des Angeklagten zum Erlöschen zu bringen oder erheblich abzuschwächen; dabei ist auch zu beachten, ob und inwieweit das Handeln aus Geschlechtslust körperlich oder seelisch bedingt ist. Die Schwere des nicht wiedergutzumachenden schädlichen Eingriffs macht es den Gerichten zur Pflicht, besonders peinlich zu prüfen, ob die öffentliche Sicherheit die Anordnung der Entmannung erfordert, ob die Allgemeinheit im gegebenen Falle nicht durch eine andere, weniger einschneidende Maßregel ebensogut oder besser geschützt werden kann. Auch hier darf nicht außer Betracht bleiben, daß die Wirksamkeit der Entmannung jedenfalls bei Exhibitionisten in der Wissenschaft noch nicht restlos geklärt ist und bestenfalls erst nach Jahren eintritt. Hierüber wird der ärztliche Sachverständige nach gründlicher Untersuchung des Angeklagten und seiner Taten zu hören und sodann zu erwägen sein, ob nach der allgemeinen und besonderen Art der Taten, der Veranlagung, dem Hang und dem Alter des Angeklagten die Entmannung und nur diese die erforderliche Sicherheit vor ihm gewährt oder ob etwa die Sicherungsverwahrung denselben oder gar einen schnelleren und besseren Erfolg haben würde. Wenn das der Fall wäre, würde der Anordnung der Sicherungsverwahrung nicht entgegenstehen, daß die Staatsanwaltschaft nur die Entmannung beantragt hat. Voraussetzung für eine von dem Antrag abweichende Anordnung ist nur, daß auch in dieser Richtung die Hauptverhandlung hinreichend vorbereitet ist und daß der Angeklagte Gelegenheit erhält, seine Verteidigung auch auf die Abweichung einzurichten. (II, 21. Juni 1934.) Amtl. Sammlg. S. 230—233. Vgl. Bd. 23 S. 233; Bd. 28 S. 77; Bd. 53 S. 139; Bd. 68 S 149, 165, 176, 193.

70. Steuerhinterziehung. Selbstanzeige. Anzeige. (RAbgO. §§ 189, 410, 440.) Auf Grund des Ergebnisses von Ermittlungen richtete die Zollfahndungsstelle an das Hauptzollamt die Bitte, gegen D. ein Strafverfahren wegen Steuerhinterziehung einzuleiten. Am folgenden Tage traf eine Eingabe von D. ein, worin dieser seine früheren Angaben berichtigte. Sie genügte nicht, um das Strafverfahren abzuwenden. Der Bericht der Zollfahndungsstelle war als Anzeige zu erachten. Die Hilfsstellen und Beamten der Finanzämter haben Steuerzuwiderhandlungen zu erforschen und innerhalb ihrer Zuständigkeit alle keinen Aufschub gestattenden Anordnungen zu treffen, um die Verdunkelung der Sache zu verhüten; über die Ermittlungen ist dem Finanzamt eine Niederschrift oder eine schriftliche Anzeige einzureichen. Der Bericht der Zollfahndungsstelle war eine solche Anzeige, nicht nur eine einfache Mitteilung. Ob D. von der Einreichung der Anzeige Kenntnis hatte, war belanglos. (III, 25. Juni 1934.) Amtl. Sammlg. S. 233—234.

71. Brandentschädigung. Einkommensteuer. Bindung des Gerichts. Vorsatz. Fahrlässigkeit. Wechsel der Rechtsprechung. (EinkStG. §§ 6, 13, 56; RAbgO. §§ 359

[396], 367 [402], 468.) Ein Bücherrevisor und Steuerberater war von einer Firma mit der Aufstellung ihrer Einkommensteuererklärungen beauftragt. Um die Heranziehung einer Entschädigung aus Brandversicherung, soweit sie den Buchwert der versicherten Sachen überstieg, zur Einkommensteuer zu verhindern, verschleierte er in der Buchführung und in den Bilanzen die Erlangung einer den Buchwert übersteigenden Entschädigung. Die Verschleierung wurde entdeckt und die Einkommensteuer entsprechend erhöht. Das Berufungsgericht sprach den Angeklagten frei, weil ihm nicht zu widerlegen sei, daß er die Rechtsprechung des Reichsfinanzhofs über die Einkommensteuerpflicht der Brandentschädigung für falsch gehalten habe. Auf die Revision des Finanzamts wurde die Sache zurückverwiesen. Die Rechtsprechung des Reichsfinanzhofs hat in der Frage, ob eine Brandentschädigung der Einkommensteuer unterliegt, gewechselt. Früher wurde grundsätzlich der Standpunkt vertreten, daß die Entschädigung als gewerbliches Einkommen anzusehen sei, soweit sie über den in der letzten Steuerbilanz angenommenen Buchwert der versicherten Sache hinausgehe. Später wurde für zulässig erklärt, die stillen Rücklagen, die in den versicherten Sachen steckten, in der Höhe des Unterschieds zwischen dem Buchwert und dem gemeinen Wert zu berücksichtigen, so daß die Ersatzgegenstände nur mit ihrem Anschaffungs- oder Herstellungspreis abzüglich der stillen Rücklagen eingesetzt wurden und, falls am Ende der Steuerabschnitte eine Ersatzbeschaffung noch nicht stattgefunden hatte, eine entsprechende Belastung vorgetragen wurde. Zur Zeit der Tat hatte sich die Änderung noch nicht vollzogen. Das Finanzamt war der Auffassung, daß die Tat nach der früheren Rechtsprechung zu beurteilen sei. Das erklärte das Reichsgericht für rechtsirrig. Das Gericht hat grundsätzlich die Rechtsprechung anzuwenden, die es zur Zeit seiner Entscheidung als richtig erkennt. Daran wird es auch nicht durch die Vorschrift des § 468 RAbgO. gehindert, die hier vorgesehene Beschränkung des Gerichts in der freien Entscheidung darüber, ob ein Steueranspruch besteht oder ob und in welcher Höhe ein Steueranspruch verkürzt worden ist, eine Entscheidung voraussetzt, die Rechtskraftwirkung gegenüber der Person äußert, gegen die sich das gerichtliche Strafverfahren richtet. Eine solche

Entscheidung war nicht ergangen. Das Finanzamt hatte einen Steuerbescheid nur gegen die Inhaber der Firma erlassen; gegen den Angeklagten hatte dieser keine Rechtswirkung. Daß der Angeklagte von der Ansicht ausgegangen war, die Brandentschädigung unterliege überhaupt nicht der Einkommensteuer, genügte nicht, um bei ihm den Vorsatz der Steuerhinterziehung auszuschließen; auch bedingter Vorsatz reicht für eine Verurteilung nach § 359 (396) RAbgO. aus. Wenn der Angeklagte von der Richtigkeit seiner von der höchstrichterlichen Rechtsprechung abweichende Auffassung überzeugt war, stand es ihm frei, seine Auffassung in der Steuererklärung zu vertreten. Er handelte aber mit bedingtem Vorsatz, wenn er die Steuererklärung oder ihre Unterlagen absichtlich so herstellte, daß ein nach der Rechtsprechung des Reichsfinanzhofs bestehender Steueranspruch verschleiert wurde. Aber selbst wenn der Angeklagte überhaupt nicht mit der Möglichkeit gerechnet hätte, daß seine Auffassung unrichtig sein könne, bliebe doch die Möglichkeit einer fahrlässigen Steuerverkürzung nach § 367 (402) RAbgO. bestehen. Gerade das Bewußtsein, von der Rechtsprechung des höchsten Finanzgerichtshofs abzuweichen, legte die Annahme einer Fahrlässigkeit besonders nahe. Der Reichsfinanzhof ist dazu berufen, die Einheit des Rechts und seiner Anwendung in Steuersachen innerhalb des Reichsgebietes zu wahren; in seinen Entscheidungen verkörpert sich jene Einheitlichkeit der Rechtsprechung. Daß der Angeklagte bei Anwendung der gebotenen Sorgfalt und Aufmerksamkeit die Bedeutung der Tragweite der Rechtsprechung des Reichsfinanzhofs für die Handhabung der Tätigkeit eines Steuerberaters nicht hätte erkennen können, hatte auch das Berufungsgericht nicht angenommen. Der Vorwurf, das steuerpflichtige Einkommen aus Brandentschädigung durch unrichtige Buchungen verschleiert zu haben, konnte auch nicht durch die bloße Tatsache entkräftet werden, daß der Angeklagte ein Brandschadenkonto angelegt hatte. Das Berufungsgericht mußte vielmehr prüfen, ob nicht der Angeklagte dadurch, daß er in die Bilanz als Brandschadenkonto auf der Schuldseite eine Summe einstellte, absichtlich den Anschein erweckte, als wäre die Brandentschädigung zur Wiederbeschaffung der vernichteten Sachen noch nicht restlos verwendet oder als wären die

Kosten für die Beschaffung von Ersatzstücken in Höhe der Rückstellung noch nicht bezahlt worden. In der neuen Verhandlung war festzustellen, ob die Brandentschädigung überhaupt über den gemeinen Wert der verbrannten Sachen hinausging. War das nicht der Fall, so war weiter zu prüfen, ob in Höhe des Unterschieds zwischen dem Buchwert und der gezahlten Entschädigung nach den vom Reichsfinanzhof entwickelten Rechtsgrundsätzen eine Übertragung der stillen Rücklagen, die in den verbrannten Sachen gesteckt hatten, auf Ersatzgegenstände in Frage kam. Soweit solche stille Rücklagen nicht übertragbar waren, mußte der Überschuß der Brandentschädigung über den Buchwert als Gewinn angesehen werden. (VI, 26. Juni 1934.) Amtl. Sammlg. S. 234—238.

Vgl. Bd. 56 S. 397; Bd. 62 S. 110.

72. **Schwerer Raub. Mitführen von Waffen. Versuch. Rücktritt. Innere Hemmung.** (StGB. §§ 43, 46, 243, 250.) Ein Bursche lauerte einem alten Manne auf, um ihn zu berauben. Er hatte einen Holzstiel gefunden und mit sich genommen. Mit diesem schlug er den Mann nieder, wurde aber beim Anblick des Erfolges dieses Schlages von solchem Schrecken erfaßt, daß er den Mut verlor, die Tat fortzusetzen. Er wurde wegen Versuchs des schweren Raubes verurteilt; als Erschwerung wurde angesehen, daß er ein Taschenmesser mit sich führte, das als Waffe erachtet wurde. Das Reichsgericht verwarf seine Revision, erklärte aber, daß das Taschenmesser nicht als Waffe in Betracht komme. Ein gewöhnliches Taschenmesser ist keine Waffe im technischen Sinne, kein Gegenstand, der seiner Natur nach dazu bestimmt ist, als Waffe für den Angriff oder die Verteidigung benutzt zu werden. Im Strafgesetzbuch (§§ 223a, 243, 250) wird allerdings das Wort Waffe in weiterem Sinne gebraucht, und in diesem Sinne ist auch ein Taschenmesser als Waffe anzusehen. Bei Anwendung des § 243 (schwerer Diebstahl) und des § 250 (schwerer Raub) muß aber die Einschränkung gemacht werden, daß der Täter wenigstens mit der Möglichkeit gerechnet haben muß, den Gegenstand bei der Tat als Waffe zu verwenden; sonst könnte jemand, der ein Taschenmesser bei sich trägt, immer nur einen schweren Raub oder Diebstahl begehen. Die Gefährlichkeit eines an sich harmlosen Gegenstandes kann sich erst ergeben,

wenn mit seiner Verwendung als Waffe wenigstens gerechnet wird. Das war im vorliegenden Falle nicht nachgewiesen. Dagegen war der Holzstiel, den der Angeklagte bei Begehung der Tat verwendet hatte, als gefährliches Werkzeug und demgemäß als Waffe anzusehen. Der Angeklagte hatte diese Waffe auch bei der Begehung der Tat mit sich geführt. Dafür ist nicht erforderlich, daß sich der Täter schon vorbereitenderweise mit der Waffe versehen haben muß oder daß er sie nach Begehung der Tat mit sich nimmt. Der Grund dafür, daß beim Diebstahl oder Raub eine Strafverschärfung für den Fall vorgesehen ist, daß der Täter eine Waffe mit sich führt, liegt in der besonderen Gefährlichkeit dieses Tatumstandes; die Verwendung der Waffe aber ist noch gefährlicher als ihr bloßes Bereithalten. Freiwilligen Rücktritt vom Versuch hatte das Landgericht mit Recht nicht angenommen. Allerdings war der Täter von der Tat zurückgetreten, ohne durch äußere Störungen an der Vollendung gehindert zu sein; aber auch eine innere Hemmung des Täters kann einen Umstand bilden, der von seinem Willen unabhängig ist. Der Angeklagte hatte die Vollendung der Tat nicht aus freiem Entschluß aufgegeben, sondern weil er zufolge seines Schreckens zur Durchführung unfähig geworden war. Der Rücktritt war also nicht freiwillig. (I, 26. Juni 1934.)

Amtl. Sammlg. S. 238—240.

73. Klausurarbeit. Urkundenfälschung. Irrtum. Versuch. Rücktritt. (StGB. §§ 43, 46, 59, 267.) Der Student T., der zur Anfertigung der Klausurarbeit vorgeladen war, beredete seinen Freund K., daß dieser die Arbeit für ihn schreiben solle. K. fand sich am Pfingsttag im Klausursaal ein, antwortete beim Aufruf des Namens T. mit „hier", nahm den für T. bestimmten Platz ein, fertigte die Arbeit, unterschrieb sie mit dem Namen T. und lieferte sie ab. Das gleiche tat er am folgenden Tage. Einer der Prüflinge, der ihn kannte, drohte ihm, den Sachverhalt zu melden. Er teilte das T. mit. Sie wurden einig, daß T. den Rücktritt von der Prüfung erklären solle. K. schrieb in diesem Sinne an das Prüfungsamt und unterzeichnete das Schreiben im Einverständnis mit T. mit dessen Namen. Das Schreiben wurde durch einen Boten beim Prüfungsamt abgegeben. K. wurde wegen Urkundenfälschung, T. wegen Anstiftung dazu verurteilt. Ihre Revision hatte keinen Erfolg. Die Klausurarbeiten waren Privaturkunden, die zum Beweis von Rechten und Rechtsverhältnissen von Erheblichkeit waren. Sie stellten bei Berücksichtigung der Prüfungsvorschriften und des Herkommens die verkörperte Gedankenäußerung des Unterzeichners dar, daß er sie persönlich angefertigt habe; in Verbindung mit dem Vermerk des Aufsichtsbeamten, daß sie unter Aufsicht angefertigt worden seien, waren sie geeignet und bestimmt, für diese rechtserhebliche Tatsache Beweis zu liefern. In dem rechtlich geordneten Prüfungs- und Anstellungsverfahren konnten sie zum Beweis des Rechtsverhältnisses und der Rechte von Erheblichkeit sein, die sich aus der Beurteilung der Arbeiten und dem hierauf beruhenden Reifezeugnis ergaben. Daß T. nicht beabsichtigte, von dem aus dem Bestehen der Prüfung folgenden Rechtsverhältnis Gebrauch zu machen und dies auch dem Prüfungsamt gegenüber erklärt hatte, daß ferner die Klausurarbeiten später wegen des Rücktritts des Angeklagten T. ihre Bedeutung verloren, war für die von der Lage des Einzelfalls unabhängige Beurteilung der Beweiserheblichkeit ohne Belang. K. hatte dadurch, daß er die beiden Klausurarbeiten mit dem Namen des T. unterzeichnete, die darin enthaltenen Privaturkunden fälschlich angefertigt, indem er ihnen den Anschein verlieh, als seien sie von einem anderen ausgestellt worden als von dem, der sie wirklich ausgestellt hatte. Das Merkmal der fälschlichen Anfertigung und die Rechtswidrigkeit dieser Handlung werden durch die Zustimmung des Namensträgers jedenfalls dann nicht beseitigt, wenn dieser, wie im vorliegenden Falle, sein Einverständnis mit dem fälschlichen Gebrauch seines Namens gerade zu dem Zweck erteilt, daß sich der andere selbst als den Namensträger ausgibt und so ein falscher Schein hinsichtlich des Urhebers der urkundlichen Erklärung erweckt wird. Durch die Übergabe der von ihm unterzeichneten Klausurarbeiten an den Aufsichtsbeamten hatte K. von den fälschlich angefertigten Urkunden zum Zweck einer Täuschung Gebrauch gemacht; der Aufsichtsbeamte sollte über die Person dessen, der die Arbeiten angefertigt hatte, getäuscht und dadurch bestimmt werden, die Arbeiten als solche des T. mit der Bestätigung, daß sie von T. unter seiner Aufsicht angefertigt worden seien, an die Prüfungskommission zur Würdigung weiter zu leiten. Der Umstand, daß es dem Täter in letzter Linie auf die Täuschung der Prüfungskommission ankam und daß der Aufsichtsbeamte, selbst getäuscht, die Täuschung nur weitergeben sollte, stand der Annahme der Vollendung der Urkundenfälschung nicht entgegen. Auch dadurch wurde die Annahme der Vollendung nicht gehindert, daß die beiden überreichten Klausurarbeiten nur Teilgrundlagen für die von der Prüfungskommission zu treffende Entscheidung bilden sollten und wegen Nichtlieferung der weiteren Beurteilungsgrundlagen ihre Bedeutung verloren. Die Urkundenfälschung ist mit dem Gebrauchmachen zum Zwecke der Täuschung vollendet; es gehört nicht dazu, daß der Zweck der Täuschung, geschweige denn, daß das darüber hinausgehende Endziel verwirklicht wird. Auch der innere Tatbestand war ausreichend nachgewiesen. K. war sich bewußt, daß er Urkunden fälschlich anfertigte und gebrauchte. Sein angeblicher Irrtum über die Urkundeneigenschaft der Klausurarbeiten war strafrechtlich unbeachtlich, da es sich hierbei lediglich um eine rechtliche Gruppierung in den im § 267 StGB. erwähnten Sammelbegriff handelte, nicht aber um Tatumstände im Sinne des § 59 StGB. Auch der Irrtum, daß wegen der Zustimmung des T. zur Unterzeichnung mit seinem Namen nicht das Merkmal der fälschlichen Anfertigung und ihrer Rechtswidrigkeit erfüllt sei, war in derselben Weise zu beurteilen; es ist ein aus dem Wesen der Urkundenfälschung sich ergebender strafrechtlicher Grundsatz, daß durch die Zustimmung des Namensträgers zum fälschlichen Gebrauch seines Namens nicht das Merkmal der fälschlichen Anfertigung und ihrer Rechtswidrigkeit beseitigt wird, wenn gerade die Erweckung eines falschen Anscheins hinsichtlich des Urhebers der Erklärung bezweckt wird. Da die Urkundenfälschung vollendet war, kam Rücktritt von einem Versuch nicht in Frage. (I, 26. Juni 1934.)

Amtl. Sammlg. S. 240—244.

Vgl. Bd. 5 S. 151; Bd. 16 S. 325; Bd. 22 S. 377; Bd. 26 S. 220; Bd. 37 S. 196; Bd. 43 S. 348.

74. **Beweisantrag. Sitzungsprotokoll. Beweiskraft.** (StPO. § 274.) Der Urkundsbeamte der Geschäftsstelle hatte in die Sitzungsniederschrift eine Erklärung des Angeklagten aufgenommen, die sich als förmlicher Beweisantrag darstellte. Der Vorsitzende hatte diesen Teil des

Protokolls selbständig abgeändert. Nach Eingang der Revisionsbegründung, die sich auf diesen Beweisantrag stützte, erklärte sich der Protokollführer mit der Änderung einverstanden. Unter diesen Umständen konnte der Änderung keine Beweiskraft beigelegt werden. Es müssen hier dieselben Grundsätze gelten, die für eine nach Rüge vorgenommene Protokollberichtigung maßgebend sind. Demnach hat freie Beweiswürdigung platzzugreifen. Der in der Erklärung des Angeklagten liegende Beweisantrag war nicht verbeschieden worden. Das war eine Verfahrensverletzung. Das Urteil beruhte aber nicht auf diesem Verstoß. (II, 18. Juni 1934.) Amtl. Sammlg. S. 244—245.

Vgl. Bd. 43 S. 1; Bd. 63 S. 408.

75. **Aktiengesellschaft. Geschäftsbericht. Falsche Angaben. Rücklagen. Stille Reserven.** (HGB. §§ 237, 260 a.) Die Geschäftsberichte der Aktiengesellschaften müssen richtig sein; sie brauchen aber nicht vollständig zu sein. § 260 a Abs. 4 HGB. gestattet das Verschweigen gewisser Geschäftsvorgänge, jedoch nur mit der Einschränkung, daß das Verschweigen nicht zu falschen Angaben führen darf. Als Ganzes muß der Geschäftsbericht ein richtiges Bild geben. Ein Anteil am Jahresgewinn, der den Mitgliedern des Vorstandes gewährt wird, ist nach § 237 HGB. von dem nach Vornahme sämtlicher Abschreibungen und Rücklagen verbleibenden Reingewinn zu berechnen. Unter einer Rücklage im rechtlichen Sinne ist nach allgemeinen Begriffen alles zu verstehen, was nicht verteilt wird, sondern zur Verfügung der Gesellschaft bleibt. Demgemäß gehören auch stille Reserven zu den Rücklagen. Dabei ist es ohne Belang, ob die stille Rücklage einer inländischen Aktiengesellschaft sich bei einer ausländischen Tochtergesellschaft oder an einer anderen Stelle ansammelt. Im gegebenen Falle war das um so gewisser anzunehmen, als die in Holland befindliche Tochtergesellschaft im inneren Verhältnis in weitgehendem Maße von der italienischen Muttergesellschaft abhängig war und deren Weisungen auszuführen hatte, also nur nach außen hin eine nach holländischem Rechte zu beurteilende Aktiengesellschaft war. Rechtlich bedeutungslos war daher, ob das holländische Recht eine dem § 237 HGB. entsprechende Vorschrift kennt. (III, 28. Juni 1934.) Amtl. Sammlg. S. 245—247.

Vgl. Bd. 91 S. 316.

76. **Lebensmittel. Nährmittel. Heilmittel. Malzextrakt. Irreführende Angabe.** (LebMG. §§ 4, 13.) Malzextrakt wurde unter der Bezeichnung „Vitamana" vertrieben. Auf den Werbezetteln wurde unter Anführung zahlreicher Krankheiten und krankhafter Zustände mitgeteilt, daß der Vitamin-Malzextrakt als heilendes Mittel für diese Krankheiten von guter Wirkung sei; auf den Aufschriften der Packungen dagegen war angegeben, daß es sich nicht um ein Heilmittel, sondern um ein Nähr- und Kräftigungsmittel handle. Die Verurteilung wegen irreführender Angaben wurde bestätigt. Der Annahme, daß Malzextrakt als ein Lebensmittel zu betrachten sei, stand nicht entgegen, daß Malzextrakt in einzelnen Krankheitsfällen, jedoch nur unter bestimmten Umständen und mittelbar, eine heilende Wirkung hat und deshalb in diesem beschränkten Sinne auch als Heilmittel bezeichnet werden kann. Entscheidend ist der überwiegende Verwendungszweck. Als irrig wurde die Auffassung zurückgewiesen, daß es auf den Willen des Verkäufers ankomme und daß das Lebensmittelgesetz nicht anwendbar sei, wenn eine Ware als Heilmittel verkauft werde. Eine irreführende Angabe war in den Angaben der Werbezettel zu erblicken. Entscheidend ist der Eindruck, den solche Angaben nach der Lebenserfahrung auf den jeweils in Betracht kommenden Abnehmerkreis machen, und die Vorstellung, die in diesen hervorgerufen wird. Einfache Leute auf dem Lande, an die sich die Angaben im wesentlichen wandten, mußten den Eindruck empfangen, es handle sich um eine gerade für ihre Leiden wirksame Arznei, die man ohne ärztliche Prüfung des besonderen Falles und ohne Verordnung nur einzunehmen brauche, um eine heilende Wirkung zu verspüren. Die gegenteilige Angabe auf den Packungen war für die äußere Wirkung dieser Angaben bedeutungslos. Als Angaben waren alle tatsächlichen Erklärungen anzusehen, die irgendeine, sei es auch nur mittelbare Beziehung zu der Beschaffung der Ware, zu ihrer Stofflichkeit, hatten. Dazu gehören auch Angaben über den inneren Wert von Lebensmitteln und ihre Wirkung auf kranke und gesunde Menschen. (I, 29. Juni 1934.)

Amtl. Sammlg. S. 247—249.
Vgl. Bd. 52 S. 260; JW. 1931 S. 1968, 1934 S. 840.

77. Sicherungsverwahrung. Frühere Verurteilung. Rückfallverjährung. Unterbrechung. (StGB. § 20 a; GewohnhVerbrG. Art. 5). H. war zweimal rechtskräftig wegen Verbrechens zu Freiheitsstrafen von mehr als sechs Monaten Gefängnis verurteilt worden; nach dem 1. Januar 1934 verbüßte er auf Grund eines dritten, vor diesem Tage ergangenen Urteils eine Gefängnisstrafe von 6 Monaten. Zwischen der Rechtskraft der zweiten Verurteilung und der der dritten Verurteilung zugrundeliegenden Tat lagen mehr als 5 Jahre. Das Landgericht lehnte deshalb den Antrag auf nachträgliche Anordnung der Sicherungsverwahrung ab. Die Rückfallsverjährung war nach seiner Auffassung auch dadurch nicht unterbrochen, daß H. zwischen der zweiten und dritten Verurteilung noch zweimal zu Gefängnisstrafen von 4 Monaten und 2 Monaten verurteilt worden war. Das Reichsgericht billigte diese Auffassung. Die nachträgliche Anordnung der Sicherungsverwahrung ist in Art. 5 GewohnhVerbrG. zwar in enger Anlehnung an § 20 a StGB., aber doch völlig selbständig geregelt. Bevor an eine Prüfung herangetreten werden kann, ob der Verurteilte nach der Gesamtwürdigung seiner Taten ein gefährlicher Gewohnheitsverbrecher ist und die öffentliche Sicherheit seine Sicherungsverwahrung erfordert, muß festgestellt werden, daß er vor dem 1. Januar 1934 mindestens dreimal wegen eines Verbrechens oder vorsätzlichen Vergehens zu Todesstrafe, Zuchthaus oder Gefängnis von mindestens 6 Monaten verurteilt worden ist. Wenn weiter bestimmt ist, daß eine frühere Verurteilung nicht in Betracht kommt, falls zwischen dem Eintritt ihrer Rechtskraft und der folgenden Tat mehr als 5 Jahre verstrichen sind, so kann kein Zweifel daran bestehen, daß als frühere Verurteilung überhaupt nur eine solche der angegebenen Art in Frage kommt. Andere Verurteilungen, die eine geringere Strafe aussprechen, sind nicht geeignet, die Rückfallsverjährung zu unterbrechen, sie haben nur für die Frage Bedeutung, ob der Verurteilte innerhalb der fünfjährigen Frist eine Freiheitstrafe verbüßt hat und ob deshalb die Rückfallsverjährung solange geruht hat. (II, 2. Juli 1934.)

Amtl. Sammlg. S. 249—251.
Vgl. DRZ. 1934 S. 382.

78. **Öffentliche Urkunde. Aufenthaltsgenehmigung. Amtsanmaßung. Bestechung. Mittäterschaft. Nebentäterschaft.** (StGB. §§ 47, 132, 267, 268, 332.) Zwei Polizeibeamte, J. und M., fertigten Aufenthaltsgenehmigungen unter Fälschung der Unterschrift des zuständigen Beamten des Fremdenamts des Polizeipräsidiums an und leiteten sie an das Paßamt weiter; dort wurden von den zuständigen Beamten, welche die Fälschungen nicht erkannten, die Aufenthaltsgenehmigungen in die Pässe der Ausländer eingetragen und diesen ausgehändigt. Das Landgericht hatte angenommen, daß es sich nur um die Fälschung von Privaturkunden gehandelt habe, weil die Aufenthaltsgenehmigungen nicht zur Aushändigung an die Ausländer, die darum nachgesucht hatten, bestimmt waren. Das Reichsgericht erklärte diese Auffassung für rechtsirrig. Die Aufenthaltsgenehmigung war eine amtliche Verfügung, durch welche die Willenserklärung einer öffentlichen Behörde beurkundet und zu öffentlichem Glauben bewiesen wurde. Aus der Tatsache, daß gegen die Versagung eine Beschwerde zulässig war, ergab sich, daß ihr selbständige Bedeutung zukam, daß sie nicht nur eine innerdienstliche Mitteilung an eine andere Dienststelle derselben Behörde darstellte. Daß die Akten des Fremdenamts der öffentlichen Einsicht nicht zugänglich waren, machte nichts aus. Die Ausländer erhielten von den Aufenthaltsbewilligungen spätestens beim Rückempfang ihrer Pässe Kenntnis. Ein Gebrauchmachen von den Urkunden zum Zwecke der Täuschung lag darin, daß die Angeklagten die Urkunden mit dem Willen in den Geschäftsgang des Polizeipräsidiums gaben, die Paßstelle über die Echtheit der Aufenthaltsgenehmigung zu täuschen. Bei der Verfälschung selbst hatte M. die Urkunden entworfen und als entwerfender Beamter gekennzeichnet, während J. die Unterschrift des zuständigen Beamten fälschte. Hiernach handelten beide unter Verteilung der Rollen in bewußtem und gewolltem Zusammenwirken zur Erreichung des nur durch die gemeinsame Tätigkeit zu erzielenden Erfolges; jeder betrachtete die Tat als seine eigene. Das genügte, um Mittäterschaft anzunehmen. Eine solche ist bei der Urkundenfälschung in der Weise möglich, daß jeder Beteiligte den ganzen Erfolg als seinen eigenen verursachen, seine eigene Tätigkeit auf Grund eines gemeinschaftlichen Entschlusses

durch die Teilhandlungen eines anderen vervollständigen und auch sie sich zurechnen lassen will. Eine Amtsanmaßung war in den Handlungen der Angeklagten nicht zu finden; sie wollten mit den Fälschungen nicht Handlungen vornehmen, die nur kraft eines öffentlichen Amtes vorgenommen werden durften, sondern sie wollten bei anderen den Eindruck hervorrufen, als hätten die Beamten, deren Unterschriften sie fälschten und die zur Vornahme jener Amtshandlungen berechtigt waren, diese vollzogen. Die Angeklagten hatten für die Beschaffung der Aufenthaltserlaubnis Geldgeschenke in Empfang genommen. Ihre Verurteilung wegen Bestechung unterlag keinen Bedenken. Die als Gegenleistung für das Entgelt vorzunehmende Handlung muß eine solche sein, die in das Amt oder den Dienst des Beamten einschlägt. Das traf hier insofern nicht zu, als die endgültige Erteilung der Aufenthaltserlaubnis ausschließlich dem Sachbearbeiter des Fremdenamts zukam. Es genügt aber, wenn die Handlung ihrer Natur nach mit dem Amt oder dem Dienst des Beamten in einer nicht nur äußeren losen Beziehung steht. Die Angeklagten hatten die Aufenthaltsgenehmigungen vorzubereiten, die Verfügungen zu entwerfen, gegenzuzeichnen, das Dienstsiegel beizufügen, die Entwürfe dem Sachbearbeiter vorzulegen und nach der Unterzeichnung an die Paßstelle weiterzuleiten. Das Landgericht hatte angenommen, daß die Angeklagten bei der Bestechung als Nebentäter gehandelt hätten. Hierin lag eine Verkennung des Begriffs der Nebentäterschaft. Eine solche liegt nur vor, wenn verschiedene Täter ohne das verknüpfte Band des Willens zusammenzuwirken, die als Ursachen anzusehenden Bedingungen gesetzt haben, die in ihrer Vereinigung oder auch für sich allein den Erfolg herbeizuführen geeignet sind. Das traf hier schon deshalb nicht zu, weil die beiden Angeklagten Hand in Hand gearbeitet hatten, auch die empfangenen Geschenke unter sich geteilt hatten. Es lag also Mittäterschaft vor. Daß die Geschenke immer von M. in Empfang genommen und nur mittelbar an J. gelangt waren, stand dem nicht im Wege. (II, 2. Juli 1934.)

Amtl. Sammlg. S. 251—256.

Vgl. Bd. 19 S. 145; Bd. 42 S. 161; Bd. 48 S. 48; Bd. 49 S. 33; Bd. 52 S. 269; Bd. 55 S. 79; Bd. 56 S. 362; Bd. 58 S. 279.

79. Wahldeutige Feststellung. Umgestaltung der Strafklage. Plenarentscheidung. (StPO. §§ 261, 264.) Eine gestohlene Sache wurde im Besitz eines Mannes gefunden, der schon wiederholt wegen Diebstahl bestraft worden war. Es wurde Anklage wegen Diebstahl im Rückfall gegen ihn erhoben. In der Verhandlung konnte nicht festgestellt werden, wie er in den Besitz der Sache gelangt war. Das Landgericht verurteilte ihn wegen Hehlerei. Der Staatsanwalt legte Revision ein. Nach früheren Entscheidungen des Reichsgerichts sind wahldeutige Feststellungen zulässig, wo lediglich verschiedene Ausführungshandlungen eines und desselben Verbrechens oder Vergehens in Betracht kommen, die, auch wenn sie in verschiedenen Vorschriften untergebracht sind, doch keinen verschiedenen Tatbestand ergeben und vom Gesetz als gleichwertig angesehen werden; sie sind unzulässig, wo verschiedene Tatbestände in Frage stehen, die in tatsächlicher und rechtlicher Beziehung dergestalt von einander abweichen, daß der eine den anderen ausschließt und abweichend von ihm zu beurteilen ist. Der entscheidende Strafsenat wollte von dieser Auffassung abweichen und eine Verurteilung auf Grund wahldeutiger Feststellungen innerhalb der Grenzen, die sich für die Umgestaltung der Strafklage aus § 264 StPO. ergeben, für unbeschränkt zulässig erklären. Die vereinigten Strafsenate gingen nicht so weit; sie erklärten aber innerhalb der angegebenen Grenzen eine Verurteilung für zulässig, wenn das Gericht zu der Überzeugung gelangt, daß der Angeklagte eine fremde bewegliche Sache entweder einem anderen in der Absicht rechtswidriger Zueignung weggenommen oder seines Vorteils wegen an sich gebracht hat, obwohl er wußte oder den Umständen nach annehmen mußte, daß sie mittels eines Diebstahls erlangt war; die Verurteilung hat nach dem Gesetz zu erfolgen, das nach der besonderen Lage des Falles die mildeste Bestrafung zuläßt. Die den Gerichten zugewiesene Aufgabe besteht in erster Reihe in der Rechtsanwendung, also in der Prüfung, ob ein Lebensvorgang unter das Gesetz fällt; hierbei muß der Wille des Richters dem des Gesetzgebers untergeordnet werden. Die den vereinigten Senaten obliegende Aufgabe ging weiter. Sie waren berechtigt und verpflichtet, bei der Entscheidung der streitigen Rechtsfrage, die im Gesetz keine Regelung gefunden hatte, zur Ergänzung dieser im Verfahrensrecht vorhandenen Gesetzeslücke mit dem Ziele, rechtsschöpferisch tätig zu werden, hiermit eine über den einzelnen Fall hinausgreifende Wirkung auf die Rechtsprechung zunächst des Reichsgerichts, weiterhin aber auch der übrigen Gerichte auszuüben. Bei dieser ergänzenden Rechtsfindung müssen sie gleich dem Gesetzgeber arbeiten. Dieser richtet seine der Ordnung des Strafverfahrens gewidmeten Vorschriften mit Regeln und Ausnahmen jeweils so ein, daß er die Erreichung seiner Absichten, vornehmlich die Wahrheitsermittlung und die gerechte Verwirklichung der dem Schuldigen auferlegten Schmälerung seiner Rechtsgüter, als gewährleistet ansehen kann. Demnach waltete kein rechtliches Bedenken dagegen ob, daß die vereinigten Senate bei der Beantwortung der streitigen Rechtsfrage entweder die bisher in der Rechtsprechung des Reichsgerichts festgehaltenen Umstände umstießen und einem neuen Grundsatz Geltung verschafften oder aber die bisher entwickelten Grundsätze aufrecht hielten und ihnen lediglich eine Ausnahme anfügten. Die Rücksicht auf die Sicherheit der Urteilsfindung und die Gerechtigkeit der Urteilswirkung führten zur Wahl des zweiten Weges. Würden wahldeutige Feststellungen schrankenlos zugelassen, so würde das Gewicht der geistigen Arbeit, die der Richter zu leisten hat, um das Bild des von der Klage erfaßten Lebensvorgangs in sich zu gestalten, von der Bejahung zur Verneinung übergehen. Für die Verurteilung wäre nicht mehr zu fordern, daß der Richter aus dem, was vor ihm vorgetragen worden ist, den Schluß auf einen gewissen Hergang der Tat bejahend zieht, um dann in die rechtliche Würdigung einzutreten; vielmehr wäre die Verurteilung auch zulässig, wenn der Richter angesichts mehrerer in seiner Vorstellung begründeter tatsächlicher Möglichkeiten, die er alle als strafbar ansieht, verneinend folgerte, daß mit keiner anderen Möglichkeit zu rechnen sei. Eine solche verneinende Stellungnahme ist jedoch einer Täuschung, einem Übersehen, noch weit mehr ausgesetzt als das bejahende Fürwahrhalten eines Geschehens, das in allen rechtlich wesentlichen Zügen erkannt wird. Freilich ist eine vollkommene Gewißheit über den Tathergang dem menschlichen Erkenntnisvermögen überhaupt versagt. Eine Ungewißheit muß regelmäßig in vielen Einzelheiten hingenommen werden, die für die gerichtliche Entscheidung unerheblich sind oder äußerstenfalls das Strafmaß beeinflussen. Bleibt aber der Richter in der Bemühung um Erforschung der Wahrheit so weit zurück, daß er keinen bestimmten, tatbestandsmäßigen Vorgang zu erkennen vermag, sondern in seinen Gedanken nur eine Mehrheit von Gestaltungen vorfindet, die insgesamt die undeutlichen Erscheinungsformen bloßer Möglichkeiten zeigen, so rückt die Gefahr eines Irrtums bedenklich näher; sie erhebt sich um so drohender, je größer die Zahl der sich wahlweise anbietenden Möglichkeiten und je vielfältiger ihre Art ist. In einer solchen Unklarheit hat die nach § 261 StPO. zu erfordernde Überzeugung keinen zuverlässigen Boden. Der nachteilige Einfluß auf die Urteilswirkung wiegt nicht minder schwer. Der Zweck der Urteilsformel besteht bei der Verurteilung nicht allein in der Festsetzung der Strafe, die der Angeklagte zu erleiden hat; der Erklärung über den strafrechtlichen Gehalt der Tat, die das Gericht gegenüber dem Verurteilten und in Beziehung auf ihn abgibt, kommt keine geringere Bedeutung zu. Wahlweise getroffene Feststellungen beeinträchtigen diese Erklärung. Da sich der Richter nicht bis zur Gewißheit durchgerungen hat, was geschehen ist, kann er die ihm hier obliegende Aufgabe nur unzulänglich erfüllen. Wenn er je nach Lage des Falles eine größere oder kleinere Zahl möglicherweise vorliegender Verbrechen oder Vergehen in der Urteilsformel kundgibt, entbehrt sein Spruch insofern, als er die in Wirklichkeit begangene strafbare Handlung berührt, der Stärke und Wucht, ohne die kein nachhaltiger Eindruck erreicht wird; andererseits belastet er den Verurteilten durch die Anführung der Möglichkeiten, hinter denen keine Wirklichkeit steht, zu unrecht mit einem öffentlich bescheinigten Verdacht. Deshalb ist daran gelegen, daß gerichtliche Entscheidungen, die sich als unsichere, schwankende Erklärungen kennzeichnen, im Strafverfahren nicht weiter um sich greifen, als ein zwingendes Bedürfnis es verlangt. Die getroffene Entscheidung begnügte sich mit dem, was die Erledigung der anhängigen Sache ermöglichte. Es kommt häufig vor, daß das Gericht aus dem Ergebnis der Hauptverhandlung die Überzeugung schöpft, daß eine Sache gestohlen worden ist, und daß der Angeklagte sie nur als Dieb oder Hehler an sich gebracht haben kann, daß aber die

Bemühung um Feststellung, ob er die eine oder die andere strafbare Handlung begangen hat, trotz sorgfältiger Erschöpfung aller verfügbaren Erkenntnismittel scheitert. Die Befolgung der bisher vom Reichsgericht festgehaltenen Grundsätze zwingt in solchen Fällen zur Freisprechung. Das ist ein Mißstand, der Abhilfe erheischt. Die Stellungnahme der vereinigten Senate gestattet für die Zukunft, in solchen Fällen zu erkennen, der Angeklagte sei des Diebstahls oder der Hehlerei schuldig. Auf die Tat ist das Gesetz anzuwenden, das nach der besonderen Art des Falles die mildeste Bestrafung zuläßt; Nebenstrafen und Nebenfolgen dürfen nur ausgesprochen werden, wenn auch das andere in Betracht kommende Gesetz sie androht. Die Ausgestaltung im einzelnen bleibt der weiteren Entwicklung überlassen. (Vereinigte Strafsenate, 2. Mai 1934.)

Amtl. Sammlg. S. 257—263.
Vgl. Bd. 53 S. 231; Bd. 56 S. 61.

80. **Unlauterer Wettbewerb. Strafantrag. Konsumverein. Geschäftlicher Betrieb. Vereinsvorstand. Beauftragter. Gesetzesauslegung.** (UnlWG. §§ 12, 22; StGB. § 61.) Mit einem großen Werk war ein Konsumverein verbunden, dem die in dem Werk tätigen Angestellten und Arbeiter ohne Beitragsleistung als Mitglieder angehörten. Er hatte den Zweck, für die Mitglieder unter Benutzung der von der Betriebsleitung des Werks unentgeltlich zur Verfügung gestellten Räumlichkeiten Lebensmittel zu beschaffen und zu verabreichen. Infolge der großen Zahl der im Werk beschäftigten Angestellten und Arbeiter hatte er einen beträchtlichen Umsatz und wurde kaufmännisch verwaltet. In das Vereinsregister war er nicht eingetragen. Einem Verband zur Bekämpfung unlauteren Wettbewerbs ging eine nicht unterzeichnete Mitteilung zu, daß der Vorstand dieses Konsumvereins von den Lieferanten Schmiergelder angenommen habe. Der Verband nahm Ermittlungen vor und erstattete Anzeige beim Polizeipräsidium; zugleich stellte er Strafantrag. Das Polizeipräsidium gab die Ermittlungen und die Anzeige an einen anderen Verband zur Bekämpfung unlauteren Wettbewerbs; dieser stellte gleichfalls Strafantrag. Der Antrag war vom Generalsekretär des Verbands in Vollmacht des Vorstands unterzeichnet. Die

gegen die Verurteilung eingelegte Revision hatte keinen Erfolg. Sie bemängelte vor allem den Strafantrag. Ob ein rechtsgültiger Strafantrag vorliegt, ist in jeder Lage des Verfahrens von Amts wegen zu prüfen. Die Prüfung hat sich auch darauf zu erstrecken, ob ein Strafantrag, der von einem Bevollmächtigten gestellt worden ist, durch die Vollmacht gedeckt wird. In der Revision war hervorgehoben worden, daß in der Zwischenzeit eine Veränderung des Vorstands des zweiten Verbands stattgefunden habe. Das war bedeutungslos; die Wirksamkeit einer Vollmacht, die das zuständige Organ eines Vereins ohne zeitliche Begrenzung ausgestellt hat, erlischt nicht ohne weiteres dadurch, daß in der Vorstandschaft ein Wechsel eintritt. Daß bei der Stellung eines Strafantrags Vertretung nicht nur in der Erklärung, sondern auch im Willen zulässig ist, steht außer Streit. Für die Erteilung der Vollmacht bestehen keine Formvorschriften; sie kann mündlich und stillschweigend erteilt werden, muß aber zur Zeit der Antragstellung vorliegen. Das Gericht kann von einer Beweiserhebung hierüber absehen, wenn es ohnehin schon von der Ordnungsmäßigkeit des Strafantrags überzeugt ist und keine Einwendungen erhoben werden. Der Strafantrag des ersten Verbands war verspätet gestellt worden. Das hinderte den zweiten Verband nicht, seinerseits Strafantrag zu stellen. Das Antragsrecht mehrerer Berechtigter besteht für jeden von ihnen selbständig und unabhängig von dem des anderen. Die Frist beginnt also für jeden Berechtigten in dem Zeitpunkt, in dem er selbst von der strafbaren Handlung und der Person des Täters Kenntnis erlangt, gleichgültig, ob ein anderer Antragsberechtigter diese Kenntnis schon früher erlangt hat. Bei Verbänden kommt es nicht auf die Kenntnis des einen oder anderen Mitglieds, sondern allein auf die Kenntnis des Vorstands als solchen an. Der Antrag des zweiten Verbands war also rechtzeitig gestellt. Zwischen dem ersten und dem zweiten Verband war eine Vereinbarung getroffen, wonach im Falle des Bekanntwerdens einer Straftat der erste Verband die Ermittlungen anzustellen und erst nach deren Abschluß den zweiten Verband zu verständigen hatte. Das bedeutete keine Umgehung des Gesetzes; die Vereinbarung sollte nicht die Antragsfrist verlängern, sondern nur dafür sorgen, daß ein Strafantrag erst gestellt wurde, wenn genügend sichere Grundlagen für das Vorliegen einer strafbaren Handlung sich ergeben hatten. Die Revision hatte auch bestritten, daß der Konsumverein als ein geschäftlicher Betrieb zu erachten sei. Aus den Feststellungen des Landgerichts ergab sich aber, daß der Verein im Gebiete des Handels eine Tätigkeit von gewisser Dauer entfaltet hatte, die für den Güterumsatz von wirtschaftlicher Bedeutung und mit der Erzielung von Einnahmen verbunden war. Damit waren die Merkmale eines geschäftlichen Betriebes dargetan. Eine auf Gewinnerzielung gerichtete Tätigkeit war hierfür nicht erforderlich. Auch darauf kam es nicht an, ob Waren an dritte Personen abgesetzt wurden; ein geschäftlicher Betrieb kann auch vorliegen, wenn eine Personenvereinigung Waren gegen Entgelt nur an ihre Mitglieder absetzt. Eine bestimmte rechtliche Gestaltung der Vereinigung ist dabei nicht vorausgesetzt; sie muß keine Handelsgesellschaft sein, braucht auch nicht die Eigenschaft einer juristischen Person zu haben. Bei einem nicht rechtsfähigen Verein erwerben zwar die Vereinsmitglieder von vornherein Gesamthandseigentum an den für den Verein erworbenen Gegenständen. Umsatz als Merkmal eines geschäftlichen Betriebes ist aber bereits der fortgesetzte entgeltliche Erwerb solcher Gegenstände in Verbindung mit der Aufbringung der dafür erforderlichen Mittel durch die Verteilung der Gegenstände auf die Mitglieder und die mit rechtlicher Wirkung vorgenommene Herauslösung der einzelnen Gegenstände aus dem den sämtlichen Mitgliedern als Gemeinschaft zur gesamten Hand gehörigen Vereinsvermögen und deren Übereignung an die einzelnen Mitglieder. Gegenüber der rechtlichen Seite muß aber auch die wirtschaftliche Seite beachtet werden. Hienach war es nicht so, daß etwa von vornherein jedes Vereinsmitglied von jeder Ware bestellte und der Verein nur die Gesamtheit der Bestellungen ausführte und die Verteilung der Waren auf die Besteller übernahm; der Konsumverein war vielmehr nach außen wie nach innen als selbständiges Unternehmen aufgetreten, hatte die Waren eingekauft und sie nach innen an die ihm dabei wenigstens tatsächlich wie Dritte gegenüberstehenden Mitglieder mit dem Bestreben abgesetzt, durch die zu erzielenden Einnahmen mindestens die Unkosten zu decken. An der Geschäftsmäßigkeit des mit einer kaufmännisch eingerichteten Verwaltung arbeitenden Betriebes war hiernach in keiner Weise zu zweifeln. In seiner Eigenschaft als geschäftsführender Vorstand des Vereins war der Angeklagte Beauftragter des Betriebes gewesen. Beauftragter eines geschäftlichen Betriebes ist jeder, der, ohne Angestellter oder Inhaber des Betriebes zu sein, für diesen befugtermaßen tätig wird. Die bürgerlich-rechtliche Auffassung kann nicht ohne weiteres auf die Strafvorschrift des § 12 UnlWG. übertragen werden, da für deren Auslegung andere Grundsätze gelten müssen. Der Inhaber eines geschäftlichen Betriebes kann nicht als Beauftragter in Betracht kommen. Ob das auch für Mitinhaber gilt, konnte dahingestellt bleiben, weil der Angeklagte als Mitglied des Vereins nicht Mitinhaber des von diesem Verein geführten geschäftlichen Betriebes war. Inhaber dieses Betriebes war allein die Gesamtheit der Mitglieder des Vereins in ihrer Verbundenheit zur gesamten Hand. (II, 7. Juni 1934.)

Amtl. Sammlg. S. 263—271.

Vgl. Bd. 2 S. 145; Bd. 15 S. 144; Bd. 35 S. 270; Bd. 50 S. 118; Bd. 55 S. 31; Bd. 58 S. 203, 363; Bd. 60 S. 281; Bd. 61 S. 357; Bd. 66 S. 350; Bd. 68 S. 70, 119.

81. **Sicherungsverwahrung. Öffentliche Sicherheit.** (StGB. §§ 20a, 42f.) Für die Anordnung der Sicherungsverwahrung muß festgestellt werden, daß die öffentliche Sicherheit diese Maßregel erfordert. Die Voraussetzung liegt vor, wenn nach der Persönlichkeit des Täters die Gefahr besteht, daß er auch in Zukunft erheblichere Angriffe gegen strafrechtlich geschützte Rechtsgüter irgendwelcher Art unternehmen werde, und wenn keine anderen Maßnahmen oder Umstände in Betracht kommen, die einen ausreichenden Schutz der Allgemeinheit verbürgen. Bei der Untersuchung kann nicht außer Betracht bleiben, ob die Gefährlichkeit des Verurteilten auch noch im Zeitpunkt seiner Entlassung aus der Strafhaft bestehen wird. Doch dürfen in dieser Hinsicht die Anforderungen nicht überspannt werden, da sonst der Gesetzeszweck vereitelt werden könnte. Es ist hiebei zu beachten, daß einerseits eine nachträgliche Anordnung der Sicherungsverwahrung regelmäßig nicht zulässig ist, eine infolge von überängstlichkeit geschehene Unterlassung der Anordnung also nicht

wieder gutgemacht werden kann, daß anderseits die gerichtliche Anordnung alsbald nach dem Beginn des Vollzugs nachgeprüft werden kann, wenn eine durch den Strafvollzug erreichte Besserung oder sonstige Umstände die Gefahr als beseitigt erscheinen lassen. (I, 8. Juni 1934.)

Amtl. Sammlg. S. 271—272.

Vgl. Bd. 68 S. 149.

82. **Protokollführer. Ausschließung. Verlesung von Urkunden.** (StPO. §§ 22, 31, 261, 267, 273, 274, 337, 344.) In der Hauptverhandlung wegen Verfehlungen, die in Zusammenhang mit dem Konkurs einer Beamtenbank begangen worden waren, wirkte als Protokollführer ein Urkundsbeamter mit, der Gläubiger in diesem Konkurs gewesen war. Die hierauf gestützte Revision hatte keinen Erfolg. Das Urteil beruhte nicht auf dem Sitzungsprotokoll. Auch wenn der Protokollführer gesetzlich ausgeschlossen gewesen wäre, könnte der Umstand, daß in diesem Falle das Sitzungsprotokoll ohne Beweiskraft wäre, für den Bestand des Urteils nur insoweit von Bedeutung sein, als es bei der Beurteilung der Revision auf den Inhalt des Protokolls ankäme. Das träfe zu, wenn ein in der Revision behaupteter Verfahrensverstoß deshalb nicht bewiesen werden könnte, weil dem Sitzungsprotokoll infolge Mitwirkung eines gesetzlich ausgeschlossenen Urkundsbeamten die Beweiskraft fehlte. Eine solche Behauptung war nicht aufgestellt worden. In der Revision war nur geltend gemacht, daß mehrere Urkunden im Urteil keine Berücksichtigung gefunden hätten, obwohl sie in der Verhandlung verlesen worden seien; auch im Sitzungsprotokoll sei die Verlesung nicht beurkundet worden. Die Behauptung, die Urkunden seien in der Hauptverhandlung verlesen worden, konnte aber durch das Sitzungsprotokoll auch dann nicht bewiesen werden, wenn der Urkundsbeamte nicht ausgeschlossen gewesen wäre; das Vorbringen dieser Behauptung enthielt also nur eine wirkungslose Protokollrüge. Auch wenn ein Schriftstück im Sitzungsprotokoll nicht als verlesen bezeichnet ist, kann es auf verfahrensrechtlich einwandfreie Weise zum Gegenstand der Verhandlung gemacht werden, z. B. dadurch, daß es dem Angeklagten oder einem Zeugen vorgehalten und von diesen als richtig bestätigt worden ist. Ob und in welcher Richtung der Inhalt einer Urkunde bei der Urteilsfindung zu verwerten ist,

unterliegt ausschließlich dem Ermessen des Tatrichters. Daraus, daß eine Urkunde in den Urteilsgründen nicht erwähnt ist, folgt nicht, daß sie unberücksichtigt geblieben ist; die Erörterung der Beweisgründe im Urteil ist nicht zwingend vorgeschrieben. (III, 2. Juli 1934.)

Amtl. Sammlg. S. 272—275.

Vgl. Bd. 13 S. 76; Bd. 23 S. 361; Bd. 33 S. 309; Bd. 58 S. 143; Bd. 64 S. 214.

83. **Zeuge. Früherer Ehegatte. Gesetzesauslegung.** (StPO. §§ 61, 63.) Die Vorschrift, daß der Ehegatte des Beschuldigten unbeeidigt vernommen werden kann, gilt auch für den früheren Ehegatten. Das Gesetz gewährt ihm das Recht der Verweigerung des Zeugnisses; wenn er, falls er von diesem Recht keinen Gebrauch macht, unter allen Umständen vereidigt werden müßte, wäre das ein so ungewöhnliches Ergebnis, daß der Gesetzgeber es nicht gewollt haben kann. Für Verschwägerte des Beschuldigten bestimmt das Gesetz ausdrücklich, daß sie unbeeidigt vernommen werden können, auch wenn die Ehe, durch welche die Schwägerschaft begründet worden ist, nicht mehr besteht; was aber für Verschwägerte gilt, muß erst recht für den früheren Ehegatten gelten. Das Gesetz vom 24. November 1933 ist beschlossen worden, um überflüssige Eidesleistungen zu verhindern; um so weniger kann angenommen werden, daß ein Zwang zur Vereidigung in Fällen geschaffen werden wollte, in denen vorher keiner bestand. (I, 12. Juni 1934.) Amtl. Sammlg. S. 275—278.

84. **Unternommene Verleitung zum Meineid.** (StGB. § 159.) S., gegen den ein Verfahren wegen Jagdvergehens eingeleitet worden war, berief sich auf D. als Zeugen dafür, daß er sich zu der Zeit, da die Tat verübt wurde, an einem anderen Orte befunden habe. D. wurde als Zeuge zur Hauptverhandlung geladen. S. begab sich zu ihm und sagte zu ihm, er müsse sich erinnern, damals mit ihm zusammen gewesen zu sein. D. stellte das in Abrede. S. suchte ihn dann noch wiederholt auf, machte ihm genaue Angaben über die Zeit des Zusammenseins und suchte ihn zu bestimmen, diese Angaben in seiner Aussage zu wiederholen. D. erklärte aber in der Hauptverhandlung, sich an nichts mehr genau erinnern zu können. S. wurde wegen Jagdvergehens und wegen unter-

nommener Verleitung zum Meineid verurteilt. Seine Revision hatte keinen Erfolg. Das Landgericht ging allerdings davon aus, daß er die Angaben, die er D. einzureden versuchte, selbst richtig gehalten habe; dagegen schenkte es seinem Vorbringen, er habe D. lediglich bewegen wollen, sorgfältig nachzudenken und sein Gedächtnis aufzufrischen, keinen Glauben, nahm vielmehr an, er habe den Zeugen bestimmen wollen, bei seiner Vernehmung in bestimmter Weise zu bekunden, er könne sich erinnern, den Angeklagten zu der Zeit und an dem Orte, wie dieser es darstellte, getroffen zu haben. Das Reichsgericht erklärte diese Auffassung für richtig. Der Wille des Verleitenden muß allerdings darauf gerichtet sein, der andere solle einen Meineid leisten. Hält der Verleitende die einem Zeugen zugemutete Aussage, mag sie auch in Wahrheit unrichtig sein, in seiner Vorstellung für richtig, so hat er nicht den Willen, den Zeugen zu einem Meineid zu verleiten. Die Beurteilung der Frage aber, ob man in einem bestimmten Falle sagen kann, daß die dem Zeugen zugemutete Aussage falsch gewesen wäre und daß der Verleitende sie für falsch gehalten habe, wird beeinflußt durch die Streitfrage, ob Gegenstand des Eides die beschworene Tatsache oder das Wissen oder Überzeugtsein des Schwörenden von der beschworenen Tatsache ist, ob demgemäß für die Annahme der Falschheit der Aussage die objektive Unrichtigkeit der bekundeten Tatsache oder die subjektive Auffassung des Schwörenden von der Sachlage maßgebend ist. Das Reichsgericht entschied, daß beim Zeugeneid auch die in der Eidesformel enthaltene Versicherung, nach bestem Wissen auszusagen, Gegenstand des Eides ist, daß also eine Zeugenaussage, ohne Rücksicht auf die Wahrheit oder Unwahrheit der bekundeten Tatsache, falsch ist, wenn der Zeuge etwas als sein Wissen bekundet, worüber er kein eigenes Wissen besitzt. Von diesem Standpunkt aus macht sich des Unternehmens der Verleitung zum Meineid schuldig, wer einen Zeugen zur eidlichen Bekundung einer Tatsache zu bestimmen sucht, wenn er zwar die Tatsache für wahr hält, aber weiß, daß der Zeuge von ihr kein eigenes Wissen oder keine Erinnerung mehr besitzt, und wenn er gleichwohl will, daß der Zeuge durch seine Aussage bewußt den Anschein erweckt, als bekunde er die Tatsache auf Grund eigener Wahrnehmung und eigener Erinnerung. Allerdings ist ein Erfahrungssatz, daß Personen, die als Entlastungszeugen bekannt sind, zuweilen wahrheitswidrig erklären, sie wüßten von der Sache nichts, weil es ihnen aus irgendeinem Grunde unangenehm ist, als Zeugen vor Gericht zu erscheinen. Das Landgericht war aber mit Rücksicht auf die wiederholten Einwirkungen des Angeklagten auf den Zeugen zu der Überzeugung gelangt, der Angeklagte habe erkannt, daß sich der Zeuge an den Vorfall, den er bekunden sollte, nicht mehr erinnerte. (I, 15. Juni 1934.)

Amtl. Sammlg. S. 278—284.
Vgl. Bd. 37 S. 395.

85. **Opiumgesetz. Betrug. Einziehung. Tateinheit. Gesetzeseinheit.** (OpG. § 10; StGB. §§ 73, 263.) Die Vorschrift des § 10 OpG., daß diese Strafbestimmung nur gilt, sofern nicht nach anderen Strafgesetzen eine schwerere Strafe verwirkt ist, darf nicht in dem Sinne ausgelegt werden, daß das Opiumgesetz unberücksichtigt zu bleiben hat, sofern mit seinen Strafbestimmungen der Tatbestand eines anderen Strafgesetzes, das eine schwerere Strafe androht, irgendwie zusammentrifft. Offenbar wollte der Gesetzgeber den Täter und gegebenenfalls auch Nebenbeteiligte (Einziehungsbeteiligte) nicht besser, sondern schlechter stellen, als sie ohne diese Vorschrift gestellt wären. Demgemäß kann der Zweck der Bestimmung nur dahin gehen, dem härteren Gesetz zur Geltung zu verhelfen, wenn es nach den allgemeinen Grundsätzen des Strafrechts hinter den Strafbestimmungen des Opiumgesetzes zurücktreten müßte. Dieser Fall ist nur gegeben, wenn die Voraussetzungen der Gesetzeseinheit vorliegen, wenn also die Strafbestimmungen des Opiumgesetzes den engeren Tatbestand darstellen, gegenüber einer Bestimmung, die den Verkehr mit Betäubungsmitteln aus einem umfassenderen rechtlichen Gesichtspunkt unter Strafe stellt. Wenn dagegen das Opiumgesetz mit einer anderen Strafbestimmung in Tateinheit zusammentrifft, vor allem mit einer solchen, die aus einem ganz anderen Grunde erlassen worden ist als das Opiumgesetz, so ergibt sich schon aus § 73 StGB., daß das Gesetz anzuwenden ist, das die schwerste Strafe androht. Für die Fälle der Tateinheit wäre also die Vorschrift überflüssig gewesen; sie würde in solchen Fällen überdies zu einer Besserstellung der Beteiligten

führen, da die Einziehung der Betäubungsmittel und der als solche ausgegebenen Stoffe regelmäßig nur im Rahmen der §§ 40, 42 StGB. ausgesprochen werden könnte. Die weitergehende Bestimmung des § 10 Abs. 5 OpG. anzuwenden, wäre nicht zulässig, während bei Anwendung des § 73 StGB. nach erkannten Rechtsgrundsätzen die Einziehung auch insoweit möglich ist, als sie in dem milderen Strafgesetz angedroht wird. (I, 26. Juni 1934.)

Amtl. Sammlg. S. 284—286.

Vgl. Bd. 44 S. 1; Bd. 46, S. 132; Bd. 59 S. 147.

86. **Devisen. Auskunftspflicht.** (DevVO. 1932 §§ 18, 32, 37; StGB. § 257.) Die Verletzung der Auskunftspflicht ist auch dann strafbar, wenn die Erteilung einer wahrheitsgemäßen Auskunft einer Selbstanzeige gleichkommt. In der Gesetzgebung und Rechtsprechung sind zwar verschiedene Fälle anerkannt, in denen unter bestimmten Voraussetzungen die Pflicht zur Selbstanzeige von Straftaten verneint wird; auch ist ganz allgemein die Selbstbegünstigung nicht unter Strafe gestellt. Die Devisengesetzgebung will aber durch eine planmäßige Devisenbewirtschaftung den Gefahren begegnen, die in den Zeiten schwerster, wirtschaftlicher Krise durch den Zahlungsverkehr mit dem Ausland der deutschen Währung und der gesamten deutschen Wirtschaft drohen. Der erstrebte Erfolg ist auf die Dauer nur zu gewährleisten, wenn es gelingt, alle währungspolitisch und devisenwirtschaftlich bedeutsamen Vorgänge und Handlungen zu erfassen, möglichst jede Umgehung der bestehenden Verbote hintanzuhalten und jeden Schleichweg und jede Zuwiderhandlung aufzudecken. Den mit der Durchführung der Devisenvorschriften betrauten Stellen mußten darum alle Mittel an die Hand gegeben werden, um sich die erforderlichen Einblicke zu verschaffen. Deshalb ist vorgeschrieben, daß von jedermann Auskünfte hierüber verlangt werden können. Die Vorschrift gilt auch gegenüber Personen, die sich einer Zuwiderhandlung gegen Verbotsbestimmungen schuldig gemacht haben. Das öffentliche Interesse an einer gesicherten Durchführung der dem Schutz der Volksgesamtheit dienenden Devisenbewirtschaftung geht dem Interesse des einzelnen an der Nichtentdeckung seiner Straftaten vor. (II, 28. Juni 1934.) Amtl. Sammlg. S. 286—290.

Vgl. Bd. 60 S. 254; Bd. 63 S. 233; RFH. Bd. 8 S. 6.

87. **Sicherungsverwahrung. Nachträgliche Anordnung.** (GewohnhVerbrG. § 5; AGzGewohnhVerbrG. Art. 14; StPO. §§ 201, 203, 207.) Für die nachträgliche Anordnung der Sicherungsverwahrung gelten sinngemäß die Vorschriften über das Strafverfahren. An die Stelle der Klageschrift tritt die Antragschrift der Staatsanwaltschaft; diese ist dem Angeklagten mitzuteilen. Ergibt sich hinlänglicher Verdacht dafür, daß die Voraussetzungen für die nachträgliche Anordnung der Sicherungsverwahrung vorliegen, so beschließt das Gericht die Eröffnung des Hauptverfahrens. Die Einhaltung dieser Förmlichkeiten ist Verfahrensvoraussetzung, deren Fehlen zur Einstellung des Verfahrens führt. (II, 2. Juli 1934.)

Amtl. Sammlg. S. 291.

Vgl. Bd. 24 S. 64; Bd. 31 S. 100, Bd. 67 S. 59.

88. **Entmannung. Gleichgeschlechtliche Veranlagung.** (StGB. §§ 42k, 175, 176.) Wegen unzüchtiger Handlungen mit Personen unter 14 Jahren wurde auf eine Strafe erkannt; zugleich wurde die Entmannung angeordnet. Das Reichsgericht verwies die Sache zurück. Der Angeklagte war wegen der gleichen Straftat schon zweimal rechtskräftig verurteilt worden. Das Landgericht hatte sich mit dieser Feststellung begnügt, ohne die früheren Straftaten näher zu prüfen. Das wäre schon deshalb erforderlich gewesen, weil nicht nur aus der zuletzt abgeurteilten Tat, sondern auch aus der Gesamtwürdigung der Taten, auch der früheren Taten, die Eigenschaft des Angeklagten als eines gefährlichen Sittlichkeitsverbrechers hervorgehen muß. Im vorliegenden Falle bestand dazu schon deshalb ein besonderer Anlaß, weil die neue Straftat des Angeklagten Züge einer gleichgeschlechtlichen Veranlagung aufwies. Bei Entmannungen, die an gleichgeschlechtlich veranlagten Personen vorgenommen worden sind, hat sich bisher die erstrebte Änderung der Triebrichtung nicht erreichen lassen; deshalb reichen auch frühere Bestrafungen aus § 175 StGB. nicht zur Erfüllung der Voraussetzungen der Entmannung hin. Wenn auch wegen einer aus gleichgeschlechtlicher Veranlagung begangenen unzüchtigen Handlung mit Personen unter 14 Jahren und einer aus ähnlicher Triebrichtung hervorgegangenen Vortat gleicher Art die Anordnung der Entmannung möglich ist, hat doch in solchen Fällen eine besonders sorgfältige Prü-

fung stattzufinden, ob die Allgemeinheit bei der Vornahme des Eingriffs vor weiteren Untaten des Verbrechers voraussichtlich verschont bleibt. Im gegebenen Falle hätte auch das Verhalten des Angeklagten während seiner früheren Ehe und sein Verhalten zu seiner Braut näher geprüft werden müssen. (II, 2. Juli 1934.)

Amtl. Sammlg. S. 292—294.

Vgl. Bd. 68 S. 165.

89. **Verminderte Zurechnungsfähigkeit. Mildernder Umstand.** (StGB. § 51.) Wenn wegen verminderter Zurechnungsfähigkeit die Strafe gemildert wird, darf der Geisteszustand des Täters auch noch als mildernder Umstand berücksichtigt werden, wenn die anzuwendende Gesetzesbestimmung solche zulassen. Ob das Gericht von dieser Befugnis Gebrauch machen will, ist ausschließlich seinem Ermessen überlassen. Als mildernde Umstände können Tatsachen in Betracht kommen, die geeignet sind, die strafbare Handlung in einem derartig milden Lichte erscheinen zu lassen, daß die Anwendung der ordentlichen Strafe nach Lage des Falles zu hart wäre, und zwar sowohl Umstände, die in der Person des Täters liegen, als auch solche, die sich aus dem Tatbestand der strafbaren Handlung selbst oder aus den ihr vorangehenden oder nachfolgenden Tatsachen ergeben. (II, 5. Juli 1934.)

Amtl. Sammlg. S. 294—295.

Vgl. Bd. 2 S. 354; Bd. 20 S. 266; Bd. 48 S. 308.

90. **Sicherungsverwahrung. Gewohnheitsverbrecher. Gesetzesauslegung.** (StGB. §§ 20 a, 42 e, 42 k.) Das Landgericht hatte festgestellt, daß der Angeklagte ein gefährlicher Gewohnheitsverbrecher sei, hatte aber die für diesen Fall in § 20 a StGB. vorgesehene Strafschärfung nicht eintreten lassen. Dagegen hat es nach § 42 k StGB. auf Sicherungsverwahrung erkannt. Die hiegegen gerichtete Revision des Angeklagten hatte keinen Erfolg. Nach § 42 e StGB. ist allerdings Voraussetzung dieser Anordnung, daß der Angeklagte nach § 20 a als gefährlicher Gewohnheitsverbrecher verurteilt worden ist. Die wörtliche Auslegung dieser Vorschrift kann aber jedenfalls dann nicht befriedigen, wenn die Merkmale des § 20 a StGB. zwar festgestellt worden sind, entgegen dem zwingenden Gebot dieser Vorschrift aber nicht die entsprechende Folgerung für die Strafe gezogen worden ist; der Angeklagte

wäre dann nicht nur im Strafmaß ungerechtfertigt begünstigt, sondern es müßte auch die Sicherungsverwahrung unterbleiben, obwohl die öffentliche Sicherheit ihre Anordnung erfordert. Das wäre mit dem Zweck des Gesetzes nicht in Einklang zu bringen. Es kann also nur darauf ankommen, ob gegenüber dem Angeklagten die Eigenschaft als eines gefährlichen Gewohnheitsverbrechers festgestellt ist. Dann kann die Sicherungsverwahrung angeordnet werden, auch wenn das Gericht von einem unrichtigen Strafrahmen ausgegangen ist. (II, 12. Juli 1934.) Amtl. Sammlg. S. 295—296.

91. Sicherungsverwahrung. Fortgesetzte Handlung. Gewerbsmäßigkeit. Sammelstraftat. (StGB. § 20 a; GewohnhVerbrG. Art. 5.) Wegen einer vor dem 1. Januar 1934 begangenen gewerbsmäßigen Abtreibung wurde eine Strafe erkannt und gleichzeitig Sicherungsverwahrung angeordnet. Die Anordnung wurde als nicht genügend aufgehoben. Da die Tat vor dem 1. Januar 1934 begangen worden war, hätte es des Nachweises bedurft, daß die Angeklagte schon zur Zeit der Begehung zweimal wegen Verbrechens oder vorsätzlichen Vergehens zu Freiheitstrafen von mindestens 6 Monaten rechtskräftig verurteilt worden war oder mindestens drei vorsätzliche Taten begangen hatte. Das Schwurgericht hatte diese Feststellung für nachgewiesen erachtet, weil die Angeklagte wegen fünf Taten verurteilt worden war; es hatte angenommen, der Umstand, daß diese Taten (Abtreibung, Beihilfe zur Abtreibung, versuchte Abtreibung, Kuppelei) eine Sammelstraftat darstellen, könne der Anwendung der Vorschrift nicht entgegenstehen, da anderenfalls der gewerbsmäßige Verbrecher besonders günstig gestellt wäre. Dieser Ansicht trat das Reichsgericht nicht bei. § 20 a StGB. setzt voraus, daß der Täter mindestens drei vorsätzliche Taten begangen hat und daß die Gesamtwürdigung der Taten seine Eigenschaft als gefährlicher Gewohnheitsverbrecher ergibt. Daraus folgt, daß es sich um rechtlich selbständige Taten handeln muß, die einer selbständigen Aburteilung fähig sind. Diesen Erfordernissen ist bei einer fortgesetzten Handlung nicht genügt, da diese als eine rechtliche Einheit zu betrachten und zu behandeln ist, dergestalt, daß die Einzelhandlungen, aus denen sie sich zusammensetzt, in ihr als untrennbares Ganzes aufgehen und damit der

rechtlichen Selbständigkeit entkleidet werden. Dasselbe gilt bei einer gewerbsmäßigen Straftat, deren Wesen darin besteht, daß sie mit dem Willen begangen wird, sich durch wiederholte Begehung einen fortgesetzten Erwerb zu verschaffen. Wird dieser Wille in einer Mehrheit selbständiger Straftaten verwirklicht, so werden sie kraft Gesetzes zu einer Einheit zusammengefaßt. Die Gewerbsmäßigkeit umfaßt das ganze Tun, also alle einzelnen Handlungen der fraglichen Art; diese sind nicht als selbständige Taten zu betrachten. Die Strafe der Gesamttat ist nur einmal verwirkt; die wegen einer solchen Straftat erfolgte Aburteilung deckt alle Einzelfälle, die bis zum Tag des tatrichterlichen Urteils vorgekommen sind, so daß eine abermalige Strafverfolgung wegen solcher Fälle, die später entdeckt werden, unzulässig ist. Die Anordnung der Sicherungsverwahrung war also unhaltbar. (Feriensenat, 23. August 1934.) Amtl. Sammlg. S. 297—298.
Vgl. Bd. 74 S. 308; Bd. 50 S. 243; Bd. 53 S. 59; Bd. 54 S. 318; Bd. 56 S. 54; Bd. 58 S. 19.

92. Revisionsbegründung. Urkundsbeamter. Wiedereinsetzung in den vorigen Stand. Unabwendbarer Zufall. (StPO. §§ 299, 345.) Gegen das Urteil des Landgerichts legte der verhaftete Angeklagte zu Protokoll des Urkundsbeamten Berufung ein und begründete das Rechtsmittel in gleicher Weise. Darauf wurde ihm das Urteil zugestellt. Eine weitere Erklärung wurde nicht abgegeben. Das Landgericht verwarf die Revision als unzulässig mit der Begründung, daß die bei der Einlegung abgegebene Erklärung nicht als Revisionsbegründung angesehen werden könne. Dem Antrag auf Wiedereinsetzung in den vorigen Stand wurde stattgegeben. Die falsche Bezeichnung des Rechtsmittels war unschädlich; es war als Revision zu behandeln. Eine dem Gesetz entsprechende Revisionsbegründung lag nicht vor. Der Urkundsbeamte war zwar zur Entgegennahme der Revisionsbegründung zuständig, war sich aber, wie die falsche Bezeichnung des Rechtsmittels erkennen ließ, über die Natur des Rechtsmittels als Revision nicht im klaren. Infolgedessen war anzunehmen, daß er eine Revisionsbegründung nicht hatte aufnehmen wollen. Dies amtliche Verschulden des Urkundsbeamten bedeutete für den Angeklagten einen unabwendbaren Zufall. Er durfte voraussetzen, daß er von dem

Urkundsbeamten über das zulässige Rechtsmittel und die dabei zu beobachtenden Förmlichkeiten richtig unterrichtet werde. (Feriensenat, 27. August 1934.)

Amtl. Sammlg. S. 298—300.

Vgl. Bd. 67 S. 199.

93. Urkundenfälschung. Ausländische öffentliche Urkunde. (StGB. §§ 267, 268, 271, 272, 273, 363; ZPO. §§ 415, 438.) Ein deutscher Kaufmann erwarb in Belgien Schecks über deutsche Registermark und wechselte sie in Deutschland bei einer Bank gegen deutsche Reichsmark um. Zu diesem Zweck legte er einen belgischen Paß vor, den er sich vom belgischen Außenministerium auf Grund unrichtiger Angaben hatte ausstellen lassen und der sein Lichtbild aufwies. Er wurde nach § 273 StGB. verurteilt. Seine Revision hatte keinen Erfolg. § 363 StGB. kam nicht in Frage, da der Paß weder falsch angefertigt noch verfälscht, sondern auf Grund falscher Angaben gegenüber der zuständigen Stelle erschlichen worden war. Unter öffentlichen Urkunden sind auch ausländische öffentliche Urkunden zu verstehen; der Begriff der öffentlichen Urkunde, wie er in der Zivilprozeßordnung festgelegt ist, hat auch für das Strafrecht Geltung. Das bloße Erschleichen eines belgischen Passes in Belgien ist allerdings nicht nach deutschem Recht strafbar; daraus folgt aber nicht, daß die Irreführung des inländischen Verkehrs mittels eines solchen im Ausland erschlichenen Passes straffrei ist; denn zum Tatbestand des § 273 StGB. gehört nur eine falsche Beurkundung der im § 271 StGB. bezeichneten Art, nicht auch eine nach dieser Vorschrift strafbare falsche Beurkundung. Dadurch, daß der Angeklagte den erschlichenen Paß mit seinem unwahren Inhalt benutzte, um deutsche Banken zu täuschen und sie in der ihnen vom Staat anvertrauten Nachprüfung des Verbleibens der inländischen Zahlungsmittel irrezuführen, wurden im Inland deutsche Rechtsgüter verletzt. (Feriensenat, 10. September 1934.) Amtl. Sammlg. S. 300—302.

Vgl. Bd. 42 S. 82; Bd. 58 S. 76.

94. Wiederverwendung von Postwertzeichen. Betrug. Gesetzeseinheit. (StGB. §§ 263, 276; PostG. § 27; StPO. § 354.) Ein in Untersuchungshaft befindlicher Mann wollte einen Brief absenden. Um ihn freizumachen, schnitt er von zwei verwendeten Marken die nicht bestempelten Teile ab und klebte sie so aneinander, daß sie den Anschein einer noch nicht verwendeten Freimarke boten. Bei der Briefüberwachung durch den Richter wurde die Sache entdeckt. Die Verurteilung wegen versuchten Betrugs wurde vom Reichsgericht nicht gebilligt. Nach § 276 StGB. wird bestraft, wer wissentlich schon einmal verwendete Postwertzeichen nach gänzlicher oder teilweiser Entfernung des Entwertungszeichens zur Freimachung benutzt. Wer diesen Tatbestand verwirklicht, spiegelt damit in der Regel der Postverwaltung die falsche Tatsache vor, daß das, was er auf die Postsendung aufgeklebt hat, eine noch nicht gebrauchte Postmarke sei; das tut er in der Absicht, sich rechtswidrig die Ausgabe für die Postgebühr zu ersparen, und mit dem Willen, das Vermögen der Reichspost zu schädigen. Somit erfüllt ein solches Tun auch den Tatbestand eines versuchten Betrugs nach §§ 263, 43 StGB. Es wäre nun schlechterdings unverständlich, aus welchem Grunde und zu welchem Zweck der Gesetzgeber, wenn er ein solches Tun als Betrugsversuch bestraft wissen wollte, dafür noch eine besondere Strafvorschrift mit wesentlich milderer Strafdrohung erlassen haben sollte; vielmehr wollte er damit sagen, daß ein solches Tun nur aus der besonderen und milderen Vorschrift geahndet werden soll, wenn damit lediglich die Ersparung der Postgebühr erstrebt wird. § 276 StGB. geht unter diesen Voraussetzungen als besonderes Strafgesetz dem allgemeinen Strafgesetz des § 263 StGB. vor. Da das Tun des Angeklagten nicht über einen Versuch hinausgediehen war, der Versuch des Vergehens nach § 276 StGB. aber nicht strafbar ist, auch der Versuch der Portohinterziehung nicht unter Strafe steht, erkannte das Reichsgericht auf Freisprechung. (IV, 18. September 1934.)

Amtl. Sammlg. S. 302—304.

Vgl. Bd. 24 S. 111; Bd. 51 S. 256.

95. **Eigentumsvorbehalt. Vollmacht. Untreue. Gesellschaft mit beschränkter Haftung.** (StGB. § 266; Börs.-G. § 95.) Der Geschäftsführer einer G. m. b. H. erwarb für diese Holz und verkaufte es weiter; der Verkäufer hatte sich bis zur vollen Zahlung des Kaufpreises das Eigentum vorbehalten. Der Erlös wurde für die Gesellschaft verwendet. Die Verurteilung des Geschäftsführers wegen Untreue wurde vom Reichsgericht nicht bestätigt. Die

G. m. b. H. war allerdings verpflichtet, von dem Kauferlös einen Betrag, der dem noch geschuldeten Einkaufspreise gleichkam, für den Verkäufer zu verwahren und bei Fälligkeit an ihn abzuführen. Ihr Geschäftsführer war aber nicht als Bevollmächtigter des Verkäufers anzusehen, weil er zu diesem nicht in einem Vertrauensverhältnis stand, durch das er zu seiner rechtsgeschäftlichen Vertretung gegenüber dritten Personen berechtigt war. Untreue nach dem Börsengesetz schied schon deshalb aus, weil der Angeklagte nicht Kaufmann war. Mit der Verfügung, die der Geschäftsführer einer G. m. b. H. namens der Gesellschaft und zu ihrem Nutzen über eine fremde Sache trifft, eignet er die Sache regelmäßig nicht sich zu; er kann also auch nicht wegen Unterschlagung verurteilt werden. (II, 20. September 1934.)

Amtl. Sammlg. S. 304—305.

Vgl. Bd. 63 S. 251, 334; Bd. 67 S. 266.

96. **Vollstreckungsvereitelung. Sparkassenvorstand. Strafantrag.** (StGB. § 288.) Der Vorstand einer Sparkasse stellte Strafantrag wegen Vereitelung der Vollstreckung einer der Sparkasse zustehenden Forderung. Das Reichsgericht entschied, daß er hierzu berechtigt war. Die Sparkasse war eine öffentliche Anstalt der Stadtgemeinde, ihr Vermögen war Bestandteil des Gemeindevermögens; demgemäß war an sich der Magistrat der Stadt zur Stellung des Strafantrags berechtigt. Das Vermögen der Sparkasse bildete aber ein Sondervermögen, das von den übrigen Bestandteilen des Gemeindevermögens getrennt zu halten war und von einem hierfür besonders eingesetzten Vorstande verwaltet wurde. Dieser Vorstand hatte im Verhältnis zum Magistrat die Stellung einer Verwaltungsdeputation. Er hatte die ihm übertragene Verwaltung, soweit nicht etwa die Satzung der Sparkasse eine andere Bestimmung enthielt, selbständig nach eigener Entschließung und unter eigener Verantwortung auszuüben. In der Einräumung der Befugnis zur selbständigen Verwaltung eines bestimmten Vermögensinbegriff ist aber regelmäßig zugleich die stillschweigende Ermächtigung zur Stellung von Strafanträgen zu finden, zu denen die Handhabung der Verwaltung Anlaß gibt. (II, 15. März 1934.) Amtl. Sammlg. S. 305—306.

Vgl. Bd. 19 S. 7; Bd. 38 S. 6.

97. **Totschlag. Tötung auf Verlangen. Rücktritt vom Versuch. Fehlgeschlagenes Verbrechen.** (StGB. §§ 46, 211, 216.) Ein Bursche schlug seiner Geliebten vor, gemeinsam mit ihr zu sterben. Nach langem Zureden war sie dazu bereit. Er brachte ihr mehrere Schnitte in den Arm bei, empfand aber dann Reue und sah sich um Hilfe um. Die Schnitte wären keinesfalls tötlich gewesen. Seine Verurteilung wegen versuchten Totschlags wurde vom Reichsgericht bestätigt. Tötung auf Verlangen kam nicht in Frage, weil das Mädchen zwar mit der Tötung einverstanden gewesen war, aber kein ernstliches Verlangen darnach gestellt hatte. In dem Zeitpunkt, da der Angeklagte seine Tat bereute, hatte er schon alles getan, was nach seiner Vorstellung zur Tötung des Mädchens erforderlich war. Ob und von wann an die Tätigkeit, die im Rahmen eines geplanten, aber mißglückten Unternehmens entfaltet wird, einen beendeten Versuch darstellt, entscheidet sich nach der inneren Stellungnahme des Täters, also danach, wie er sich selbst die Wirkung seines Tuns in der Richtung auf den beabsichtigten Erfolg vorgestellt hat. Rücktritt vom Versuch, der diesen straflos gemacht hätte, lag deshalb nicht vor, weil der Eintritt des Erfolgs nicht durch eigene Tätigkeit des Angeklagten abgewendet wurde, vielmehr ohnehin nicht eingetreten wäre. Beruht der Nichteintritt des Erfolgs nicht auf der späteren Tätigkeit des Täters, sondern auf einer Unmöglichkeit, die infolge Unzulänglichkeit der tatbestandsmäßigen Handlung von Anfang an feststand (fehlgeschlagenes Verbrechen), so ist § 46 Nr. 2 StGB. unanwendbar. Nur für den nichtbeendeten Versuch gilt der Grundsatz, daß der Täter, der von der Durchführung der Tat absteht, obwohl er sie noch für möglich hält, nicht deshalb unfreiwillig zurücktritt, weil der Taterfolg nicht mehr eintreten kann. Für den beendeten Versuch hat dieser Grundsatz keine Geltung. Für die Entscheidung der Frage, ob beendeter Versuch vorliegt, ist aber die innere Stellungnahme des Täters der maßgebende Ausgangspunkt. Ist der Täter durch die Vornahme neuer, auf den Erfolg gerichteter Handlungen in der Lage, den mißglückten Versuch doch noch zum Erfolg zu bringen, und unterläßt er die Vornahme dieser neuen Handlungen, so unterläßt er, wenn nach seiner Vorstellung der Versuch schon beendet ist, lediglich eine Wiederholung

des fehlgeschlagenen Verbrechens. Ein derartiges Verhalten des Täters ist schon deshalb rechtlich unbeachtlich, weil der Rücktritt vom beendeten Versuch tätiges Handeln voraussetzt, somit nicht bloßes Unterlassen neuer, auf den Erfolg gerichteter Handlungen. (II, 17. September 1934.)

Amtl. Sammlg. S. 306—310.

Vgl. Bd. 1 S. 375; Bd. 39 S. 220; Bd. 45 S. 183; Bd. 51 S. 204; Bd. 57 S. 278; Bd. 68 S. 82.

98. **Zeuge. Vereidigung. Richterliches Ermessen.** (StPO. §§ 61, 64, 261). In einem Verfahren wegen Verbrechen wider die Sittlichkeit wurden die Eltern des verletzten Kindes als Zeugen vernommen. Der Angeklagte beantragte ihre Vereidigung, das Gericht lehnte sie mit der Begründung ab, daß sie als Angehörige des verletzten Kindes besser unvereidigt gelassen würden; es wies außerdem darauf hin, daß der Vater schon in der Ehesache des Angeklagten als Zeuge eidlich vernommen worden sei. Den Aussagen der Zeugen wurde voller Glaube beigemessen. Die Revision des Angeklagten führte zur Aufhebung des Urteils. Das Gesetz zur Einschränkung der Eide im Strafverfahren hält den Grundsatz des Eidzwanges aufrecht. Es läßt eine Ausnahme bei der Vernehmung von Angehörigen des Verletzten zu mit Rücksicht auf die Voreingenommenheit, die den Verletzten und seine Angehörigen erfahrungsgemäß in vielen Fällen beherrscht. Die Entscheidung muß von der inneren Stellungnahme zu der Glaubwürdigkeit des Zeugen abhängig gemacht werden. Die Vereidigung ist anzuordnen, wenn kein Anzeichen dafür ersichtlich wird, daß der Zeuge mit seinen Angaben von der Wahrheit abweicht, weil er gegen den Angeklagten voreingenommen ist; anderseits rechtfertigt es jedes Anzeichen für eine das Zeugnis beeinflussende ungünstige Gesinnung des Zeugen, von der Vereidigung abzusehen. Das freie Ermessen des Gerichts hat Raum, soweit darüber zu befinden ist, ob sich der Zeuge voreingenommen gegen den Angeklagten und geneigt zu wahrheitswidriger Belastung zeigt. Das Revisionsgericht ist zur Erörterung der Frage verpflichtet, ob die dem richterlichen Ermessen gezogenen Grenzen eingehalten sind. Um der Wahrheitserforschung willen ist viel daran gelegen, daß sich die Gerichte bei der Entscheidung über die Vereidigung des Verletzten und seiner Angehörigen einer sorgfältigen

und gewissenhaften Prüfung befleißigen. Im gegebenen Falle legte die oberflächliche Begründung des Beschlusses im Sitzungsprotokoll den Verdacht nahe, daß das Gericht sich willkürlich entschlossen hatte, von der Vereidigung der Zeugen abzusehen. Würde ein solches Verfahren um sich greifen, so wäre aus einer solchen Übung eine für den Angeklagten überaus gefährliche Beeinträchtigung der Wahrheitsforschung zu erwarten. Entgegen dem Willen des Gesetzes würden der Verletzte und seine Angehörigen von der Pflicht, mit dem Eide für die Wahrheit ihrer Aussage einzutreten, regelmäßig befreit werden, während ihr unvereidigtes Zeugnis doch grundsätzlich Geltung als vollwertiges Beweismittel zu beanspruchen hätte; dem Gericht ist nicht verwehrt, das Zeugnis des Verletzten oder seines Angehörigen als glaubhaft zu verwerten, obwohl es zunächst von seiner Vereidigung abgesehen hat. Die Tatsache, daß der Vater des Kindes schon in einer anderen Sache als Zeuge über den vom Strafverfahren erfaßten Vorgang vernommen worden war, vermochte die Unterlassung der Vereidigung keinesfalls zu rechtfertigen. (IV, 25. September 1934.) Amtl. Sammlg. S. 310—313.

99. **Sicherungsverwahrung. Nachträgliche Anordnung.** (GewohnhVerbrG. Art. 5.) Ist der Angeklagte mehr als dreimal vorbestraft, so kann die Sicherungsverwahrung nachträglich angeordnet werden; die Gründe des Urteils müssen drei Verurteilungen bezeichnen, welche die Grundlage für die sachliche Würdigung abgegeben haben. Hierbei muß insbesondere festgestellt werden, daß der Angeklagte die Strafe, auf die im dritten Urteil erkannt war, noch nicht verbüßt hatte, als die Staatsanwaltschaft den Antrag auf Sicherungsverwahrung stellte. Im gegebenen Falle war der Angeklagte fünfmal vorbestraft gewesen; im Urteil war ausgeführt, daß er die letzte Strafe nach dem 1. Januar 1934 verbüßte. Die Revision wandte hiegegen ein, daß der Angeklagte die Strafe aus der letzten Verurteilung schon im November 1933 verbüßt hatte und daß im Anschluß daran ein Strafrest von 4 Monaten aus der vorletzten Verurteilung vollstreckt wurde. Das Reichsgericht erklärte, daß es ihm verboten sei, die Richtigkeit dieser Behauptung durch Einsicht in die Akten nachzuprüfen; eine solche Heranziehung sei nur hinsichtlich der Gründe des letzten der vom Tatrichter für die Voraus-

setzungen der Sicherungsverwahrung herangezogenen drei Urteile möglich, da das die nachträgliche Anordnung der Sicherungsverwahrung betreffende Verfahren eine nachträgliche Ergänzung dieses letzten Strafverfahrens darstelle. Die Ausführungen des angefochtenen Urteils ließen nicht mit Sicherheit erkennen, ob der Angeklagte zu der Zeit, da der Antrag des Staatsanwalts auf Sicherungsverwahrung einlief, die Strafe aus dem vierten oder aus dem fünften Urteil verbüßte. Dadurch wurde aber der Bestand des Urteils nicht gefährdet, da feststand, daß der Angeklagte in dieser Zeit auf Grund eines der beiden Urteile Strafe verbüßte; daß er in dieser Zeit die durch die letzte Verurteilung verhängte Strafe verbüßte, war nicht erforderlich. (II, 27. September 1934.)

Amtl. Sammlg. S. 313—315.

Vgl. Bd. 64 S. 174; Bd. 68 S. 149, 214.

100. Devisenverordnung. Anbietungspflicht. Verfügung. Tateinheit. Tatmehrheit. Gesetzeinheit. (StGB. §§ 73, 74; DevVO. 1932 §§ 4, 33, 36; DurchfVO. Art. I §§ 1, 2.) Eine Frau, die lange Jahre im Ausland gelebt hatte, kehrte im September 1933 nach Deutschland zurück. Sie hatte zu dieser Zeit ein Guthaben bei einer Bank in der Schweiz und ein weiteres bei einer Bank in Holland, außerdem größere Beträge von Dollars in Gold und Papier in ihrem Besitz. Diese Guthaben und Barbeträge bot sie der Reichsbank nicht an. Im September oder Oktober 1933 wechselte sie von ihrem Guthaben bei der Bank in Holland einen Teilbetrag von 3000 Gulden in Reichsmark um und ließ sich das Geld nach Deutschland schicken. Sie wurde wegen zweier Vergehen gegen die Devisenverordnung verurteilt, weil sie es im September 1933 vorsätzlich unterlassen hatte, ausländische Zahlungsmittel und Forderungen in ausländischer Währung binnen 10 Tagen nach Begründung ihres Wohnsitzes im Inland der zuständigen Reichsbankstelle anzubieten, und weil sie im September oder Oktober 1933 vorsätzlich über eine Forderung in ausländischer Währung ohne Genehmigung der Stelle für Devisenbewirtschaftung verfügte. Sie legte Revision ein mit der Begründung, daß nicht Tatmehrheit, sondern Tateinheit hätte angenommen werden müssen. Das Rechtsmittel hatte keinen Erfolg. Wenn die Angeklagte schon während des Laufes der Anbietungsfrist über ihr Guthaben verfügt hätte, wäre, soweit diese Verfügung reichte, kein Vergehen gegen §§ 33 Nr. 6, 36 DevVO. gegeben gewesen; denn diese Vorschriften setzen ihrer Natur nach voraus, daß die Forderung während der ganzen Dauer der Anbietungsfrist bestand und dem Täter zustand. Insoweit hätte die Angeklagte nur wegen der Verfügung nach §§ 4, 36 Nr. 3 DevVO. verurteilt werden können. Gleichwohl wäre die Angeklagte auch in diesem Falle aus § 36 Nr. 6 DevVO. zu verurteilen gewesen, insoweit sie die ausländischen Zahlungsmittel, die sie zur Zeit ihrer Niederlassung in Deutschland in ihrem Besitz hatte, und ihre Gutachten nicht der zuständigen Reichsbankstelle anbot. Es hätten zwei voneinander unabhängige Straftaten vorgelegen, die, obwohl gleichzeitig begangen, doch keinerlei Berührungspunkte mit einander gehabt hätten; der Gegenstand beider Straftaten wäre verschieden gewesen; auch wäre die eine strafbare Handlung (das Nichtanbieten) durch ein reines Unterlassen (entgegen bestehender Rechtspflicht), die andere (die Verfügung) durch Handeln begangen worden; beide Taten wären also ihrem Wesen und ihrer Erscheinungsform nach von ganz verschiedener Art gewesen. Bloße Gleichzeitigkeit der strafbaren Handlungen reicht aber zur Herstellung der Tateinheit nicht aus. Das angefochtene Urteil hatte aber zudem festgestellt, daß die Verfügung erst nach Ablauf der Anbietungsfrist getroffen worden war; erst nach diesem Zeitpunkt war der Auftrag der holländischen Bank zugegangen. Auch Gesetzeseinheit lag nicht vor. Die Devisenverordnung bekämpft die Gefahren, die sich für die deutsche Volkswirtschaft und besonders für die deutsche Währung aus der Verschuldung an das Ausland ergeben in der Weise, daß sie nach Möglichkeit schon die Quellen dieser Gefahren durch Strafdrohung abzudämmen sucht. Demgemäß wird nicht nur die Herbeiführung des der deutschen Wirtschaft schädlichen Erfolges mit Strafe bedroht, sondern auch schon des Beschreiten gewisser Vorstufen, die auf dem Wege zu diesem bekämpften Erfolge liegen. Bei solchem stufenartigem Aufbau der Straftatbestände nimmt die gegen das Betreten der weiteren Stufe gerichtete Strafandrohung die Strafvorschriften in sich auf, die das Betreten der früheren Stufen verhindern sollen, so daß in solchen Fällen nur eine strafbare Handlung vorliegt. So lag aber die Sache hier nicht. Die Unterlassung der Anbietung bedeutete schon eine Schädigung der deutschen Wirtschaft, nicht erst eine Gefährdung, denn sie beraubte die Reichsbank der Möglichkeit, die Forderung zum Zwecke der Devisenwirtschaft einzusetzen. Sie verlor also ihre Bedeutung nicht dadurch, daß nachträglich über die nichtangebotene Forderung auch noch ohne Genehmigung verfügt wurde. (III, 4. Oktober 1934.)

Amtl. Sammlg. S. 315—320.

Vgl. Bd. 67 S. 401, 406; Bd. 38 S. 136, 147.

101. Zeuge. Vereidigung. Begünstigungsverdacht (StGB. § 257; StPO. §§ 60, 61.) Nach früherem Recht war es unzulässig, die Vereidigung eines Zeugen deswegen zu unterlassen, weil der Verdacht bestand, er werde sich durch seine Aussage einer Begünstigung schuldig machen; nur der Verdacht einer schon begangenen Begünstigung rechtfertigte die Unterlassung der Vereidigung. Mit der jetzt geltenden Regelung des Eides im Strafverfahren ist diese Auffassung nicht mehr zu vereinbaren. An die Stelle des Voreides ist allgemein der Nacheid getreten; die Vereidigung kann unterbleiben bei offenbarer Unglaubwürdigkeit der Aussage. Diese Vorschrift umfaßt den Fall, daß nach Ansicht des Gerichts ein Zeuge offenbar zugunsten des Angeklagten falsch aussagte. (Feriensenat, 10. September 1934.) Amtl. Sammlg. S. 321—323.

Vgl. Bd. 8 S. 407; Bd. 11 S. 29.

102. Diebswerkzeug. Besitz. Gewahrsam. (StGB. § 245 a). Bei einem des Diebstahls verdächtigen Manne wurde eine Haussuchung vorgenommen; hierbei wurde ein Dietrich und mehrere Schraubenzieher gefunden. Einige Tage später entdeckte ein Einwohner des Hauses auf dem Dachboden hinter der Holzverschalung einer Wasserleitung ein Paket mit Dietrichen. Der Angeklagte wurde wegen Besitz von Diebswerkzeugen verurteilt. Seine Revision hatte keinen Erfolg. Unter den Begriff des Diebswerkzeugs fallen Werkzeuge, die ausschließlich oder vornehmlich zur Verwendung bei Einbruchdiebstählen angefertigt worden sind, außerdem Werkzeuge, die an sich nicht zu rechtswidriger Verwendung hergestellt worden sind, aber in Verbrecherkreisen üblicherweise als Einbruchswerkzeuge verwendet werden oder bei denen sich diese Zweckbestimmung aus anderen Umständen ergibt, z. B. aus der besonderen Zusammenstellung einer Sammlung von Werkzeugen oder daraus, daß ihr Besitzer keine redliche Tätigkeit ausübt, für die er sie verwenden könnte. Demgemäß waren die bei der Haussuchung gefundenen Sachen mit Recht als Diebeswerkzeuge angesehen worden. Hinsichtlich der später gefundenen Sachen fragte es sich, ob der Angeklagte sie im Besitz oder Gewahrsam gehabt hatte. Auch das wurde bejaht. Das Paket mit den Dietrichen hatte der Angeklagte nach der Feststellung des Landgerichts so versteckt, daß er es jederzeit ohne Wegnahme der Verschalung von außen mit der Hand erreichen konnte, während es uneingeweihten Personen verborgen blieb. Das genügte, um Besitz oder Gewahrsam, d. h. tatsächliche Verfügungsgewalt, auf seiten des Angeklagten anzunehmen. (III, 1. Oktober 1934.) Amtl. Sammlg. S. 324—325.

103. Beamter. Obhut. (StGB. §§ 174, 359.) Bei einem Arbeitsamt war ein Mann auf Privatdienstvertrag als landwirtschaftlicher Vermittler angestellt. Zu seinen Obliegenheiten gehörte es auch, minderjährige Arbeiter persönlich zu ihrem Dienstherrn hinzubringen. Gelegentlich eines solchen Transportes nahm er an einem Mädchen unzüchtige Handlungen vor. Seine Verurteilung wegen Verbrechens wider die Sittlichkeit wurde bestätigt. Mit dem Wegholen des Mädchens aus seiner bisherigen Dienststelle war die Sorgepflicht des bisherigen Dienstherrn auf das Arbeitsamt übergegangen; als Angestellter und Beauftragter des Arbeitsamts hatte der Angeklagte die Pflicht, für das Mädchen zu sorgen und ihm Schutz, auch gegen Gefahren sittlicher Art, zu gewähren. Dadurch wurde zugleich ein Abhängigkeitsverhältnis begründet, das zur Erfüllung des Begriffs der Obhut ausreichte. Wenn auch nur durch Privatdienstvertrag angestellt, war der Angeklagte doch als Beamter anzusehen. Die Arbeitsvermittlung ist eine Tätigkeit öffentlich-rechtlicher Art, die aus der Staatsgewalt abgeleitet ist und der Verwirklichung staatlicher Zwecke dient. Der Angeklagte hatte freie Arbeitsstellen auszukundschaften und Arbeitsstellen zu vermitteln; er hatte einen selbständigen Pflichtenkreis zu erfüllen und öffentlich-rechtliche Funktionen auszuüben. Er war also Beamter im Sinne des Strafrechts. (II, 1. Oktober 1934.)

Amtl. Sammlg. S. 325—327

Vgl. Bd. 19 S. 255; Bd. 27 S. 343; Bd. 42 S. 251; Bd. 45 S. 335; Bd. 62 S. 188.

104. Entmannung. Notwendigkeit besonderer Untersuchung. (StPO. §§ 80 a, 246 a.) Gegen ein Urteil, das die Entmannung eines in Strafhaft befindlichen Mannes anordnete, wurde Revision eingelegt mit der Begründung, daß der Angeklagte nicht ordnungsmäßig untersucht worden sei. Das Rechtsmittel hatte Erfolg. Der als Sachverständiger vernommene Arzt der Strafanstalt hatte erklärt, zu einer körperlichen Untersuchung des Angeklagten zur Vorbereitung auf die Hauptverhandlung, habe für ihn kein Anlaß bestanden, weil er den Angeklagten schon bei Einlieferung in die Strafanstalt am 9. Dezember 1930 körperlich genau untersucht, das Ergebnis im Krankenblatt aufgezeichnet und bei der Ausfragung des Angeklagten zur Hand gehabt, außerdem den Angeklagten und seinen körperlichen Zustand aus ärztlicher Betreuung und mehrfacher ärztlicher Behandlung gekannt habe. Damit war aber der Vorschrift des Gesetzes nicht genügt. Wenn mit der Anordnung der Entmannung zu rechnen ist, muß in der Hauptverhandlung ein Sachverständiger über den geistigen und körperlichen Zustand des Angeklagten vernommen werden; hat dieser den Angeklagten nicht schon früher untersucht, so soll ihm dazu vor der Hauptverhandlung Gelegenheit gegeben werden (StPO. § 246 a). Schon im Vorverfahren soll dem Sachverständigen Gelegenheit zur Vorbereitung des in der Hauptverhandlung zu erstattenden Gutachtens gegeben werden (§ 80 a StPO.). Die Sollvorschrift darf nicht so verstanden werden, daß von einer ärztlichen Untersuchung des Angeklagten nach dem Ermessen des Arztes oder des Gerichtes abgesehen werden dürfte; vielmehr entspricht es dem Wesen der Sache und dem aus dem Wortlaut erkennbaren Willen des Gesetzgebers, die zwingend vorgeschriebene Vernehmung des Arztes über den körperlichen und geistigen Zustand des Angeklagten und die Untersuchung durch den Arzt als zusammengehörig zu behandeln. Beide sind untrennbar in dem Sinne, daß die erste ohne die letzte nicht dem Zweck des Gesetzes genügen kann, dem Gericht einen zutreffenden und erschöpfenden Überblick über die Gründe zu geben, die im gegebenen Falle für und gegen die schwerwiegende Maßnahme der Entmannung sprechen. Nicht jede Untersuchung vermag diesem Erfordernis zu genügen. Es liegt im Wesen der Sache, daß ein Arzt, der sich auf Grund einer Untersuchung des Angeklagten über bestimmte Fragen gutachtlich äußern soll, schon die Untersuchung mit Rücksicht auf diese Fragen vorgenommen haben muß, weil sich nur dann die Gewähr bietet, daß er sein Augenmerk auf alle für die zu begutachtenden Fragen wichtigen Punkte gerichtet hat. Bezieht sich das zu erstattende Gutachten auf Wirkung und Folgen der Entmannung, so muß schon die vorangehende Untersuchung, wenn sie auch nicht ausschließlich zu diesem Zweck vorgenommen sein braucht, jedenfalls auch unter dem Gesichtspunkte der zu erwartenden Entmannung ausgeführt worden sein und sich auf die geistige und körperliche Beschaffenheit des Untersuchten gerade in den Beziehungen erstreckt haben, die für die hierbei zu beurteilenden Fragen ausschlaggebend sind. Diesen Voraussetzungen hatte die von den Sachverständigen im Jahre 1930 ausgeführte Untersuchung nicht entsprochen, weil damals die Sicherungsmaßnahme der Entmannung noch keinen Eingang in die deutsche Gesetzgebung gefunden hatte. Die Rechtslage ist folgende: Erforderlich sind Untersuchung und Begutachtung stets, und zwar eine Untersuchung, die der Sachverständige unter dem Gesichtspunkt vornimmt, daß mit der Entmannung zu rechnen sei. Die Strafverfolgungsbehörde soll dem Sachverständigen hierzu schon im Vorverfahren Gelegenheit geben (§ 80 a StPO.). Ist das ausnahmsweise nicht geschehen, so soll ihm diese Gelegenheit, um die Durchführung der Hauptverhandlung nicht aufzuhalten, nach Beendigung des Vorverfahrens, aber vor der Hauptverhandlung geboten werden (§ 246 a StPO.). Auf dem Mangel der Untersuchung konnte das Gutachten des Sachverständigen und das sich ihm anschließende Urteil des Gerichts beruhen. Das Urteil wurde deshalb aufgehoben. (III, 4. Oktober 1934.)

Amtl. Sammlg. S. 327—330.

Vgl. Bd. 68 S. 198.

105. Sicherungsverwahrung. (StGB. §§ 20 a, 42 e.) Der Angeklagte war im Jahre 1930 wegen Verbrechens wider die Sittlichkeit rechtskräftig verurteilt worden. Nunmehr wurde er wegen zweier im Frühjahr 1934 verübter Verbrechen wider die Sittlichkeit verurteilt; zugleich wurde die Sicherungsverwahrung angeordnet. Er wandte ein, daß die Anordnung nur zulässig sei, wenn drei Taten zugleich abgeurteilt würden. Dafür scheint allerdings der Wortlaut der Vorschrift des § 20a StGB. zu sprechen; dieser lautet dahin, daß das Gericht bei jeder abzuurteilenden Einzeltat die Strafe verschärfen kann. Daraus ist aber nicht der Schluß zu ziehen, daß keine der Taten schon abgeurteilt sein darf. Man würde sonst zu dem vom Gesetzgeber zweifellos nicht gewollten Ergebnis kommen, daß beim Vorliegen von drei vorsätzlichen Straftaten, von denen auch nur eine schon abgeurteilt ist, dem Richter die Möglichkeit genommen wäre, eine Strafschärfung bei den zwei weiteren, nun abzuurteilenden Taten eintreten zu lassen, auch wenn die Gesamtwürdigung der Taten ergäbe, daß der Täter ein gefährlicher Gewohnheitsverbrecher ist. (IV, 5. Oktober 1934.)

Amtl. Sammlg. S. 330—331.

106. Schnellverfahren. Verweisung. (StPO. §§ 6, 212, 270; RPrVO. vom 6. Oktober 1931 Kap. I § 4.) Gegen einen Beamten, der beschuldigt war, Urkunden, die ihm amtlich zugänglich waren, verfälscht und Gelder, die er in amtlicher Eigenschaft erhalten hatte, unterschlagen haben, wurde auf Antrag der Staatsanwaltschaft vor dem Schöffengericht im Schnellverfahren verhandelt. Er wurde darauf hingewiesen, daß er nicht nur aus §§ 348, 350 StGB. verurteilt werden könne, sondern auch aus §§ 349, 351 StGB. Dementsprechend wurde er auch verurteilt. Er legte Revision ein mit der Begründung, daß die Sache nicht vor das Schöffengericht, sondern vor die große Strafkammer gehört hätte. Das Oberlandesgericht hob das Urteil auf und verwies die Sache zur anderweitigen Verhandlung und Entscheidung an die große Strafkammer. In den Gründen des Urteils wurde ausgeführt, daß das Schöffengericht nicht zuständig gewesen sei und die Sache an die große Strafkammer hätte verweisen sollen. Die große Strafkammer verurteilte den Angeklagten wegen Verbrechen gegen §§ 348, 349 StGB. Seine Revision hatte keinen Erfolg. Sie war damit begründet, daß ein Eröffnungsbeschluß nicht ergangen sei. Die große Strafkammer hatte hierzu ausgeführt, daß durch die Erhebung der Anklage im Schnellverfahren, die Verhandlung vor dem Schöffengericht, die Urteile des Schöffengerichts der Tatsachenzusammenhang, über den zu entscheiden war, in einer für alle Prozeßbeteiligten genügend klaren Weise umschrieben und festgelegt worden sei. Das Reichsgericht führte aus, daß die Auffassung des Oberlandesgerichts, das Schöffengericht hätte die Sache an die große Strafkammer verweisen müssen, nicht richtig sei. Vor der großen Strafkammer ist ein Schnellverfahren nicht zulässig; für das ordentliche Verfahren fehlte aber die schriftliche Anklage und der Eröffnungsbeschluß. Das Schöffengericht hätte also die Sache an die Staatsanwaltschaft zurückverweisen oder das Verfahren einstellen sollen. Auch später war kein Eröffnungsbeschluß ergangen. Er wurde aber durch den Verweisungsbeschluß des Oberlandesgerichts ersetzt. Dieser genügte allerdings den Erfordernissen eines Eröffnungsbeschlusses nicht vollständig; der Mangel wurde aber dadurch beseitigt, daß der Angeklagte durch den Vorsitzenden genau darüber unterrichtet wurde, auf welche Tat sich die Anklage und das Verfahren bezog. Die Anklage war rechtshängig geblieben. Sie war allerdings nur mündlich erhoben; dieser Mangel war aber vom Angeklagten nicht gerügt worden und hatte auch keinen Einfluß auf das Urteil geübt. (V, 18. Oktober 1934.)

Amtl. Sammlg. S. 332—335.

Vgl. Bd. 44 S. 28; Bd. 58 S. 127; Bd. 59 S. 360; Bd. 61 S. 326; Bd. 62 S. 272; Bd. 67 S. 61.

107. Totschlagversuch. Vorbereitungshandlung. Anfang der Ausführung. (StGB. §§ 43, 211.) Als nach einer Verhandlung der Angeklagte abgeführt wurde, versuchte er, einen Revolver, den er in der Hosentasche hatte, zu ziehen, um damit auf einen der Zeugen, der gegen ihn ausgesagt hatte, zu schießen. Ein Gerichtswachtmeister umklammerte ihn von hinten und nahm ihm den Revolver ab. Bei der Einvernahme gab er zu, daß er den Zeugen hatte erschießen wollen. Seine Verurteilung wegen Totschlagversuch wurde vom Reichsgericht bestätigt. Wenn der Vorsatz einer strafbaren Handlung nachgewiesen ist, ist Versuch und nicht nur vorbereitende Handlung anzunehmen, sowie der Täter mit der Ausführung begonnen hat. Liegt also eine Tätigkeit vor, die in den Rahmen dessen fällt, was nach dem Willen des Täters und der natürlichen Auffassung als eine einheitliche Handlung erscheint, in der der zum Tatbestand gehörige Erfolg der Endpunkt ist, so hat der Täter die Grenze überschritten,

die den Versuch von der Vorbereitung scheidet. Ohne Dazwischentreten einer neuen Handlung wollte der Angeklagte den Revolver ziehen, entsichern, auf den Zeugen anlegen und diesen erschießen. Die ganzen Vorgänge, wie sie sich nach dem Willen des Angeklagten entwickeln sollten, stellten also eine einheitliche Handlung dar. (III, 22. Oktober 1934.) Amtl. Sammlg. S. 333—337.
Vgl. Bd. 51 S. 341; Bd. 59 S. 386.

108. **Dessertwein. Wermut.** (WeinG. §§ 2, 5; Leb.MittG. § 4). Dessertwein (Südwein, Süßwein) ist, auch wenn er, was die Regel bildet, einen Zusatz von Alkohol enthält, als Wein anzusehen, auf den grundsätzlich die Vorschriften des Weingesetzes anzuwenden sind. Dagegen fällt der deutsche Wermutwein nicht unter den Begriff Wein. Er enthält ein Gemisch von Südwein, Wermutessenz und einem Auszug aus Kräutern. Ein solches Gemisch ist nicht Wein, sondern ein weinhaltiges Getränk. Seine Bezeichnung als Wein ist irreführend und verstößt darum gegen das Lebensmittelgesetz. (II, 24. September 1934.) Amtl. Sammlg. S. 337—338.
Vgl. Bd. 46 S. 208, 256; Bd. 47 S. 121.

109. **Fortsetzungstat. Strafschärfung. Änderung der Gesetzgebung.** (StGB. §§ 2, 20a.) Wenn die zu einer Fortsetzungstat zusammengefaßten Einzelhandlungen zum Teil vor, zum Teil nach dem 1. Januar 1934 begangen worden sind, steht der Anwendung des § 20a StGB. auf die ganze Fortsetzungstat nichts im Wege. Die Vorschrift bedeutet gegenüber dem bisherigen Strafgesetz, das auf die bis zum 31. Dezember 1933 einschließlich begangenen Taten anzuwenden war, keinen neuen Tatbestand, sondern enthält lediglich eine Erweiterung der ursprünglichen Strafdrohung. Der Umstand, daß die neue Strafe nur unter gewissen Voraussetzungen eintreten soll, ändert daran nichts. Da die Fortsetzungstat erst unter der Geltung des neuen Strafgesetzes zum Abschluß gelangt und damit begangen worden ist, ist sie als Ganzes nach dem zur Zeit des Abschlusses der Tat geltenden Strafgesetz zu bestrafen. (V, 1. Oktober 1934.)
Amtl. Sammlg. S. 338—339.
Vgl. Bd. 56 S. 54; Bd. 62 S. 1.

110. Totschlagversuch. Vorbereitungshandlung. Anfang der Ausführung. Bedingter Vorsatz. (StGB. §§ 43, 211). Zwischen einem Manne und seinem Schwiegervater bestand heftige Feindschaft. Als er sich einmal zum Zweck einer Aussprache zu dem Schwiegervater begab, nahm er in einer Aktentasche eine gesicherte Pistole mit sich; nach einer Auseinandersetzung ergriff er sie, um auf den Schwiegervater zu schießen, wurde aber daran gehindert. Seine Verurteilung wegen versuchten Totschlags fand nicht die Billigung des Reichsgerichts. Wäre einwandfrei festgestellt worden, daß der Angeklagte, als er die geladene, aber gesicherte Pistole ergriff, den Zweck verfolgte, seinen Schwiegervater zu erschießen, so wäre die Verurteilung rechtlich nicht zu beanstanden gewesen. Das Ergreifen der Pistole wäre dann mit Recht nicht nur als eine Vorbereitungshandlung, sondern als der Anfang der Ausführung des Totschlags bewertet worden. Mit dem Zufassen, verbunden mit der Absicht, das ausersehene Opfer sofort zu töten, hatte der Angriff auf das Leben des Gegners begonnen; es bildete bereits eine Gefahr für ihn. Die Gefährlichkeit ist aber der Rechtsgrund für die Strafbarkeit des Versuchs. Der Annahme eines Versuchs stand auch der Umstand nicht entgegen, daß die Pistole noch gesichert war; sie konnte, wie das Urteil feststellte, mit einem einzigen leichten Griff entsichert werden. Zweifelhaft war aber, ob der Angeklagte, als er die Waffe ergriff, entschlossen war, seinen Schwiegervater zu töten. Im Urteil war festgestellt, daß er zum mindesten der Ansicht war, er werde sich nicht beherrschen können und, wenn er die Pistole erst aus der Tasche heraus habe, auch auf seinen Schwiegervater schießen, und daß er mit diesem Erfolg auch einverstanden war, selbst wenn er in der Hauptsache seinen Schwiegervater nur bedrohen wollte. Das ließ die Auslegung zu, daß der Angeklagte, als er die Pistole ergriff, zunächst nur eine Drohung beabsichtigte, daß er aber mit der Möglichkeit rechnete, auf sein Opfer zu schießen, und für diesen Fall mit dem Todeserfolg einverstanden war. Bei einer solchen Vorstellung und Willensbildung war der bedingte Tötungsvorsatz nicht nachgewiesen. Der bedingte Vorsatz kann den bestimmten Vorsatz nur dann ersetzen, wenn er sich auf den Erfolg bezieht. Im gegebenen Falle hatte aber der Angeklagte nicht nur den Erfolg bedingt ins Auge gefaßt, sondern auch die Tötungshandlung selbst; es war nicht ausgeschlossen, daß er beim Ergreifen der Pistole noch nicht den Entschluß gefaßt hatte, auf seinen Schwiegervater zu schießen. Der Entschluß der Ausführung der verbrecherischen Handlung ist aber ein begriffsnotwendiger Teil des strafbaren Versuchs. So ist der Versuch eines Verbrechens nach den §§ 348, 349, 350 StGB. bei einem Postschaffner verneint worden, der einen Brief aufgerissen hatte, um sich nach Besichtigung des Inhalts schlüssig zu werden, ob sich eine Aneignung des Inhalts verlohne. Die Verurteilung wegen versuchten Totschlags ließ sich hiernach nicht aufrecht erhalten. In der neuen Verhandlung war zu prüfen, ob der Angeklagte, als er die Pistole ergriff, den Vorsatz der Tötung oder den Vorsatz der Schußverletzung unter Billigung des Tötungserfolgs bestimmt gefaßt hatte; wenn eine solche Feststellung nicht getroffen werden konnte, war der rechtliche Gesichtspunkt der versuchten Nötigung in Erwägung zu ziehen, denn der Angeklagte hatte behauptet, daß er mit der Bedrohung seines Schwiegervaters rechtliche Ansprüche habe erzwingen wollen. (II, 4. Oktober 1934.)

Amtl. Sammlg. S. 339—342.

Vgl. Bd. 12 S. 64; Bd. 16 S. 25; Bd. 19 S. 90; Bd. 53 S. 129, 336; Bd. 54 S. 35, 182, 254, 328; Bd. 59 S. 1, 157, 386; Bd. 65 S. 145.

111. Entmannung. Gesamtstrafe. (StGB. §§ 42 k, 74, 79; Art. 5). Die nachträgliche Entmannung kann angeordnet werden, wenn der Angeklagte wegen eines Sittlichkeitsverbrechens oder wegen eines Sittlichkeitsvergehens bestimmter Art zu einer Freiheitsstrafe von mindestens 6 Monaten verurteilt worden ist, nachdem er schon einmal wegen einer solchen Tat zu einer Freiheitstrafe rechtskräftig verurteilt war. Im gegebenen Falle hatte der Angeklagte die beiden Verbrechen, wegen derer er abgeurteilt worden war, vor dem ersten Urteil begangen; bei der zweiten Tat lag also kein Rückfall nach einer schon vorangegangenen Verurteilung vor. Das war aber auch nicht nötig. Fraglich konnte allerdings sein, ob zwei Verurteilungen auch dann ausreichen, wenn unterlassen worden ist, die beiden Strafen zu einer Gesamtstrafe zusammenzufassen und dadurch die beiden Verurteilungen zu vereinheitlichen. Dieser Fall stand aber nicht zur Entscheidung, da das Strafverfahren wegen der zweiten Tat erst in Gang gekommen war, als der Angeklagte die Strafe für die erste Tat schon verbüßt hatte. Wäre anzunehmen, daß die Voraussetzungen für die Entmannung nach § 42k Nr. 1 nur dann vorlägen, wenn die zweite Straftat erst nach der ersten Verurteilung begangen wurde, so würde sich eine nicht zu beseitigende Unstimmigkeit gegenüber der Vorschrift des § 42k Nr. 2 ergeben. Nach dieser Vorschrift wäre die Entmannung zulässig gewesen, wenn der Angeklagte bei gleichzeitiger Aburteilung für seine beiden Straftaten zusammen eine Freiheitsstrafe von mindestens einem Jahr erhalten hätte; die Entmannung wäre aber unzulässig gewesen, wenn die beiden Straftaten getrennt abgeurteilt worden wären, obwohl der Angeklagte schon für die zweite Tat eine Strafe von 1 Jahr 4 Monate Zuchthaus erhielt. Die Entmannung wäre danach lediglich durch den zufälligen Umstand ausgeschlossen worden, daß die beiden Taten des Angeklagten mit einem erheblichen zeitlichen Abstand bekannt geworden und darum getrennt abgeurteilt worden waren. Anderseits wäre allerdings die Anordnung der Entmannung bei gleichzeitiger Aburteilung beider Taten nach § 42k Nr. 2 dann nicht möglich, wenn nur Einzelstrafen von 2 und 8 Monaten ausgesprochen würden, da sich hieraus keine Gesamtstrafe von 1 Jahr ergäbe; dagegen würde § 42k Nr. 1 zu dem Ergebnis führen, daß bei gleicher Bestrafung des Angeklagten die Entmannung zulässig wäre, wenn die beiden Taten getrennt und unter Umständen abgeurteilt würden, welche die Bildung einer Gesamtstrafe ausschlössen. Auch dies Ergebnis kann nicht befriedigen. Die beiden Vorschriften müssen im Zusammenhang mit einander betrachtet werden. Die grundsätzliche Zulässigkeit der Entmannung nach Nr. 1 wird durch Nr. 2 insofern eingeschränkt, als der Angeklagte bei einer zur zufällig getrennten Aburteilung zweier Taten nicht schlechter gestellt werden darf, als er im Falle der gleichzeitigen Aburteilung gestellt wäre. Nach Nr. 2 ist also die Anordnung der Entmannung zulässig, wenn dem Angeklagten durch eine Verurteilung wegen mindestens zweier Taten eine Gesamtstrafe von mindestens 1 Jahr auferlegt wird. Nach Nr. 1 kann die Entmannung ohne jede weitere Einschränkung angeordnet werden, wenn die zweite Strafe 6 Monate Gefängnis erreicht und die zweite Tat nach der ersten Verurteilung begangen worden ist, weil in diesem Falle keine Gesamtstrafenbildung in Frage kommt und der Täter vor der zweiten Tat durch die erste Verurteilung gewarnt war; ferner ist nach Nr. 1 die Entmannung möglich, wenn dem Angeklagten wegen zweier vor dem ersten Urteil begangener Taten durch zwei Verurteilungen (ohne daß die Voraussetzungen einer Gesamtstrafenbildung vorliegen) so hohe Freiheitsstrafen (bei der zweiten Verurteilung mindestens 6 Monate Gefängnis) auferlegt werden, daß sich nach richterlichem Ermessen eine Gesamtstrafe von mindestens 1 Jahr ergeben würde, wenn die Bildung einer Gesamtstrafe möglich wäre. Das Urteil des Landgerichts wurde aus einem anderen Grunde aufgehoben. Nach dem Gutachten des Sachverständigen war der Angeklagte ein schyzoider Gelegenheitsverbrecher mit beschränktem Auffassungs- und Urteilsvermögen, ein geistiger und moralischer Psychopath, der sich nach seiner Veranlagung nicht oder nur wenig von der Außenwelt beeinflussen ließ. Zur Zeit der Begehung der Tat war er schon über 63 Jahre alt; es bedurfte einer besonders sorgfältigen Prüfung der Bedeutung, die dem hohen Lebensalter des Angeklagten für die Entscheidung zukam. Möglicherweise war ein baldiges Erlöschen seines Triebes zu erwarten; in diesem Falle war die Entmannung für die öffentliche Sicherheit nicht erforderlich und deshalb unzulässig. Möglicherweise war anderseits zu erwarten, daß in naher Zukunft die Zurechnungsfähigkeit des Angeklagten infolge Fortschreitens seines geistigen und körperlichen Verfalls aufgehoben wurde. Auch in diesem Falle durfte die Entmannung nicht angeordnet werden, da sie nur zur Sicherung gegen künftige strafbare Handlungen zulässig ist, nicht gegen Handlungen, die im Zustand der Unzurechnungsfähigkeit begangen werden. (I, 12. Oktober 1934.)

Amtl. Sammlg. S. 342—346.

Vgl. Bd. 68 S. 149.

112. Bilanzverschleierung. Reingewinn. Reinverlust. Verlustausweis. Fortgesetzte Handlung. (HGB. §§ 261 a, 262, 314.) Bei einer Aktiengesellschaft ergab sich im Jahre 1926 ein Verlust von 198000 *RM*. Er wurde in dem Geschäftsbericht offen zugegeben, in der Bilanz aber nicht gesondert ausgewiesen, sondern nur in der Weise berücksichtigt, daß vom Reservefonds der Betrag abgeschrieben wurde. In der Gewinn- und Verlustrechnung erschien auf der Habenseite ein Posten Übertrag vom Reservekonto" mit 198000 *RM*. In der gleichen Weise wurde verfahren, als sich im Jahre 1928 ein Verlust ergab. Im Jahre 1929 reichte der Reservefonds nicht mehr aus, um den Verlust zu decken; soweit das nicht der Fall war, wurde in der Bilanz auf der Habenseite ein Posten Verlust eingetragen. Der Vorstand der Gesellschaft wurde wegen fortgesetzter Bilanzverschleierung verurteilt; außer den angegebenen Fällen waren noch zwei weitere festgestellt worden. Das Reichsgericht hielt bei diesen zwei Fällen den Tatbestand der Bilanzverschleierung für gegeben, hob aber gleichwohl das Urteil auf, weil es in den angegebenen drei Fällen die Merkmale der Bilanzverschleierung nicht nachgewiesen fand. Der Reingewinn oder Reinverlust des Jahres ist am Schluß der Bilanz auszuweisen. Reingewinn und Reinverlust sind nicht wesensgleich mit Betriebsgewinn und Betriebsverlust. Der Reingewinn errechnet sich aus dem Gewinn des eigenen Geschäftsbetriebes zuzüglich insbesondere des Buchgewinns aus der Auflösung von Rücklagen und des der Gesellschaft zustehenden Anteils am Gewinn anderer Unternehmungen, dagegen abzüglich der in die Rücklage gewiesenen Beträge und der an andere Unternehmungen zu überweisenden Gewinnanteile. Für den Reinverlust gilt Entsprechendes. Ob die Verminderung des Verlustes durch Ausbuchung einer Rücklage zulässig ist, hängt davon ab, ob es sich um die Heranziehung der gesetzlichen oder einer freiwilligen Rücklage handelt. Freiwillige (offene oder versteckte) Rücklagen können in der Bilanz zur Verlustdeckung verwandt werden; dagegen ist die Verminderung des Verlustes durch Ausbuchung der gesetzlichen Rücklage unzulässig. Die gesetzliche Rücklage ist zur Deckung des sich aus der Bilanz ergebenden Verlustes zu verwenden; daraus ergibt sich, daß der Verlust zuvor in der Bilanz ausgewiesen werden muß. Das Vorgehen in den angegebenen drei Fällen verstieß somit gegen das Gesetz nur dann, wenn die gesetzliche Rücklage zur Deckung in der Bilanz nicht angegebenen Verluste verwandt wurde. Die Annahme des Landgerichts, daß eine Bilanz, die den Ver-

lust nicht gesondert aufweist, unrichtig sei, erklärte das Reichsgericht für rechtsirrig. Nicht jeder Verstoß gegen die förmlichen Vorschriften über die Gliederung der Bilanz macht die Bilanz unrichtig oder bewirkt eine Verschleierung des Standes der Verhältnisse der Gesellschaft. Es muß vielmehr zwischen Bilanzen, die der Form nach unrichtig sind, und solchen, die sachlich unrichtig sind, unterschieden werden. Der Stand der Verhältnisse der Gesellschaft wird in der Bilanz verschleiert, wenn er darin so dargestellt wird, daß sich die Verhältnisse nicht oder doch nur schwer erkennen lassen. Dabei ist von einem bilanzkundigen Leser auszugehen. Das Landgericht hatte das verkannt. Durch diesen Rechtsfehler konnten auch die Feststellungen zum inneren Tatbestand beeinflußt sein. (III, 15. Oktober 1934.)
Amtl. Sammlg. S. 346—349.
Vgl. Bd. 37 S. 434.

113. Rückfallbetrug. Strafschärfung. (StGB. §§ 20 a, 264.) § 20 a StGB. begründet keinen selbständigen Straftatbestand, sondern setzt einen solchen, also eine schon bestehende Strafdrohung voraus und erweitert diese nur nach der oberen Grenze hin. Demgemäß ist es zulässig, auf Grund des § 264 StGB. neben der aus § 20 a StGB. geschärften Freiheitstrafe auch noch eine Geldstrafe auszusprechen. Gerade einem rückfälligen Betrüger gegenüber, der als gefährlicher Gewohnheitsverbrecher verurteilt wird, ist es geboten, ihn auch an seinem Vermögen zu strafen. (V, 22. Oktober 1934.) Amtl. Sammlg. S. 349—350.

114. Verminderte Zurechnungsfähigkeit. Unterbringung in einer Heil- oder Pflegeanstalt. Gefährlichkeit. Rückfall. Verjährung. (StGB. §§ 20a, 42 b.) Eine Frau wurde in den Jahren 1924—1926 zwölfmal wegen Abtreibung verurteilt; aus den Strafen wurde eine Gesamtstrafe von 3 Jahren Zuchthaus gebildet. Einen Teil der Strafe verbüßte sie; der Rest wurde ihr, nachdem sie sich 5 Jahre hindurch straffrei geführt hatte, erlassen. Nachdem sie sich wieder einer Abtreibung schuldig gemacht hatte, wurde sie zu einer Strafe und zur Unterbringung in einer Heil- oder Pflegeanstalt verurteilt. Sie war epileptisch, außerdem gleichgeschlechtlich veranlagt, und wurde aus diesem Grunde als vermindert zurechnungsfähig angesehen. Das Reichsgericht bestätigte das Urteil. Allerdings lagen zwischen dem Eintritt der Rechtskraft des früheren

Urteils und der neuen Straftat mehr als 5 Jahre; gleichwohl durfte bei der Frage der Anwendbarkeit des § 42 b die frühere Verurteilung berücksichtigt werden. Die für den gefährlichen Gewohnheitsverbrecher geltende Vorschrift des § 20 a Abs. 3, wonach eine frühere Verurteilung nicht in Betracht kommt, wenn zwischen dem Eintritt ihrer Rechtskraft und der folgenden Tat (abzüglich der Strafverbüßung) mehr als 5 Jahre verstrichen sind, ist für den Fall des § 42 b auch nicht entsprechend anwendbar. Die Unterbringung vermindert zurechnungsfähiger Personen, die zu einer Strafe verurteilt worden sind, in einer Heil- oder Pflegeanstalt soll sowohl dem Schutze der Volksgesamtheit dienen, als auch dem Verwahrten gerecht werden; in erster Linie gilt es aber, die Volksgesamtheit vor gefährlichen Personen dieser Art zu schützen. Um zu einem abschließenden Urteil hierüber zu gelangen, kann das ganze Vorleben des Verurteilten in den Kreis der Erwägungen gezogen werden. (IV, 23. Oktober 1934.)

Amtl. Sammlg. S. 351—352.

115. Zurückverweisung. (StGB. § 354; Neuaufbaugesetz vom 30. Januar 1934; Rechtspflegeüberleitungsgesetz vom 16. Februar 1934.) Die Vorschrift, daß die Zurückverweisung einer Sache an ein benachbartes Gericht nur zulässig ist, wenn das Gericht demselben deutschen Lande angehört, gilt nicht mehr. Auf Grund des Gesetzes über den Neuaufbau des Reiches vom 30. Januar 1934 sind alle Hoheitsrechte der Länder auf das Reich übergegangen; nach dem Gesetz über die Überleitung der Rechtspflege auf das Reich sprechen alle Gerichte im Namen des deutschen Volkes Recht. Es gibt also keine deutschen Länder mit eigener Justizhoheit mehr. (Feriensenat, 14. September 1934.) Amtl. Sammlg. S. 353—356.

116. Meineid. Fortgesetzte Handlung. Bedingter Vorsatz. Verurteilung. (StGB. §§ 154, 157.) Auf Grund einer falschen Anschuldigung wurde im ersten Rechtszug eine Zuchthausstrafe ausgesprochen; im zweiten Rechtszug erfolgte Freisprechung. Der Anschuldiger war vor dem Schöffengericht und vor dem Landgericht als Zeuge eidlich vernommen worden. Er wurde wegen Meineid in zwei Fällen zu einer Gesamtzuchthausstrafe verurteilt. Das Reichsgericht verwies die Sache zurück. Das Schwurgericht hatte die Annahme einer fortgesetzten Handlung abgelehnt, weil es nicht als denkbar erschien, daß der Angeklagte von vornherein aus einem einheitlichen Entschluß heraus den Willen gehabt habe, bei jeder sich bietenden Gelegenheit unter Eid ein falsches Zeugnis in der durch seine Anschuldigung eingeleiteten Strafsache abzulegen; er habe auch bei seiner ersten Vernehmung noch nicht voraussehen können, daß er nochmal vernommen werden würde. Die Annahme einer fortgesetzten Handlung wurde aber nicht schon dadurch ausgeschlossen, daß der Angeklagte bei seiner ersten Vernehmung die zweite Vernehmung nicht voraussehen konnte. Sie war vielmehr auch begründet, wenn er den bedingten Vorsatz hatte, an seiner falschen Aussage auch für den Fall festzuhalten, daß er wiederholt vernommen würde. Die Strafschärfung, die für den Fall vorgesehen ist, daß das falsche Zeugnis in einer Strafsache zum Nachteil des Angeschuldigten abgegeben und dieser verurteilt worden ist, setzt nicht voraus, daß zwischen der falschen Bekundung und der Verurteilung ein ursächlicher Zusammenhang besteht und daß die Verurteilung rechtskräftig geworden ist. Durch die Aufhebung des Urteils wird die schon eingetretene erhöhte Strafbarkeit nicht beseitigt. Im Falle der Annahme zweier selbständiger Handlungen wäre die Strafschärfung nur für den ersten Meineid anwendbar gewesen. Nicht zu beanstanden war, daß die Strafmilderung aus dem Gesichtspunkt, daß der Angeklagte durch Angabe der Wahrheit die Gefahr einer Verfolgung wegen falscher Anschuldigung auf sich ziehen konnte, auf beide Meineide angewandt worden war. (II, 1. Oktober 1934.) Amtl. Sammlg. S. 356—358.

117. **Sicherungsverwahrung. Arbeitsanstalt. Gesamtstrafe.** (StGB. § 42a, 42n; GewohnhVerbrG. Art. 5.) Durch einen Beschluß vom 8. August 1933 wurde eine wegen übler Nachrede erkannte Gefängnisstrafe von vier Monaten und eine wegen Rückfallsdiebstahls erkannte Gefängnisstrafe von fünf Monaten und zu einer Gesamtstrafe von acht Monaten Gefängnis verbunden. Der Angeklagte verbüßte diese Strafe bis zum 8. Februar 1934; von da an wurde er zufolge einer Anordnung der Verwaltungsbehörde auf zwei Jahre in eine Arbeitsanstalt eingewiesen. Auf Grund des Art. 5 GewohnhVerbrG. wurde gegen ihn die Sicherungsverwahrung angeordnet. Das Reichsgericht verwies die Sache zurück. Die Unterbringung des Ange-

klagten in einer Arbeitsanstalt stand der Anordnung der Sicherungsverwahrung grundsätzlich nicht im Wege; § 42n StGB. bestimmt ausdrücklich, daß Maßregeln der Sicherung und Besserung nebeneinander angeordnet werden können. In Frage konnte nur kommen, ob im gegebenen Falle die öffentliche Sicherheit die Anordnung der Sicherungsverwahrung erforderte. Möglicherweise war die Erwartung berechtigt, die geregelte Arbeit in der Anstalt und die dort herrschende Zucht würden einen so günstigen Einfluß üben, daß der Angeklagte nach der Entlassung keine Gefahr mehr für die öffentliche Sicherheit bedeutete. Das Landgericht hatte verneint; das Reichsgericht bemerkte, daß eine nähere Begründung angezeigt gewesen wäre. Von den zur Gesamtstrafe verbundenen Einzelstrafen hatte keine das Mindestmaß von 6 Monaten Gefängnis erreicht. Daher genügte es nicht, nur den Rückfalldiebstahl für die Gesamtwürdigung des Verhaltens des Angeklagten heranzuziehen. Nach Art. 5 GewohnhVerbrG. muß die Gesamtwürdigung der Taten des Verurteilten, die den drei Verurteilungen zugrunde liegen, ergeben, daß er ein gefährlicher Gewohnheitsverbrecher ist. Unter diesen Taten können nur solche verstanden werden, die so erheblich waren, daß sie mit mindestens 6 Monaten Freiheitsstrafe geahndet worden waren. (I, 16. Oktober 1934.) Amtl. Sammlg. S. 358—360.

Vgl. Bd. 68 S. 151.

118. Verabredung zur Tötung. Bedingter Vorsatz. (StGB. § 49 b.) Mehrere Personen verbanden sich zu gemeinsamer Mißhandlung eines politischen Gegners („proletarische Abreibung"). Daß sie ihn zu töten beabsichtigten, konnte nicht nachgewiesen werden; doch wurde die Verurteilung wegen Teilnahme an einer Verbindung, die ein Verbrechen wider das Leben bezweckte, vom Reichsgericht bestätigt. Das Wort „bezwecken" ist dahin zu verstehen, daß die Ausführung eines oder mehrerer Tötungsverbrechen jedenfalls eines der mehreren Ziele sein muß, welche die Verbindung oder Verabredung erstrebt. Damit wird für den vom Vorsatz des einzelnen Teilnehmers umfaßten Zweck der Verabredung kein weiteres Erfordernis aufgestellt, als daß sich die ernstlich als Ziel ins Auge gefaßte Tat als ein Verbrechen wider das Leben darstellt. Diesem Erfordernis ist aber auch dann genügt, wenn es sich bei dem verabredeten Verbrechen lediglich um einen mit bedingtem Vorsatz auszuführenden Mord oder Totschlag handelt. (V, 22. Oktober 1924.)

Amtl. Sammlg. S. 360—363.
Vgl. Bd. 58 S. 392; Bd. 59 S. 215, 376.

119. Gefährlicher Gewohnheitsverbrecher. Strafbemessung. (StGB. §§ 20a, 42e, 244.) § 20a StGB. schafft keinen selbständigen Tatbestand, setzt vielmehr begrifflich die Begehung eines anderen Verbrechens oder Vergehens voraus; sein Zweck ist, den gefährlichen Gewohnheitsverbrecher mit höherer Strafe zu treffen als den gewöhnlichen Verbrecher. Ist für die Tat an sich schon eine schwerere Strafe angedroht, als sie in § 20a vorgesehen ist, so ist für die Anwendung des § 20 kein Raum. Im gegebenen Falle handelte es sich um schweren Diebstahl im Rückfall; da der Angeklagte nach § 20a als gefährlicher Gewohnheitsverbrecher zu erachten war, kamen mildernde Umstände nicht in Frage. Die Mindeststrafe betrug also 2 Jahre Zuchthaus. Eine niedrigere Strafe unter Berufung auf § 20a festzusetzen, war verfehlt, da ja diese Vorschrift eine Straferhöhung bezweckt. (III, 25. Oktober 1934.) Amtl. Sammlg. S. 364—365.

120. Unzucht mit Pflegekindern. Blutschande. Leiblicher Vater. Bürgerliches Recht. (StGB. §§ 173, 174; BGB. §§ 1591, 1601, 1626; EGzBGB. Art. 33.) Eine Ehefrau gebar ein Kind, das nicht von ihrem Ehemanne erzeugt war, von diesem auch nicht erzeugt sein konnte. Eine Anfechtung der Ehelichkeit fand nicht statt. Das Kind wurde als eheliches erzogen. Der Ehemann der Mutter nahm mit dem Kinde, als es erwachsen, aber noch minderjährig war, unzüchtige Handlungen vor und verkehrte mit ihm geschlechtlich. Er wurde wegen eines Verbrechens nach § 174 Nr. 1 StGB., begangen in Tateinheit mit einem Vergehen nach § 173 StGB. verurteilt. Seine Revision wurde verworfen. § 174 Nr. 1 StGB. läßt leibliche Eltern, die mit ihren Kindern unzüchtige Handlungen begehen, straffrei; eine solche Tat kann nur nach anderen Vorschriften (§§ 173, 176 StGB.) strafbar sein. Der Angeklagte war aber Pflegevater des Mädchens gewesen. Daran änderte der Umstand nichts, daß er als ehelicher Vater nach bürgerlichem Recht zur Erziehung des Mädchens verpflichtet war. Es wäre unerträglich, wenn eine bürgerlich-rechtliche Unterstellung und eine rechtliche Formung zugunsten eines Rechtsbrechers auf die strafrechtlichen Wirkungen Einfluß haben sollte, die auf Grund der tatsächlichen Feststellungen eintreten müßten. Diese Ansicht steht auch im Einklang mit der Auffassung des Art. 33 EGzBGB., der bei der Aufzählung der Gesetze, hinsichtlich derer die Vorschriften des BGB. Anwendung finden, soweit an die Verwandtschaft oder Schwägerschaft rechtliche Folgen geknüpft sind, das Strafgesetzbuch nicht mit erwähnt. Da der Angeklagte nicht der leibliche Vater des mißbrauchten Mädchens war, konnte er auch nicht als solcher wegen Blutschande mit ihm bestraft werden, wohl aber in seiner Eigenschaft als Ehemann der Mutter, da er als solcher mit dem Mädchen in aufsteigender Linie verschwägert war. (III, 25. Oktober 1934.)

Amtl. Sammlg. S. 365—368.

Vgl. Bd. 3 S. 64; Bd. 7 S. 307; Bd. 41 S. 198; Bd. 58 S. 61.

121. **Nachlaßkonkurs. Beiseiteschaffen. Verheimlichen. Gläubigerbegünstigung. Gesetzeseinheit.** (BGB. §§ 1976, 1978; KO. §§ 239, 241.) Eine Frau war Miterbin ihres Mannes und stellte als solche den Antrag auf Eröffnung des Nachlaßkonkurses; diesem wurde stattgegeben. Da sie selbst erhebliche Forderungen gegen ihren Mann gehabt hatte, nahm sie verschiedene Vermögensstücke des Nachlasses an sich. Ihre Verurteilung wegen Beiseiteschaffen und Verheimlichen von Vermögensstücken wurde vom Reichsgericht gebilligt. Die Revision hatte verlangt, daß die Handlungen unter dem Gesichtspunkt der Gläubigerbegünstigung hätten gewürdigt werden sollen. § 241 KO. stellt allerdings im Verhältnis zum § 239 das engere Strafgesetz dar und schließt also nach den Grundsätzen der Gesetzeseinheit für die Regel die Anwendung des § 239 aus. Die Anwendung des § 241 muß aber entfallen, wenn der Gemeinschuldner nicht bloß einen Gläubiger begünstigen, sondern sich selbst auf Kosten der Konkursmasse besondere Vorteile verschaffen will. Beim Nachlaßkonkurs greift § 241 KO. nicht Platz, wenn sich der Erbe wegen einer eigenen Forderung an den Erblasser aus den Nachlaßmitteln vorzugsweise befriedigt oder Sicherheit verschafft. Allerdings tritt mit der Konkurseröffnung eine Scheidung des Nachlasses von dem sonstigen

Vermögen des Erben ein; dieser kann im Nachlaßkonkurs seine ihm gegen den Erblasser zustehenden Ansprüche geltend machen; aber das kann nicht die Auffassung rechtfertigen, die mildere Strafvorschrift des § 241 sei auf einen Erben anzuwenden, der nach Eintritt des Erbfalls zu seinem eigenen Vorteil, um sich eine vorzugsweise Befriedigung oder Sicherstellung vor anderen Gläubigern zu verschaffen, Geldmittel der Erbmasse zur Deckung seiner eigenen Forderung verwendet oder andere Vermögensstücke zu einer Sicherung beiseite schafft oder verheimlicht. Dadurch würde eine besonders gefährliche Form der Beeinträchtigung der gleichmäßigen Befriedigung der Konkursgläubiger der Bestrafung nach § 239 KO. entzogen werden. Nach § 1978 BGB. ist der Erbe, wenn es zur Eröffnung des Konkurses über den Nachlaß kommt, nach der Annahme der Erbschaft den Nachlaßgläubigern für die Verwaltung des Nachlasses gleich einem Beauftragten verantwortlich; die Nachlaßgläubiger brauchen die Berechtigung einer Nachlaßverbindlichkeit nur dann gegen sich gelten zu lassen, wenn der Erbe den Umständen nach annehmen durfte, der Nachlaß werde zur Befriedigung aller Nachlaßgläubiger ausreichen. Aus diesen Beschränkungen muß entnommen werden, daß der Erbe nicht aus § 241 KO., sondern aus der strengeren Strafvorschrift des § 239 KO. zu bestrafen ist, wenn er in unzulässiger Weise Nachlaßmittel aus einem überschuldeten Nachlaß zu seiner eigenen Befriedigung oder Sicherstellung verwendet. (II, 25. Oktober 1934.) Amtl. Sammlg. S. 368—371.

Vgl. Bd. 36 S. 349.

122. Untreue. Mißbrauch. Fortgesetzte Handlung. (StGB. § 266.) Der kaufmännische Leiter einer Heilstätte, die einem Verein gehörte, bezog vom Mai bis November 1933 für sich und seine Frau, zeitweise auch für eine Verwandte und eine Hausangestellte, unentgeltlich, ohne dazu berechtigt zu sein, die volle Verpflegung aus der Küche der Anstalt; ferner nahm er, obwohl ihm nur das Wohnrecht an zwei Zimmern der Anstalt zustand, ein Wohnhaus mit 8 Zimmern, das dem Verein gehörte, für sich in Gebrauch, schaffte Möbel und Haushaltungsgegenstände aus dem Anstaltsgebäude in das Haus hinaus und benutzte sie dort; er stellte ohne Wissen des Vereins seinen Schwager als Propagandachef gegen monatliche Bezüge von

460 *RM* an und ließ sich selbst statt 370 *RM*, die ihm als Gehalt zustanden, für Oktober und November 820 *RM* auszahlen. Er wurde wegen fortgesetzter Untreue verurteilt. Seine Revision hatte keinen Erfolg. Mit der unentgeltlichen Entnahme der Verpflegung hatte der Angeklagte schon vor dem 1. Juni 1933 begonnen; die Reihe der vom Fortsetzungszusammenhang erfaßten Einzelhandlungen war jedoch erst nach diesem Zeitpunkt zum Abschluß gelangt. Demnach war die Strafe der fortgesetzten Handlung ausschließlich nach § 266 StGB. n. F., die am 1. Juni 1933 in Kraft trat, festzusetzen. Durch diese Vorschrift sind zwei selbständige, gleichwertig nebeneinander stehende Tatbestände unter Strafe gestellt, einerseits der Mißbrauch einer durch Gesetz, behördlichen Auftrag oder Rechtsgeschäft eingeräumten Befugnis, über fremdes Vermögen zu verfügen oder einen anderen zu verpflichten (Mißbrauchtatbestand), andererseits die Verletzung einer dem Täter kraft Gesetz, behördlichem Auftrag, Rechtsgeschäft oder Treuverhältnis obliegenden Pflicht, fremde Vermögensinteressen wahrzunehmen (Treubruchtatbestand). In beiden Fällen muß dazukommen, daß durch den Mißbrauch oder den Treubruch dem, dessen Vermögen der Täter zu betreuen hatte, Nachteil zugefügt worden ist. Das Verhalten des Angeklagten erfüllte den Mißbrauchtatbestand. Die Entnahme der Verpflegung, die Einstellung seines Schwagers und die eigenmächtige Gehaltserhöhung stellten sich als Mißbrauch der durch den Anstellungsvertrag dem Angeklagten eingeräumten Befugnis dar, über das Vermögen des Vereins zu verfügen und den Verein zu verpflichten, insbesondere die erforderlichen Hilfskräfte anzustellen. Die in der Heilstätte hergestellte Kost war ein Vermögensstück des Vereins; der Angeklagte hatte sie sich ohne jede Berechtigung und ohne die Absicht, dafür ein Entgelt zu zahlen, angeeignet. Durch die Anweisung an den Kassenführer, ihm das eigenmächtig erhöhte Gehalt auszuzahlen, und durch die Empfangnahme des Betrages, der das ihm vertragsmäßig zustehende Gehalt überstieg, verfügte er unter Mißbrauch seiner Machtstellung über Vermögensstücke des Auftraggebers. Durch die Einstellung seines Schwagers, die über den Rahmen des genehmigten oder gerechtfertigten Wirtschaftsplans hinausging, verpflichtete er den Verein unter Mißbrauch

der ihm zustehenden Befugnis zu Gehaltszahlungen und Auslagen. Aber auch durch die eigenmächtige Benutzung des Hauses und der Haushaltungsgegenstände mißbrauchte er seine Befugnis, über Vermögensstücke des Vereins zu verfügen. Nach der neuen Fassung des § 266 StGB. gehört es nicht mehr zum Tatbestand, daß die Handlung des Täters in einem Verfügen über Vermögensstücke besteht; es genügt vielmehr jede Handlung, die nach außen im Rahmen der Befugnis liegt, über Vermögensstücke zu verfügen, im Innenverhältnis aber die Grenzen des Erlaubten so erheblich überschreitet, daß sie sich als Mißbrauch darstellt. Die Handlung kann somit auch in einer vertragswidrigen Benutzung einer Sache bestehen, über die der Treuhänder nach außen zu verfügen berechtigt ist. Daß dem Verein durch die Handlungen des Angeklagten ein Nachteil zugefügt wurde, ergab sich bei der Entnahme der Kost ohne Entgelt, der Einstellung des Schwagers und der eigenmächtigen Gehaltserhöhung ohne weiteres aus der Art der Handlung. Aber auch dadurch, daß der Angeklagte das Haus und die Haushaltungsgegenstände benutzte, erwuchs dem Verein ein Nachteil; er konnte das Haus nicht anderweitig vermieten und die Haushaltungsgegenstände waren dem Betriebe der Anstalt entzogen. Daß der Angeklagte nach Entdeckung der Verfehlungen Schadenersatz geleistet hatte, war rechtlich belanglos. Der außerordentlich weitgesteckte Rahmen des äußeren Tatbestandes des § 266 StGB. n. F. macht es notwendig, an den Nachweis des inneren Tatbestandes strenge Anforderungen zu stellen; insbesondere bedarf es sorgfältiger Prüfung, ob der Täter nicht in dem guten Glauben gehandelt hat, seine Handlung liege auch innenrechtlich im Rahmen seiner Befugnisse. Das Landgericht hatte aber diese Frage nach genauer Prüfung verneint. (II, 18. Oktober 1934.) Amtl. Sammlg. S. 371—374.

Vgl. Bd. 39 S. 80; Bd. 56 S. 54.

123. **Ausschließung vom Richteramt. Untersuchungsrichter. Stellvertretung.** (StPO. §§ 23, 24, 165, 191). Während einer Abwesenheit des Untersuchungsrichters erließ dessen Stellvertreter gegen zwei Personen, die wegen Verdacht der Teilnahme an der unter Untersuchung stehenden Tat festgenommen worden waren, nach deren Vernehmung Haftbefehl. Er nahm später an der Hauptverhand-

lung teil. Das führte zur Aufhebung des Urteils. Die Vorschrift über die Ausschließung des Untersuchungsrichters von der Hauptverhandlung gilt auch für seinen Stellvertreter; der Begriff der Führung der Voruntersuchung wird durch die Vornahme jeder der Ermittlung des Sachverhalts gewidmeten Untersuchungshandlung erfüllt, insbesondere durch die verantwortliche Vernehmung der Beschuldigten. Auch Untersuchungshandlungen, die in dringenden Fällen von Amts wegen vorgenommen werden, bilden einen Teil der Voruntersuchung; das Recht und die Pflicht, sie vorzunehmen, fällt in den Kreis der Aufgaben des Untersuchungsrichters. Anders liegt die Sache bei dem Amtsrichter, der auf Ersuchen des Untersuchungsrichters oder des Staatsanwalts einzelne Handlungen vornimmt. Der Ausschluß des Untersuchungsrichters beruht auf der Erwägung, daß in seiner Tätigkeit sich zwei Merkmale zusammenfinden: das Vorgehen nach einem Plane, den sich der Richter unabhängig von der Weisung eines anderen bildet, und der Beitrag zur Sachgestaltung, der in der unmittelbaren Erforschung der dem Angeklagten zur Last gelegten Tat besteht. Diese Merkmale fehlen bei der Leistung des Amtsrichters, auch wenn er nach § 165 StPO. ausnahmsweise selbständig eingreift. (IV, 26. Oktober 1934.) Amtl. Sammlg. S. 375—378.

Vgl. Bd. 28 S. 358; Bd. 54 S. 316; Bd. 57 S. 275; Bd. 62 S. 314; JW. 1933 S. 1663.

124. Vereidigung. Ersuchter Richter. Gerichtsbeschluß. (StPO. §§ 61, 66). Der ersuchte Richter hatte die Vereidigung des Zeugen ausgesetzt; in der Hauptverhandlung wurde darüber kein Beschluß gefaßt. Da ein Antrag auf Vereidigung des Zeugen nicht gestellt worden war, lag hierin kein Verstoß gegen das Gesetz. Es müssen hier sinngemäß dieselben Grundsätze gelten, welche die Rechtsprechung für die einstweilige Entscheidung des Vorsitzenden über die Zeugenvereidigung und deren Beanstandung entwickelt hat. (III, 29. Oktober 1934.)

Amtl. Sammlg. S. 378—379.

Vgl. Bd. 44 S. 65 Bd. 57 S. 262; Bd. 58 S. 369.

125. Dienstvertrag. Betrug. Vermögensschaden. (StGB. § 263). Bei Gründung eines Unternehmens wurden verschiedene Personen als Buchhalter, Kassierer, Schreibgehilfen eingestellt, obwohl keine Mittel vorhanden waren, um die vereinbarten Vergütungen zu bezahlen, auch gar nicht die Absicht bestand, das zu tun. Die Verurteilung wegen Betrugs wurde bestätigt. Bei dem Betrug, der bei Eingehung eines Vertrages begangen wird, ergibt sich der Vermögensschaden durch Vergleichung des Vermögensstandes des Verletzten, wie er vor dem Abschluß des Vertrages bestanden hat, mit dem, der durch den Vertragsschluß herbeigeführt worden ist. In den vorliegenden Fällen waren die Personen, mit denen die Verträge geschlossen worden waren, vorher in der Lage gewesen, über ihre Arbeitskraft zu eigenem Nutzen zu verfügen; durch die Verträge wurden sie genötigt, sie dem Angeklagten zur Verfügung zu halten, ohne Aussicht auf entsprechenden Lohn zu haben. Das genügte zum Nachweis des Vermögensschadens. Es bedurfte keiner Prüfung nach der Richtung, ob die geschädigten Personen in der Lage gewesen wären, anderweitig bezahlte Arbeit zu finden. Auch war nach dieser Richtung ohne rechtliche Bedeutung, daß Dienstleistungen auf Grund eines Dienstvertrags nicht erzwungen werden können. Sogar die durch Täuschung herbeigeführte Eingehung einer nicht klagbaren Verbindlichkeit (s. z. B. Spielschuld) kann die Verurteilung wegen Betrugs begründen. (III, 29. Oktober 1934.)

Amtl. Sammlg. S. 379—380.

Vgl. Bd. 16 S. 1; Bd. 28 S. 401; Bd. 36 S. 205; Bd. 40 S. 29.

126. Rücktritt vom Versuch. Vortäuschung des Rücktritts. (StGB. § 46.) Eine Frau legte Feuer an Heu, das in einem Hause lag; dann rief sie um Hilfe. Das Feuer wurde gelöscht, ehe es Teile des Hauses ergriffen hatte. Die Verurteilung wegen versuchter Brandstiftung in Tateinheit mit versuchtem Versicherungsbetrug wurde bestätigt. Die Angeklagte hatte nach den Feststellungen des Schwurgerichts von ihrem Vorhaben nicht zurücktreten wollen; es war ihr nur darum zu tun, den Anschein zu erwecken, als wolle sie das Ihrige tun, um das im Entstehen begriffene Feuer zu löschen. Ein auf freiem Entschluß beruhendes Zurücktreten von der Tat, ein bewußtes und gewolltes Unterbrechen des in Bewegung gesetzten Ursachenverlaufs lag nicht vor. Ohne den Willen, die Tat aufzugeben, ist kein Rücktritt denkbar. Wer versehentlich oder unwissentlich die Vollendung seiner Tat vereitelt, tritt nicht zurück. Es genügt nicht, daß der Erfolg abgewendet wird; die Abwendung muß vielmehr durch die Tätigkeit des Täters bewußt und gewollt herbeigeführt worden sein. (III, 29. Oktober 1934.)

Amtl. Sammlg. S. 381—382.

127. **Depotgesetz. Stückeverzeichnis. Fremdanzeige.** (DepG. §§ 8, 9.) Der Inhaber eines Bankgeschäfts gab Aufträge von Kunden zum Ankauf bestimmter Wertpapiere an eine Bank in Berlin weiter, ohne mitzuteilen, daß die Papiere für fremde Rechnung erworben werden sollten. Die Bank schrieb ihm die angekauften Papiere auf Stückekonto gut, ohne ihm ein Stückeverzeichnis zukommen zu lassen; ebenso sandte er seinen Auftraggebern lediglich eine Abrechnung über den Ankauf der Papiere. Später ließ er die Papiere ohne Wissen seiner Auftraggeber für seine eigene Rechnung verkaufen. Seine Verurteilung wegen Unterlassung der Fremdanzeige wurde vom Reichsgerichte nicht gebilligt, weil ein Nachweis fehlte, daß er schon bei der Weitergabe der ihm erteilten Kaufaufträge die Anzeige vorsätzlich zu seinem Nutzen unterlassen hatte. Zwar besteht für den Kaufmann, der die gesetzlich angeordnete Mitteilung unterlassen hat, nach den allgemeinen Grundsätzen des Vertragsrechts die Verpflichtung, nachträglich seinen Auftraggeber in dieselbe Lage zu versetzen, in der er sich bei rechtzeitiger Mitteilung befinden würde. Dazu genügt indessen die einfache Nachholung der Mitteilung häufig nicht, weil die angeschafften Wertpapiere mit dem Zeitpunkt ihres Erwerbs vielfach ohne weiteres für alle Schulden haften, die zwischen dem Bankier, der den Auftrag weitergibt, und dem Bankhaus, das ihn ausführt, bestehen. Zwischen der rechtzeitig vorgenommenen Mitteilung und ihrer Nachholung besteht also ein grundlegender Unterschied. Das Gesetz hat nur die Unterlassung der rechtzeitigen Mitteilung, nicht auch die der Nachholung unter Strafe gestellt. (II, 30. Oktober 1934.)

Amtl. Sammlg. S. 382—383.

128. **Sicherungsverwahrung. Vorbehalt. Verbrauch der Strafklage.** (StGB. § 42 a.) Das Landgericht hatte den Angeklagten zu einer Freiheitstrafe verurteilt; das Verfahren wegen Anordnung der Sicherungsverwahrung wurde abgetrennt. Als dann die Anordnung der Sicherungsverwahrung beantragt wurde, erkannte das Land-

gericht auf Einstellung des Verfahrens. Die Revision des Staatsanwalts blieb erfolglos. Die Abtrennung des Verfahrens, die in ihrer rechtlichen Wirkung gleichbedeutend mit dem Vorbehalt einer weiteren Entscheidung über die schon abgeurteilte Tat war, hatte keine rechtliche Wirksamkeit. Durch die Entscheidung war die Strafklage verbraucht (111, 8. Nov 1934.) Amtl. Sammlg S. 383–384. Vgl. Bd. 7 S. 229; Bd. 43 S. 60; Bd. 48 S. 89; Bd. 50 S. 392; Bd. 55 S. 31.

129. Sicherungsverwahrung. Strafschärfung. Schuldfrage. Rechtsbeschränkung. Plenarentscheidung. (StGB. §§ 20a, 42e; StPO. § 263; GVG. § 136.) Gegen ein Urteil, das wegen Verbrechens wider die Sittlichkeit auf eine Zuchthausstrafe, Entmannung und Sicherungsverwahrung erkannte, wurde Revision eingelegt, soweit Sicherungsverwahrung angeordnet worden war. Sie wurde damit begründet, daß die Feststellung, der Angeklagte werde trotz der Entmannung nach 12 Jahren noch zu Gewalttätigkeiten neigen und deshalb eine Gefahr für die öffentliche Sicherheit bedeuten, im gegenwärtigen Zeitpunkt unmöglich sei. Das Rechtsmittel hatte keinen Erfolg. Die Beschränkung auf die Anordnung der Sicherungsverwahrung war unwirksam, weil die Strafe nach § 20a StGB. geschärft worden war und darum der Strafausspruch, soweit er sich auf diese Vorschrift stützte, notwendig miterfaßt wurde. Die Zulässigkeit der Sicherungsverwahrung ist an zwei Voraussetzungen geknüpft: Der Täter muß nach § 20a StGB. als ein gefährlicher Gewohnheitsverbrecher verurteilt werden, und die öffentliche Sicherheit muß die Anordnung der Maßnahme erfordern. Beide Voraussetzungen stehen gleichwertig nebeneinander; beide müssen erfüllt sein, um die Anordnung der Maßnahme zu rechtfertigen. Auch wenn die Revision nur den Mangel der einen beanstandet, muß doch geprüft werden, ob auch die andere in dem angefochtenen Urteil nachgewiesen ist. Die erste Voraussetzung ist auch nicht in dem Sinne zu verstehen, daß es genügt, wenn die Strafe nach § 20a StGB. bestimmt worden ist; vielmehr muß die Eigenschaft des Täters als eines gefährlichen Gewohnheitsverbrechers in der in § 20a StGB. angeordneten Weise rechtlich einwandfrei dargetan sein. Das kann auch geschehen, ohne daß die Strafe nach Maßgabe des § 20a Abs. 1 StGB.

verschärft wird. Anderseits kann beim Fehlen eines Merkmals, auf das sich nach der gesetzlichen Regelung die Strafschärfung und die Anordnung der Sicherungsverwahrung gleichermaßen stützen, die Strafschärfung nicht bestehen bleiben, auch wenn der Verurteilte sein Rechtsmittel auf die Anordnung der Sicherungsverwahrung beschränkt hat. Ob sich die Aufhebung bei einem Urteil, das nur wegen der Sicherungsverwahrung angefochten worden ist, auf den Strafausspruch auch dann erstrecken müßte, wenn eine Strafschärfung nicht angeordnet wäre, stand nicht zur Entscheidung. Über den Strafausspruch reichte dagegen die Anfechtung nicht hinaus; die Schuldfrage blieb unberührt. § 20a StGB. begründet keinen Umstand, der entweder verfahrensrechtlich zur Schuldfrage gehört oder sachlich-rechtlich nicht von ihr losgelöst festgestellt und beurteilt werden kann. Allerdings schließt die Schuldfrage auch solche vom Strafgesetz besonders vorgesehene Umstände ein, welche die Strafbarkeit erhöhen. Im weiteren Sinne könnten darunter alle Umstände begriffen werden, die zu einer höheren Strafe führen. In diesem Sinne ist aber die Vorschrift nicht zu verstehen. Das ergibt sich schon daraus, daß die Voraussetzungen des Rückfalls als nicht zur Schuldfrage gehörig bezeichnet werden. Der tiefere Grund hiefür ist darin zu finden, daß beim Rückfall kein Merkmal der Handlung in Frage steht, sondern eine persönliche Eigenschaft des Täters, eine selbständige Tatsache, die äußerlich zur Handlung des Täters hinzutritt. Unter die angegebene Vorschrift fallen daher nur solche Umstände, die zum gesetzlichen Tatbestand als solchem gehören. Im § 20a StGB. ist aber die Strafschärfung nur davon abhängig gemacht, daß der Täter ein gefährlicher Gewohnheitsverbrecher ist, nicht davon, daß die Tat gewohnheitsmäßig begangen wurde. Ganz ähnlich wie beim Rückfall kommt es lediglich auf die selbständige Tatsache an, ob dem Täter ein bestimmter Zustand, eine seelische Eigenschaft innewohnt, die in ihm wieder den Vorsatz zur Begehung von Straftaten hervorruft und ihn deshalb besonders gefährlich macht. Dem steht nicht entgegen, daß die Straftat in jener Eigenschaft des Täters ihre letzte Ursache haben und ihr eigentümliches Kennzeichen sein muß, wenn die Strafschärfung ausgesprochen werden soll; die Straftat als solche bleibt sich in ihren tatbestandmäßigen Voraussetzungen völlig gleich, mag der Täter ein gefährlicher Gewohnheitsverbrecher sein oder nicht. Da sonach die Merkmale des § 20a StGB. getrennter Feststellung und selbständiger Beurteilung fähig sind, ergreift ein Mangel hierin nicht notwendig die Schuldfeststellung; die Aufhebung des Urteils kann auf die Sicherungsverwahrung und den Strafausspruch beschränkt werden. Eine anderslautende Entscheidung des Feriensenats gab keinen Anlaß, eine Entscheidung der vereinigten Strafsenate herbeizuführen, da Entscheidungen des Feriensenats die ordentlichen Senate nicht binden. (V, 1. Oktober 1934.) Amtl. Sammlg. S. 385—392.

Vgl. Bd. 32 S. 310; Bd. 68 S. 176, 395.

130. Sicherungsverwahrung. Verbrauch der Strafklage. Zuständigkeit. (GewohnhVerbrG. Art. 5; StGB. §§ 20a, 42c; StPO. §§ 270, 331.) Durch Urteil des Amtsrichters vom 26 .September 1933 wurde der Angeklagte wegen schweren Diebstahls im Rückfall zu 2 Jahren Zuchthaus verurteilt; auch wurde die Polizeiaufsicht für zulässig erklärt. Er legte Berufung ein. Diese wurde von der kleinen Strafkammer am 13. März 1934 verworfen. Der Staatsanwalt hatte die Anordnung der Sicherungsverwahrung beantragt; das Gericht hatte den Antrag abgelehnt mit der Begründung, daß ihm das Verbot der Schlechterstellung entgegenstehe, auch die kleine Strafkammer nach dem erkennbaren Willen des Gesetzgebers nicht berufen sei, die Sicherungsverwahrung anzuordnen. Nachdem das Urteil rechtskräftig geworden war, beantragte die Staatsanwaltschaft die nachträgliche Anordnung der Sicherungsverwahrung. Dem Antrag wurde stattgegeben; die Revision des Angeklagten hatte keinen Erfolg. Nach Eintritt der Rechtskraft eines Urteils über Anordnung der Sicherungsverwahrung ist es unzulässig, mit Rücksicht auf dieselben Straftaten über die Sicherungsverwahrung neu zu entscheiden. Das gilt aber nur, wenn das frühere Urteil sachlich über den Antrag entschieden oder jedenfalls eine endgültige Erledigung des Falles bezweckt hat. Im gegebenen Falle hatte es aber die kleine Strafkammer aus rein verfahrensrechtlichen Gründen für unzulässig erklärt, über den gestellten Antrag sachlich zu entscheiden. Damit hatte sie stillschweigend die Anordnung der Sicherungsverwahrung einem anderen Verfahren vor dem zuständigen Gericht vorbehalten. (II, 25. Oktober 1934.) Amtl. Sammlg. S. 392—394.

Vgl. Bd. 67 S. 53; Bd. 68 S. 169, 383.

131. Zeuge. Vereidigung. Verzicht. Wiederholte Vernehmung. Gerichtsbeschluß. (StPO. §§ 52, 59, 61, 64, 238, 274.) Der Schwiegervater und der Schwager des Angeklagten waren als Zeugen vernommen worden, nachdem sie sich zur Aussage bereit erklärt hatten. Bei keinem von beiden enthielt das Protokoll einen Vermerk darüber, ob sie vereidigt worden waren. Die hierauf gestützte Revision drang nicht durch. Bei Zeugen, die zur Verweigerung des Zeugnisses berechtigt sind, kann das Gericht nach seinem Ermessen von der Vereidigung absehen. Das Protokoll muß ersehen lassen, ob die Vereidigung aus diesem Grunde oder aus einem anderen Grunde unterblieben ist; das bloße Vorliegen eines solchen Grundes kann nicht genügen, weil nicht ersichtlich ist, ob das Gericht überhaupt von seinem Ermessen Gebrauch gemacht und zu der Frage Stellung genommen hat. Enthält das Protokoll keine Angabe über den Grund der Nichtvereidigung, so muß angenommen werden, daß das Gericht der gesetzlichen Bestimmung zuwider keine Entschließung über die Frage der Vereidigung gefaßt hat. Aus § 64 StPO. ist aber nicht herzuleiten, daß es in jedem Falle eines ausdrücklichen Beschlusses über die Vereidigung bedarf. Es verbleibt vielmehr bei dem für die bisherigen Vorschriften von der Rechtsprechung entwickelten Grundsatz, daß hierüber zunächst der Vorsitzende zu entscheiden hat; eines Gerichtsbeschlusses bedarf es nur, wenn ein Antrag auf Vereidigung des Zeugen gestellt oder die Maßnahme des Vorsitzenden beanstandet wird. Unterbleibt die Vereidigung, weil der Zeuge das Recht hatte, das Zeugnis zu verweigern, so braucht dafür in der Regel keine besondere Begründung angegeben zu werden. Wäre der Gesetzgeber davon ausgegangen, daß im Falle des § 61 StPO. stets nur auf Grund eines ausdrücklichen Gerichtsbeschlusses von der Vereidigung abgesehen werden kann, so würde die neue Bestimmung des § 64 StPO. entbehrlich gewesen sein, weil ein solcher Beschluß ohne weiteres im Protokoll angegeben werden müßte. — Nach der Vernehmung des Zeugen war auf seine Vereidigung verzichtet worden. Nachdem ein weiterer Zeuge vernommen worden war, wurde der erste Zeuge wieder vorgerufen und neuerdings zur Sache vernommen; eine Vereidigung fand nicht statt. Das war fehlerhaft. Der Verzicht konnte sich nur auf die schon abgegebene Aussage des Zeugen beziehen; dafür, daß mit Rücksicht auf die Person des Zeugen oder aus sonstigen Gründen ein für allemal auf die Vereidigung verzichtet werden wollte, fehlte jeder Anhalt. (II, 29. Oktober 1934.) Amtl. Sammlg. S. 394—397. Vgl. Bd. 19 S. 355; Bd. 34 S. 385; Bd. 43 S. 438; Bd. 44 S. 65; Bd. 57 S. 263.

132. **Untersagung der Berufsausübung. Mißbrauch des Gewerbes. Notwendige Verteidigung.** (StGB. § 421; StPO. § 140.) Ein Heilkundiger wurde wegen Abtreibung verurteilt; zugleich wurde auf Untersagung der Berufsausübung erkannt. Auf seine Verfahrensrüge, daß ihm kein Verteidiger bestellt worden sei, wurde das Urteil aufgehoben. Da schon in der Klageschrift die Bestimmung des § 421 StGB. angeführt war, also schon damals die Untersagung der Berufsausübung zu erwarten stand, hätte dem Angeklagten noch vor der Eröffnung des Hauptverfahrens ein Verteidiger von Amts wegen bestellt werden müssen. Auf keinen Fall hätte die Untersagung der Berufsausübung ausgesprochen werden dürfen, ohne daß der Angeklagte in der Hauptverhandlung den Beistand eines Verteidigers hatte. Die Hauptverhandlung hatte also in Abwesenheit einer Person stattgefunden, deren Anwesenheit das Gesetz vorschreibt. Der Verfahrensverstoß beschränkte sich nicht auf den Ausspruch der Untersagung der Berufsausübung, sondern ergriff das Urteil in seinem ganzen Umfang. Das Verfahren, auf Grund dessen jener Ausspruch ergangen war, hatte die Verurteilung des Angeklagten zu Schuld und Strafe und zu der Untersagung der Berufsausübung zum unteilbaren Gegenstand. Mit der Frage, ob eine auf Verletzung sachlicher Rechte gestützte Revision wirksam auf den Ausspruch der Untersagung der Berufsausübung beschränkt werden konnte, hatte das nichts zu tun. Für die neue Verhandlung gab das Reichsgericht folgende Weisung: Das Landgericht hatte festgestellt, daß der Angeklagte beim Verkauf von Salben weit im Lande herumkomme und auf diese Weise die Möglichkeit habe, mit Menschen in Berührung zu kommen, an denen er dann seine volksschädlichen und gemeingefährlichen Ein-

griffe vornehmen könne. Das genügte nicht. Ein vorsätzlicher Mißbrauch des Berufs oder Gewerbes liegt nicht schon dann vor, wenn sich dem Täter aus Anlaß der Berufsausübung rein äußerlich die Möglichkeit eröffnet, bestimmte strafbare Handlungen zu begehen, die mit der ordnungsmäßigen Ausübung des Berufes oder Gewerbes an sich keinen inneren Zusammenhang haben, sondern erst, wenn der Täter unter bewußter Mißachtung der ihm gerade durch seinen Beruf oder sein Gewerbe innerhalb der Volksgemeinschaft gestellten Aufgaben seine berufliche oder gewerbliche Tätigkeit selbst dazu ausnutzt, um einen jenen Aufgaben zuwiderlaufenden Zweck zu verfolgen. Die strafbare Handlung muß sich als ein Ausfluß der Berufstätigkeit selbst oder doch wenigstens als ein mit der regelmäßigen Gestaltung der Berufsausübung in Beziehung gesetztes Verhalten darstellen; die amtliche Begründung des Gesetzes sagt, daß dies die Möglichkeit schaffen soll, Schwindlern, die durch die Art und Weise der Ausübung ihres Berufes oder Gewerbes die Allgemeinheit gefährden, die Ausübung zu untersagen. So sind dem Arzte und der Hebamme kraft ihres Berufes bestimmte öffentliche Aufgaben auf dem Gebiete der Gesunderhaltung des deutschen Volkes, insbesondere die Heilbehandlung und die Betreuung von Schwangeren und Wöchnerinnen, zugewiesen; nehmen sie unerlaubte Abtreibungen vor, so handeln sie gerade damit ihrem Berufe und ihrem öffentlichen Aufgabenkreis zuwider und mißbrauchen die ihnen innerhalb der deutschen Volksgemeinschaft zugewiesene Stellung. Beim Angeklagten dagegen war die Hauptbeschäftigung die Herstellung und der Vertrieb von Salben; die Beratung und Behandlung von Menschen trat daneben in den Hintergrund. Von einem Mißbrauch dieses Gewerbes könnte erst dann die Rede sein, wann der Angeklagte etwa die seinem Gewerbe dienende Tätigkeit des Anpreisens seiner Salben und des Aufsuchens von Kunden geflissentlich dazu ausgenutzt hätte, Schwangere zur Vornahme von Abtreibungen auszukundschaften oder sich bei der Anpreisung seiner Mittel den Kunden gemeinhin auch zur Vornahme von Abtreibungen zu erbieten. Das ergab sich aus den bisherigen Feststellungen nicht. (IV, 16. November 1934.)

Amtl. Sammlg. S. 397—399.

133. Zollhinterziehung. Bandenschmuggel im Rückfall. Strafenhäufung. Zusatzstrafe. Gesamtstrafe. (StGB. § 74; VZG. §§ 146, 158; RAbgO. §§ 391, 404, 418). Wegen Zoll- und Steuerhinterziehung im Rückfall in zwei Fällen wurde auf zwei Geldstrafen und zwei Gefängnisstrafen von je 6 Monaten erkannt; die Gefängnisstrafen wurden auf eine Gesamtstrafe von 9 Monaten zurückgeführt. Daneben wurde wegen der bandenmäßigen Begehung auf zweimal 3 Monate Gefängnis erkannt. Das erklärte das Reichsgericht für unrichtig. Bei Bandenschmuggel ist nach § 146 VZG. für jeden Teilnehmer neben der ihn an sich treffenden Strafe auf eine als Strafschärfung wirkende Freiheitstrafe von 1—3 Monaten zu erkennen. Die Zusatzstrafen sind also ohne Verkürzung auszusprechen. Diese Strafschärfung gilt sowohl bei Bannbruch als bei Zollhinterziehung. § 404 RAbgO. droht dem rückfälligen Täter neben der Geldstrafe Gefängnisstrafe an. Dadurch wird die Strafschärfung aus § 146 VZG. nicht ausgeschlossen. Demgemäß hätte gegen den Angeklagten für jeden der beiden Straffälle 6 Monate Gefängnis, verschärft durch weitere 3 Monate Gefängnis, also zweimal 9 Monate Gefängnis, ausgesprochen werden sollen. Diese beiden Einzelstrafen wären auf eine Gesamtgefängnisstrafe zurückzuführen gewesen. (V, 26. November 1934.) Amtl. Sammlg. S. 400—403. Vgl. Bd. 16 S. 58; Bd. 18 S. 174; Bd. 38 S. 26, 394; Bd. 64 S. 361; Bd. 65 S. 312.

134. Zeuge. Umfang der Beweisaufnahme. (StPO. § 245.) Der Staatsanwalt hatte die Vernehmung eines Landjägers beantragt, den er ohne Ladung in die Sitzung gestellt hatte. Das Landgericht hatte die Vernehmung abgelehnt. Das war zulässig. § 245 Abs. 1 StPO. gilt nur für die geladenen (und erschienenen) Zeugen, dagegen nicht für Zeugen, die von den Beteiligten ohne Ladung in die Sitzung gestellt werden. Gestellte Zeugen zu vernehmen besteht erst Anlaß, wenn ein Beteiligter ihre Vernehmung über bestimmte Beweistatsachen beantragt. Der Umstand, daß für die von der Staatsanwaltschaft zu bewirkenden Ladungen keine Form vorgeschrieben ist, rechtfertigt nicht die Schlußfolgerung, daß die von der Staatsanwaltschaft beigeschafften Zeugen stets als geladene anzusehen wären.

Allerdings kann zwischen Zeugen, die die Staatsanwaltschaft lädt, und solchen, die sie stellt, kein förmlicher, in der Art ihrer Beischaffung beruhender Unterschied gemacht werden; trotzdem muß der Staatsanwaltschaft die Entscheidung freigestellt bleiben, durch Namhaftmachung eines Zeugen als geladenen seine Vernehmung der Vorschrift des § 245 zu unterstellen, durch seine Bezeichnung als gestellten dagegen sich und dem Gericht volle Freiheit des Handelns zu wahren. (I, 2. November 1934.)

Amtl. Sammlg. S. 403—404.
Vgl. Bd. 1 S. 225; Bd. 40, S. 140.

135. Bestechung. Verfallerklärung. Objektives Verfahren. (StGB. §§ 333, 335; StPO. § 430.) Der Direktor eines städtischen Elektrizitätswerks wurde wegen Bestechung angeklagt, zugleich mit ihm eine Reihe von Personen, die ihn bestochen haben sollten. Er verübte am Tage der Hauptverhandlung Selbstmord. Die übrigen Angeklagten wurden verurteilt; zugleich wurde ein Betrag von 36000 *RM*, den sie nach Annahme des Gerichts ihm an Bestechungsgeldern zugewandt hatten, für verfallen erklärt. Seine Witwe und Erbin legte hiergegen Revision ein. Das Reichsgericht erklärte die Verfallerklärung für unzulässig. Die Verfallerklärung nach § 335 StGB. kann nur gegen den Täter erlassen werden, der das Bestechungsmittel oder dessen Wert in Händen hat. Unter den gegebenen Umständen lief die Verfallerklärung darauf hinaus, die Angeklagten zum Werterfatz zu verpflichten; eine solche Verurteilung ist aber gesetzlich nicht vorgesehen. Ein Verfahren nach § 430 StPO. ist für die Verfallerklärung nach § 335 StGB. nicht möglich. Diese ist als Nebenstrafe gegen den Inhaber des Bestechungsgeldes ausgestaltet, nicht als Wiedergutmachung des angerichteten Schadens, auch nicht als eine Maßnahme polizeilichen (vorbeugenden) Inhalts. Strafen können aber ihrer Natur nach nur gegen den Täter selbst verhängt werden, nicht gegen dritte Personen. Das Urteil war gegen die Erben des verstorbenen Angeklagten schon aus dem Grunde unwirksam, weil diese an dem Verfahren nicht beteiligt gewesen waren. Daraus ergibt sich nicht, daß das Bestechungsgeld, soweit es mit der Erbschaft in ihre Hand gelangt war, ihnen verblieb, sondern nur, daß seine Herausgabe gegen sie nicht mit den Mitteln des Strafverfahrens zu erreichen war. (III, 8. November 1934.)

Amtl. Sammlg. S. 404—407.

Vgl. Bd. 54 S. 215; Bd. 55 S. 35; Bd. 57 S. 232; Bd. 58 S. 157; Bd. 67 S. 29; Bd. 68 S. 113.

136. Kindstötung. Aussetzung. Tateinheit. Gesetzeseinheit. (StGB. §§ 73, 217, 221.) Eine Frau setzte ein Kind, das sie unehelich geboren hatte, alsbald nach der Geburt aus; dabei wurde das Kind so schwer verletzt, daß es am folgenden Tage starb. Sie wurde wegen Aussetzung mit Todeserfolg in Tateinheit mit bedingt vorsätzlicher Kindstötung zu 3 Jahren Zuchthaus verurteilt; die Strafe wurde der Vorschrift über Aussetzung als dem schwereren Strafgesetz entnommen. Ihre Revision hatte Erfolg. Der erkennende Senat hatte früher angenommen, Tateinheit zwischen Aussetzung und Kindstötung sei ausgeschlossen, wenn sowohl die Aussetzung als die Tötung mit unbedingtem Vorsatz begangen werden; denn es sei undenkbar, daß jemand, der einen anderen töten wolle, ihn an Leib und Leben nur gefährden wolle. Dagegen wurde Tateinheit für möglich angesehen, wenn unbedingter Aussetzungsvorsatz und bedingter Tötungsvorsatz zusammentreffen. Diese Auffassung wurde nunmehr preisgegeben. Eine Gefährdungstat kommt neben der Verletzungstat nicht mehr als besondere Straftat in Betracht, vielmehr wird die erste von der letzten aufgezehrt. Vorsätzliche Verletzung eines Rechtsgutes schließt den Verbrechenswert jener Gefährdung, wenn sie zur Verletzung geführt hat, in sich, so daß der Gefährdung die eigene strafrechtliche Bedeutung genommen ist. Dabei ist allerdings Voraussetzung, daß es sich um dasselbe Rechtsgut handelt, daß also der Gefährdung nicht eine über die Verletzung hinausgreifende Bedeutung zukommt. Im Falle der Aussetzung mit Todeserfolg und der Kindstötung ist das geschützte Rechtsgut gleichermaßen das Leben. Anders liegt die Sache bei gemeingefährlichen Verbrechen, bei denen rechtliches Zusammentreffen mit Tötungsverbrechen als möglich anzusehen ist. Es widerspricht auch der Gerechtigkeit, eine Kindsmutter, die ihr Kind mit unbedingtem Tötungswillen aussetzt, nach der milderen Vorschrift über Kindstötung, eine solche dagegen, die bei der Aussetzung nur bedingten Tötungswillen hat, nach der strengeren Vorschrift über Aussetzung zu bestrafen. Allerdings bleibt bestehen, daß die Kindsmutter, die ihr Kind ohne Tötungswillen aussetzt, nach der strengeren Vorschrift bestraft werden muß. Dieser Widerspruch, der auf dem Gesetz beruht, kann durch die Rechtsprechung nicht beseitigt werden. (II, 15. November 1934.) Amtl. Sammlg. S. 407—410. Vgl. Bd. 6 S. 245; Bd. 25 S. 321; Bd. 31 S. 198; Bd. 42 S. 214; Bd. 59 S. 107; Bd. 61 S. 375; Bd. 62 S. 8.

137. **Umsatzsteuerhinterziehung. Steuerberater. Mittäterschaft.** (StGB. § 47; RAbgO. § 396.) Ein Landwirt ließ bei einer Steuerberatungsstelle Buch über seinen Betrieb führen, gab sich aber dem Finanzamt gegenüber als nichtbuchführender Landwirt aus und bewirkte es dadurch, daß er nur mit Pauschalsätzen zur Umsatzsteuer herangezogen wurde. Sowohl er als der Steuerberater wurden wegen Hinterziehung von Umsatzsteuer verurteilt. Auf seiten des Steuerberaters wurde Mittäterschaft angenommen, weil er in Kenntnis der Sachlage den Landwirt weiter steuerlich beraten und die von ihm geleitete Buchstelle für die Beratung und Unterstützung weiter bereitgestellt, auch für den Landwirt Eingaben in anderen Steuerangelegenheiten an das Finanzamt gemacht hatte. Diese Begründung reichte für die Verurteilung nicht aus. In einer früheren Entscheidung (die in der amtlichen Sammlung nicht veröffentlicht wurde), hatte das Reichsgericht ausgeführt, daß ein Steuerberater, der erkannt hat, daß sein Auftraggeber zur Steuerunehrlichkeit neigt, falls er weiter für ihn tätig sein will, verpflichtet ist, alle ihm zu Gebote stehenden Mittel anzuwenden, um weitere Steuerunehrlichkeiten zu verhüten, da er sich sonst zu dessen Mitschuldigen macht. Mit diesen Ausführungen wollte aber das Reichsgericht nur sagen, daß sich ein Steuerberater, der Steuererklärungen für seinen Auftraggeber anfertigt, den er als steuerunehrlich erkannt hat, nicht auf die Richtigkeit der ihm mitgeteilten Zahlen verlassen darf, sondern deren Richtigkeit und Vollständigkeit an der Hand von Unterlagen selbst nachprüfen muß; nicht aber wollte gesagt werden, daß der Steuerberater (der doch Vertrauensmann des Steuerpflichtigen und nicht des Finanzamts ist) verpflichtet sei, ihm bekannt gewordene frühere Verfehlungen seines Auftraggebers dem Finanz-

amt anzuzeigen, oder die Fortsetzung der Steuerberatung trotz solcher Kenntnis mache ihn schon an sich mitschuldig an späteren Steuerhinterziehungen, bei denen er nach keiner Richtung mitgewirkt hat. Es hätte also festgestellt werden müssen, daß der Angeklagte durch seine Tätigkeit die Umsatzsteuerhinterziehung seines Auftraggebers unmittelbar oder mittelbar gefördert habe und sich dessen auch bewußt gewesen sei. (V, 26. November 1934.)

Amtl. Sammlg. S. 411—414.

Vgl. Bd. 62 S. 369, 391; Bd. 65 S. 407; Bd. 66 S. 236.

138. **Besetzung der Militärgerichte. Zurückverweisung.** (MStGO. §§ 22, 23, 24, 314, 318, 320.) In einem Verfahren wegen Notzucht, also wegen eines mit Zuchthaus bedrohten Verbrechens, urteilte das Kriegsgericht in einer Besetzung mit 3 Richtern statt mit 5 Richtern. Das auf die Berufung des Angeklagten und des Gerichtsherrn zusammengetretene Oberkriegsgericht urteilte in der Besetzung mit 7 Richtern. Auch diese Besetzung war falsch; das Oberkriegsgericht besteht nur dann aus 7 Richtern, wenn gegen das Urteil eines mit 5 Richtern besetzten Kriegsgerichts Berufung eingelegt wird. Es kommt auf die tatsächliche Besetzung des Kriegsgerichts an, nicht darauf, wie es hätte besetzt werden sollen. Dem Willen des Gesetzgebers hätte es am meisten entsprochen, wenn das Oberkriegsgericht die Sache zurückverwiesen hätte. Ein Rechtsfehler, der die Revision hätte begründen können, lag aber in der Unterlassung nicht, da die Zurückverweisung im freien Ermessen des Oberkriegsgerichts stand. Auch die unrichtige Besetzung des Oberkriegsgerichts konnte nicht zur Aufhebung seines Urteils führen. Das Gericht war zu gut besetzt; es gab im Sinne des Gesetzes eine größere Gewähr für das Finden der Wahrheit und dem Angeklagten einen größeren Schutz, als das Gesetz verlangte. Zudem war die unrichtige Besetzung des Oberkriegsgerichts nur eine Folge der gesetzwidrigen Besetzung des Kriegsgerichts, entsprach also vom rein sachlichen Standpunkt aus dem Willen des Gesetzes. (IV, 27. November 1934.)

Amtl. Sammlg. S. 414—418.

Vgl. Bd. 59 S. 300; Bd. 63 S. 343.

139. **Devisenverordnung. Unternehmen. Versuch. Täterschaft. Teilnahme.** (DevVO. 1932 §§ 12, 36 Nr. 3;

StGB. § 47; StPO. § 357.) L., der im Ausland wohnte, ließ seinem in Deutschland wohnenden Freunde R. in zwei Fällen durch H. Wertpapiere überbringen. R. verkaufte sie auf seinen Namen in einem Bankgeschäft und gab den Erlös an H. zur Abführung an L. Im ersten Falle brachte H. den Geldbetrag über die Grenze, im zweiten Falle wurde er an der Grenze angehalten. H. und R. wurden wegen Vergehen gegen die Devisenverordnung als Mittäter verurteilt. Auf die Revision des R. wurde das Urteil gegen beide Angeklagte aufgehoben; die Sache gegen R. wurde zurückverwiesen, das Verfahren gegen H. wurde auf Grund des Straffreiheitsgesetzes vom 7. August 1934 eingestellt. Für den ersten Fall bestand kein Bedenken gegen die Annahme eines vollendeten Devisenvergehens. Anders lag es im zweiten Falle. Das Landgericht hatte auch hier ein vollendetes Vergehen angenommen. § 12 DevVO. 1932 verbietet, Zahlungsmittel in das Ausland zu überbringen, sofern dafür nicht eine Genehmigung erteilt ist. Nach § 36 Nr. 3 DevVO. ist die Übertretung dieses Verbotes strafbar; auch der Versuch ist mit Strafe bedroht. In einer Strafsache wegen Vergehen gegen das Kapitalfluchtgesetz hatte der erkennende Strafsenat entschieden, daß die Versendung oder das Überbringen erst dann als vollendet angesehen werden könne, wenn die Zahlungsmittel wirklich in das Ausland gelangt seien; er hatte sich hierbei besonders darauf gestützt, daß das Gesetz zwischen Vollendung und Versuch unterscheide. Diese Unterscheidung findet sich auch in der Devisenverordnung; gleichwohl besteht ein wesentlicher Unterschied. Die Strafdrohung der Devisenverordnung bezieht sich nicht bloß auf eine Verfehlung gegen § 12 DevVO., sondern auf eine ganze Reihe von Verfehlungen mannigfacher Art; die gegen den Versuch gerichtete Strafdrohung kann darum auch so verstanden werden, daß sie sich nur auf die Fälle bezieht, in denen nicht das Tun nach seiner besonderen Natur rechtlich bereits als eine vollendete Tat angesehen werden muß. Der erkennende Senat hielt aber an der früheren Auffassung fest. Die Folgerung ergibt sich schon aus dem Inhalt des § 12 DevVO. Wenn dort eine Genehmigung als Voraussetzung aufgestellt wird, unter der Zahlungsmittel ins Ausland geschafft werden dürfen, so hat damit der Gesetzgeber die wirkliche Verbringung ins Ausland im Auge, nicht eine bloße Bewegung zur Grenze hin. Eine vollendete Zuwiderhandlung gegen die Vorschrift liegt also solange nicht vor, als nicht Zahlungsmittel ohne die Genehmigung wirklich ins Ausland gelangt sind. Auch die Annahme von Mittäterschaft war nicht hinlänglich begründet. Zur Herbeiführung des äußeren Tatbestandes hatten allerdings sowohl R. als H. einen Beitrag geliefert. § 12 DevVO. will verhüten, daß Zahlungsmittel aus Deutschland ins Ausland gelangen; der unter Strafe gestellte Tatbestand ist die Herbeiführung dieses verbotenen Erfolges. Hiernach muß jeder, der zu diesem verbotenen Erfolg einen Tatbeitrag liefert, als an der strafbaren Handlung beteiligt angesehen werden. Ob er nur Gehilfe oder Täter (Mittäter) ist, richtet sich nach der allgemeinen Teilnahmelehre, hängt also von der Willensrichtung ab, in der der Teilnehmer tätig geworden ist. Dabei ergibt sich aus der Besonderheit des Devisenrechts die Notwendigkeit, den in dem Verbot des Überbringens aufgestellten Sachverhalt äußerlich aufzufassen, so daß das an Listen reiche Treiben der Devisenschieber am ersten und kräftigsten da gefaßt wird, wo es am deutlichsten, weil äußerlich sichtbar, in die Erscheinung tritt. Das will sagen: Als Täter (Mittäter) ist anzusehen, wer die Zahlungsmittel selbst, körperlich, überbringt, d. h. über die Grenze bringt. Was den Begriff des Versendens anbelangt, so begeht das damit gekennzeichnete Vergehen (wieder als Täter), wer die Zahlungsmittel durch einen von ihm bestellten Boten oder durch ein Verkehrsunternehmen über die Grenze ins Ausland verbringen läßt. So verstanden, kann möglicherweise der Ausländer selbst, indem er die Beförderung der Zahlungsmittel ins Ausland in Gang setzt, als Versender anzusehen sein. Nach den Feststellungen des angefochtenen Urteils war H. von L. als Bote bestellt, hatte in dessen Auftrag die Wertpapiere nach Deutschland zu bringen, zur Veräußerung an R. auszuhändigen, den Erlös in Empfang zu nehmen und ihn L. im Auslande zu überbringen. Die Beförderung der Zahlungsmittel ins Ausland war also eine Angelegenheit, für die L. selbst, durch die Bestellung des H. als Boten, vorgesorgt hatte; was R. tat, war nur eine Übergabe der Zahlungsmittel an H. als Boten des L. Hienach kam bei H. ein Tatbestand des Überbringens in Frage; er war Selbsttäter des Überbringens, während R. hierzu mitwirkte. Falls L. als Ausländer angesehen wurde, konnte R. auch hierfür als Mitwirkender anzusehen sein. In dem einen wie in dem anderen Falle war den getroffenen Feststellungen keine mit Täterwillen begangene Beteiligung des R. zu entnehmen. Im Gegenteil war hervorgehoben, R. habe, um seinem Freunde L. gefällig zu sein, sich dazu bestimmen lassen, diesem seine Unterstützung zu leihen. Das wies auf eine Gehilfentätigkeit hin. Nach dieser Richtung bedurfte die Sache genauerer Prüfung. Da das Urteil gegen R. wegen einer Verletzung des Strafgesetzes aufgehoben wurde, kam eine Aufhebung auch bei dem Angeklagten H. in Frage, obwohl dieser keine Revision eingelegt hatte. Hier war jedoch das nach dem Urteil ergangene Straffreiheitsgesetz vom 7. August 1934 zu berücksichtigen. Da ohne dies Gesetz das Urteil auch gegen H. aufgehoben werden müßte, mußte nunmehr § 357 StPO. dazu führen, das Verfahren gegen H. (auch hinsichtlich der Einziehung) als noch anhängig zu behandeln. Nach § 2 Abs. 2 StrafreihG. war dies Verfahren einzustellen, da die bei der neuen Verhandlung gegen H. mögliche Strafe unterhalb des dort genannten Betrages lag. (I, 12. Oktober 1934.)

Amtl. Sammlg. S. 418—427.

Vgl. Bd. 52 S. 121; Bd. 54 S. 305; JW. 1932 S. 1025, 1406; 1934 S. 101.

140. Sicherungsverwahrung. Gesamtstrafe. (GewohnhVerbrG. Art. 5.) S. war verurteilt worden:

1. am 10. Juni 1927 wegen schweren Diebstahls zu 7 Monaten Gefängnis,
2. am 16. April 1929 wegen schweren Diebstahls i. R. zu 1 Jahr 3 Monaten Gefängnis,
3. am 26. April 1929 wegen schweren Diebstahls i. R. unter Einbeziehung der unter 2 aufgeführten Strafe zu einer Gesamtgefängnisstrafe von 2 Jahren,
4. am 24. Mai 1929 wegen Diebstahls i. R. unter Einbeziehung der unter 2 und 3 aufgeführten Strafen zu einer Gesamtgefängnisstrafe von 3 Jahren.

Im Wiederaufnahmeverfahren kam eine der am 26. April 1929 ausgesprochenen Einzelstrafen in Wegfall; durch einen Beschluß vom 17. März 1931 wurde eine neue Gesamtstrafe von 2 Jahren 11 Monaten Gefängnis gebildet. Diese verbüßte S. vom 1. Mai 1929 bis 22. Juni 1932. Wegen mehrerer in der Zeit vom Januar 1930 bis Januar 1931 begangener schwerer Diebstähle i. R. wurde S. weiter durch verschiedene Urteile zu Freiheitstrafen verurteilt; durch einen Beschluß vom 11. Mai 1932 wurden diese zu einer Gesamtzuchthausstrafe von 6 Jahren zusammengefaßt. Nachträglich wurde die Sicherungsverwahrung angeordnet. Die hiegegen gerichtete Revision des Angeklagten hatte Erfolg. Art. 5 Nr. 2 GewohnhVerbrG. ist nur anwendbar, wenn die Straftaten, die der zweiten und dritten erheblichen Verurteilung zugrunde liegen, jeweils nach Rechtskraft der vorausgehenden Verurteilung begangen worden waren. Im Verhältnis der Straftaten, die dem Gesamtstrafenbeschluß vom 11. Mai 1932 zugrunde lagen, zu der vorhergehenden Verurteilung traf das zu. Allerdings war, als die Taten begangen wurden, der Gesamtstrafenbeschluß vom 17. März 1931 noch nicht ergangen, geschweige denn rechtskräftig geworden. Allein für die Bestimmung des maßgebenden Zeitpunkts mußte dieser Beschluß ausscheiden, weil durch ihn die Gesamtstrafe nach Wegfall einer Einzelstrafe nur einheitlich gebildet worden war. In den Fällen, in denen es wegen des zeitlichen Verhältnisses einer Straftat zu den schon vor ihrer Begehung gefällten Erkenntnissen ausgeschlossen ist, die für die Straftat erkannte Strafe mit den in diesen Erkenntnissen enthaltenen Strafaussprüchen zu einer Gesamtstrafe zusammenzufassen, ist jenem Erfordernis genügt, wenn die Straftat nach der Rechtskraft eines der in der Gesamtstrafe vereinigten Erkenntnisse begangen worden ist, das dann allerdings erheblich im Sinne des Gesetzes sein muß. Im vorliegenden Falle mußte daher als maßgeblich der Zeitpunkt angesehen werden, in dem eines der im Gesamtstrafenbeschluß vom 17. März 1931 zugrundeliegenden Urteile rechtskräftig geworden war. Da die Verbüßung der Gesamtstrafe am 1 .Mai 1929 begann, mußte in diesem Zeitpunkt schon eines dieser Urteile rechtskräftig gewesen sein. Als erheblich im Sinne des Gesetzes waren beide anzusehen. Dagegen war unterlassen worden, bei der ersten Verurteilung vom 10. Juni 1927 den Zeitpunkt der Rechtskraft festzustellen; es erschien deshalb fraglich, ob die den folgenden Verurteilungen zugrundeliegenden Straftaten nach der Rechtskraft des ersten Urteils begangen worden waren. (V, 26. November 1934.) Amtl. Sammlg. S. 427—429.

141. Schiffsversenkung. Versicherungsbetrug. Betrügerische Absicht. Versuch. Anstiftung. (StGB. §§ 43, 48, 265, 323.) Ein Fischdampfer, der einer Aktiengesellschaft gehörte, war bei deutschen und englischen Gesellschaften versichert; die Versicherung deckte den Wert des Schiffes einschließlich Ausrüstung und Ladung. Der Vorsitzende des Aufsichtsrats der Gesellschaft, der an dieser selbst mit 25% des Grundkapitals beteiligt war, nahm für sich selbst noch eine weitere Versicherung des Schiffes; hiervon machte er dem Vorstand der Gesellschaft keine Mitteilung. Er bestimmte dann durch die Zusicherung einer Belohnung von 10000 RM den ersten Maschinisten des Dampfers, diesen zu versenken. Die Tat wurde ausgeführt, während der Dampfer in der Nähe der Küste von Island verankert lag. Die Besatzung des Schiffes wurde durch andere Dampfer, die sich in der Nähe befanden, gerettet. Zur Zeit der Tat herrschte ruhiges Wetter mit guter Sicht. Der Maschinist wurde wegen eines Verbrechens gegen § 323 StGB. in Tateinheit mit einem Verbrechen gegen § 265 StGB., der Vorsitzende des Aufsichtsrats wegen Anstiftung zu diesen Verbrechen verurteilt. Ihre Revision hatte keinen Erfolg. Für die Feststellung, daß durch die Tat Gefahr für das Leben anderer herbeigeführt wurde, reichte es allerdings nicht aus, daß zur Zeit der Tat auf dem Schiffe außer dem Täter noch andere Menschen sich befanden; doch dürfen an den Nachweis einer Lebensgefährdung keine zu hohen Anforderungen gestellt werden. Eine Gefahr, die innerhalb vernünftiger Lebenserfahrungen liegt, genügt, um den Tatbestand der Gefährdung zu erfüllen. Daß unter den gegebenen Umständen die Lebensgefährdung nicht unmittelbar auf der Hand lag, schloß die Verurteilung nicht aus. Zum Nachweis des Vorsatzes genügte, daß der Täter als seebefahrener Mann wußte, welche Gefahren beim Untergang eines Schiffes drohen, und daß er zudem auch die besonderen Verhältnisse der Gegend kannte, in der das Schiff ankerte. Die Verurteilung des Anstifters war damit begründet worden, daß jedenfalls der Täter sein eigenes Leben auf das Spiel gesetzt habe. Das hätte nicht ausgereicht. Strafbar wird die Versenkung eines Schiffes nur dadurch, daß der Täter das Leben anderer, an der Tat nicht beteiligter Personen auf das Spiel setzt. Hätte der Täter nur sein eigenes Leben in Gefahr gebracht, so hätte er nicht wegen Versenkung und der andere Angeklagte nicht wegen Anstiftung verurteilt werden können. Daß der Anstifter die Umstände der Tat in allen Einzelheiten vorsah, war nicht erforderlich; es genügte, wenn er eine allgemeine Vorstellung davon hatte, daß die Tat Menschenleben in Gefahr bringen werde, und daß er eine solche Gefährdung in seinen Willen aufnahm. Er hatte allerdings den anderen Angeklagten gefragt, ob er das Schiff ohne Gefährdung von Menschenleben versenken könne, und dieser hatte das bejaht; das Schwurgericht hatte aber festgestellt, daß es sich hierbei in gewissem Grade nur um eine Redensart gehandelt habe. Für die Verurteilung wegen Versicherungsbetrugs reichte es aus, daß der Täter sich der Absicht des Anstifters, durch die Versenkung des Schiffes sich die Versicherungssumme zu verschaffen, bewußt war. Ob er die näheren Umstände kannte, ob er insbesondere wußte, daß der Mitangeklagte für sich selbst eine Versicherung genommen hatte, war nicht festgestellt worden. Das stand der Annahme eines Versicherungsbetruges nicht entgegen. Daß der Versicherer durch die Handlung des Täters wirklich betrügerisch geschädigt wird, gehört nicht zum Tatbestand des Versicherungsbetrugs; es genügt, daß der Täter in betrügerischer Absicht handelt. Dazu reicht es aus, daß sich der Täter einen Sachverhalt vorstellt, der zu einer betrügerischen Schädigung des Versicherers führen soll. Auch wenn sich der Angeklagte eine irrige Vorstellung über die Sachlage gemacht hatte, war er mit Recht wegen vollendeten, nicht nur wegen versuchten Versicherungsbetrugs verurteilt worden. (III, 6. Dezember 1934.)

Amtl. Sammlg. S. 430—436.

Vgl. Bd. 25 S. 312.

Gesetzesregister.

Seitenzahlen der amtlichen Sammlung.

1 1—2; **2** 2—8; **3** 8—11; **4** 11—13; **5** 13—15; **6** 15—18;
7 18—20; **8** 20—26; **9** 26—32; **10** 33—35; **11** 35—37; **12** 37—39;
13 39—42; **14** 42—44; **15** 44—45; **16** 45—60; **17** 60—64;
18 65—69; **19** 70—77; **20** 77—81; **21** 82—85; **22** 85—88;
23 88—89; **24** 90—92; **25** 92—94; **26** 94—98; **27** 98—99;
28 99—105; **29** 105—108; **30** 108—110; **31** 110—113;
32 113—115; **33** 115—119; **34** 119—120; **35** 120—125;
36 125—128; **37** 129—130; **38** 130—131; **39** 131—136;
40 136—149; **41** 149—158; **42** 158—163; **43** 164—165;
44 165—167; **45** 167—169; **46** 169—171; **47** 171—174;
48 174—175; **49** 176—177; **50** 177—181; **51** 181—184;
52 185—187; **53** 187—192; **54** 193—194; **55** 194—197;
56 197—198; **57** 198—201; **58** 201—204; **59** 204—210;
60 210—212; **61** 212—214; **62** 214—216; **63** 216—218;
64 218—221; **65** 221—222; **66** 222—224; **67** 225—227;
68 227—230; **69** 230—233; **70** 233—234; **71** 234—238;
72 238—240; **73** 240—244; **74** 244—245; **75** 245—247;
76 247—249; **77** 249—251; **78** 251—256; **79** 257—263;
80 263—271; **81** 271—272; **82** 272—275; **83** 275—278;
84 278—284; **85** 284—286; **86** 286—290; **87** 291;
88 292—294; **89** 294—295; **90** 295—296; **91** 297—298;
92 298—300; **93** 300—302; **94** 302—304; **95** 304—305;
96 305—306; **97** 306—310; **98** 310—313; **99** 313—315;
100 315—320; **101** 320—323; **102** 323—325; **103** 325—327;
104 327—330; **105** 330—331; **106** 332—335; **107** 336—337;
108 337—338; **109** 338—339; **110** 339—342; **111** 342—346;
112 346—349; **113** 349—350; **114** 351—352; **115** 353—356;
116 357—358; **117** 358—360; **118** 360—363; **119** 364—365;
120 365—368; **121** 368—371; **122** 371—374; **123** 375—378;
124 378—379; **125** 379—380; **126** 381—382; **127** 382—383;
128 383—384; **129** 385—392; **130** 392—394; **131** 394—397;
132 397—399; **133** 400—403; **134** 403—404; **135** 404—407;
136 407—410; **137** 411—414; **138** 414—418; **139** 418—427;
140 427—429; **141** 430—436.

Sachregister.

FSC
www.fsc.org
MIX
Papier | Fördert
gute Waldnutzung
FSC® C083411

Kolibri 360 GmbH
Ferdinand-Jühlke-Straße 7
99095 Erfurt, Deutschland
produktsicherheit@kolibri360.de